LES GRANDS PROCÈS DU QUÉBEC

Daniel Proulx

LES GRANDS PROCÈS DU QUÉBEC

Stanké

Données de catalogage avant publication (Canada)

Proulx, Daniel, 1954-

   Les grands procès du Québec

   ISBN 2-7604-0536-2

   I. Procès - Québec (Province). 2. Procès (Meurtre) -
Québec (Province). I. Titre.

KE225.P76 1996   347.714'07   C96-940452-2

Page couverture: (illustration) Richard Blais
                     (conception graphique) Standish Communications
Montage: Tecni-Chrome

*Les éditions internationales Alain Stanké bénéficient du soutien financier du
Conseil des Arts du Canada pour leur programme de publication.*

© Les éditions internationales Alain Stanké, 1996

ISBN 2-7604-0536-2

Dépôt légal: Bibliothèque nationale du Québec, 1996

Les éditions internationales Alain Stanké
1212, rue Saint-Mathieu
Montréal (Québec) H3H 2H7
Tél.: (514) 935-7452
Téléc.: (514) 931-1627

IMPRIMÉ AU QUÉBEC (CANADA)

Pour mes fils Xavier et Guillaume,
et pour ma femme Annick, avec tendresse.

Remerciements

Ce livre a en quelque sorte une longue histoire d'amitiés diverses. *Les Grands Procès du Québec* furent d'abord un projet conçu pour la télévision par Jean-Paul Dubreuil, au printemps 1989. Cet ami me fit partager un rêve qui se matérialisa, malheureusement sans lui, à l'automne 1993, grâce à la ténacité du producteur Vincent Gabriele, à la collaboration de son confrère Pierre Nadeau et au soutien de Michel Chamberland, alors responsable des programmes de la chaîne TVA.

Entre-temps, les recherches entreprises dans le cadre de ce projet m'amenèrent à signer une chronique hebdomadaire dans *La Presse*, de mars 1991 à décembre 1994. Intitulée *Des crimes et des hommes*, elle n'aurait jamais vu le jour sans l'appui du journaliste Daniel Marsolais — qui est aussi un ami — et celui de Marcel Desjardins, directeur de l'information de ce quotidien.

Il me fallut hanter pendant des années les salles de lecture de bibliothèques. Francine Neilson, Jeannine Rivard et tout le personnel de la Bibliothèque nationale du Québec, rue de l'Esplanade, à Montréal, m'ont été d'un précieux secours. De même que mon ami Guy Laverdière, de la Bibliothèque d'Outremont.

Enfin, ces *Grands Procès* n'auraient jamais existé, ni à la télévision ni dans l'imprimé, sans la collaboration, l'intelligence, l'opiniâtreté et l'amitié de Luc Gosselin. Je lui en serai à jamais reconnaissant.

Préface

Dès le milieu du XVIIIe siècle, des auteurs français publiaient des recueils de « causes célèbres et intéressantes ». L'engouement de leurs contemporains pour ce genre de lecture n'allait pas se démentir au fil des générations suivantes ; en effet, l'expérience s'est poursuivie depuis, toujours avec succès.

Peu d'ouvrages semblables ont vu le jour chez nous. Je crois que la parution de ces *Grands procès du Québec* sera saluée avec enthousiasme.

Les défis qu'avait à relever leur auteur étaient de taille. Il lui fallait d'abord respecter tant la vérité historique que judiciaire tout en demeurant concis, puis faire preuve de rigueur mais aussi d'objectivité, tout en évitant de recourir à un style trop formaliste qui aurait ennuyé le lecteur. Il a mis la barre encore plus haute en choisissant d'explorer une grande variété de causes réparties sur plus de cent cinquante ans, ce qui exigeait de sa part une étude approfondie des us et coutumes d'époques fort diverses.

À la lecture de cet ouvrage, on comprendra que Daniel Proulx a gagné son pari, tant par le choix de ses sujets que par la qualité de son écriture, son sens du suspense, son souci du détail, sa façon d'établir des rapports pertinents, et enfin, par la qualité de ses réflexions sur notre système judiciaire ou, mieux encore, sur la condition humaine.

En conclusion de son chapitre sur l'affaire Delorme, il écrit : « Cette histoire est pleine d'enseignement, non seulement du strict point de vue judiciaire, mais aussi parce qu'elle est le saisissant portrait d'une époque et d'une société. » Cette réflexion pourrait s'appliquer à l'ouvrage entier. On comprend alors que les spectateurs de chacun de ces procès étaient en fait les témoins privilégiés de la reconstitution d'une vérité dans une atmosphère propre aux mœurs judiciaires du temps.

Tous ces procès ne sont pas sans rappeler au juriste que le verdict rendu à leur terme demeure une œuvre collective en ce qu'il est le fruit des mentalités d'une époque donnée et non pas seulement la responsabilité individuelle du juge ou du jury, des avocats, des témoins ou encore des policiers. Ils rappellent aussi combien est vitale l'intégrité de tous ces acteurs du drame pour la recherche et la réalisation de la justice. Cela transparaît clairement dans plusieurs des affaires relatées dans ce livre. Il est à espérer que nous retiendrons tous cette sage leçon de morale.

Michel Proulx
Juge à la Cour d'appel du Québec

Avant-propos

*« Je suis pris d'un grand frisson quand je songe
qu'il y a des hommes qui jugent d'autres hommes. »*

Félicité Robert de La Mennais

Les grands procès sont aussi rares que les grandes
pièces de théâtre. Dans les deux cas, les ingrédients clés sont
des personnages au destin exceptionnel, le choc des
passions et la réunion de la tragédie et de la comédie. Mais
là s'arrête la comparaison : le débat fondamental sur la
dignité humaine, la vérité ou la culpabilité, on ne le vit que
sur la scène judiciaire, qui crée ce suspense absolu où rien
de moins que la vie d'un homme est en jeu.

La Justice est toujours tributaire de son époque. Les
causes rapportées dans ce livre sont autant de jalons importants de notre passé. Elles nous instruisent sur la pensée, la
morale et les usages d'un Québec plus ou moins ancien et
forcent la réflexion sur l'état de notre société actuelle et
notre façon de la juger. Avec le recul, certains comporte-
ments des acteurs de ces drames — juges, avocats, accusés
ou témoins — paraissent aberrants. Mais comment la
postérité nous considérera-t-elle quand elle prendra connaissance de la manière dont nous jugeons aujourd'hui nos
semblables ?

Cet ouvrage n'est pas l'œuvre d'un historien ni d'un
juriste mais celle d'un journaliste qui a fouillé les archives à
la recherche de causes marquantes, puis les a évoquées en
s'efforçant de s'en tenir aux seuls faits. Il en a tiré beaucoup
de plaisir. Il lui reste à espérer que le lecteur en prendra
autant à les découvrir à son tour.

L'affaire Chartrand

Branle-bas dans le Haut et le Bas-Canada

À cette époque à la fois si lointaine et si proche, l'Ontario s'appelle Haut-Canada et le Québec, Bas-Canada. Les temps sont parfois difficiles : les récoltes de l'automne 1836 ont été ravagées et au printemps, tout le continent est touché par la débâcle financière américaine. Bref, le paysan comme le bourgeois ont de quoi se plaindre.

À l'été 1837, la reine Victoria monte sur le trône. La puissance de la Grande-Bretagne est à son apogée ; il n'empêche que les coutures craquent dans sa colonie canadienne.

Dans le Haut-Canada, la petite bourgeoisie montante en a ras le bol des *happy few* du *Family Compact* qui gardent la haute main sur la marche des affaires. Au début de décembre 1837, William Lyon Mackenzie, à la tête d'une troupe de huit cents rebelles, marchera sur Toronto dans l'espoir de chasser l'administration et d'établir un authentique régime parlementaire. La révolte sera vite matée : son chef fuira aux États-Unis, deux de ses lieutenants seront pendus et plusieurs de ses partisans bannis.

Dans le Bas-Canada, la situation s'est gâtée aussi. Le héros des « Canadiens » — comme on désigne à l'époque les Québécois francophones — s'appelle Louis Joseph Papineau. Cet homme politique a des idéaux républicains et nationalistes, ce qui ne fait pas le bonheur des Britanniques de Montréal. Le débat tourne au vinaigre, on finit par se colleter dans les rues de la métropole où les anglophones sont majoritaires.

Autour, dans les campagnes, les Patriotes en mènent large, très large même. La situation se pourrit, la soldatesque britannique est mandée par l'administration coloniale. Nous sommes en novembre. La troupe affronte les Patriotes, à Saint-Charles, Saint-Denis, sur le Richelieu, et Saint-Eustache, entre autres théâtres de combats. La fortune des armes ne sourit pas aux nôtres, la répression est féroce. Des villages sont rasés, quelques centaines de Patriotes sont tués ou blessés. Plus de cinq cents d'entre eux sont emprisonnés, Papineau et quelques autres leaders fuient aux États-Unis.

Dans les mois qui suivent, Lord Durham, l'envoyé de Londres, amnistie les rebelles à quelques exceptions près. Parmi celles-ci, les quatre hommes accusés d'avoir exécuté Joseph Armand dit Chartrand, un Patriote qui serait passé dans le camp des Volontaires, ces Canadiens qui se sont mis au service de la milice chargée de la répression des troubles.

Le quatuor a été arrêté fin novembre 1837, il attend en prison jusqu'à ce 6 septembre 1838 où s'instruit leur procès à la Cour du Banc du Roi, assemblée en Cour criminelle dans le Palais de justice de Montréal.

La foule, divisée en deux camps, s'y presse. On remarque d'un côté les sympathisants des Britanniques, de l'autre les Canadiens et leurs alliés irlandais. On retrouve les mêmes factions chez les nombreux journalistes présents. Ceux du journal revanchard tory, le *Montreal Herald,* y sont, de même que ceux des feuilles modérées de la même eau, tels *L'Ami du peuple* et *Le Populaire.* François Lemaître, l'éditeur radical du *Temps* et de *La Quotidienne,* envoie trois reporters qui prennent tout en note. Il publiera quelques semaines plus tard un compte rendu partisan mais détaillé du procès. La postérité lui en sera à jamais reconnaissante...

Il passe neuf heures trente quand la Cour fait son entrée. Elle est présidée par le juge en chef James Reid, assisté des magistrats Pyke, Rolland et Gates. Les convictions politiques de Reid sont connues : la majorité francophone est une menace en ce Bas-Canada, il est urgent de l'angliciser.

Le ministère public est représenté par le procureur général Charles Richard Ogden et le solliciteur général

Michael O'Sullivan. Le premier, capable mais terne, est le fils d'un juge loyaliste bien connu, son parti pris anti-Canadien est notoire. Le deuxième a des connaissances, du panache et l'épiderme sensible : quelques années plus tôt, il est passé bien près de laisser sa peau dans un duel. Il s'exprime fort bien en français et sait faire battre le cœur d'un auditoire.

Le fougueux Charles Mondelet, qui a pris une part active dans la rébellion de 1837, occupe pour la défense. Sa prestation dans cette affaire lui vaudra plus tard d'être soupçonné de trahison et d'être emprisonné quelques semaines. Il est alors assisté de William Walker, un « réactionnaire » passé dans le camp « canadien ».

Les quatre accusés se tiennent droit. François Nicolas, qui a 40 ans passés et une taille au-dessus de la moyenne, est le présumé instigateur du complot. Il porte beau et est instituteur à L'Acadie. Amable Daunais, qui a environ 25 ans, est plutôt petit, il est cultivateur, tout comme Joseph Pinsonneau, qui a tout juste 20 ans, et son jeune frère Gédéon, de deux ou trois ans son cadet.

On fait l'appel des jurés : la défense en récuse 19, la Couronne, six. Puis le solliciteur général O'Sullivan lance le débat : « Le crime terrible dont il faut s'enquérir est celui de meurtre, clame-t-il. Jamais, peut-être, dans les annales des procédures criminelles, on ne vit de crime aussi barbare... »

Il raconte avec véhémence les détails de l'affaire puis s'attarde au jeune âge des accusés Pinsonneau. Seraient-ils excusables pour autant ? « Non, messieurs, de pareilles considérations ne doivent pas vous préoccuper [...]. C'est la jeunesse qui, dans tous les pays, bouleverse l'ordre social, porte atteinte aux lois et aux principes sur lesquels reposent les autorités... »

Il conclut enfin : « Si vous ne rendez pas justice, les mânes de Chartrand sortiront du tombeau pour vous accuser devant le Tribunal suprême. Votre conscience, bourrelée de remords, ne vous laissera pas un instant de repos... »

Il fait ensuite entendre une vingtaine de témoins à charge. La plupart sont des paysans de L'Acadie, ils racontent à tour de rôle la même version des faits. Nous sommes fin novembre 1837, les troubles ont éclaté partout. Les Patriotes de L'Acadie ont appris que l'on se bat à Saint-Charles, à quelques lieues de chez eux.

Un certain Garant, que l'on a promu commandant, se met en frais de réunir une troupe de braves qui voudraient monter au front. Ils sont bientôt une quinzaine de gaillards de la paroisse. Il a fallu tordre le bras à certains, d'autres pètent le feu. On descend chez l'aubergiste tirer des plans. On finit par ne pas se trouver assez nombreux pour entreprendre pareille expédition. Il faut renoncer...

On est en train de débattre l'affaire quand l'un des conjurés signale aux autres que Chartrand sort de chez David Roy pour qui, en tant que maçon, il est à construire une maison. Il marche sur le chemin qui mène à Saint-Jean où il a feu et lieu. Selon un témoin, « on disait dans la paroisse qu'il était un mauvais homme qui s'était vanté de vouloir mettre tout à feu et à sang. C'était un homme que l'on redoutait beaucoup. Il n'a d'abord été question que de le faire prisonnier... » Pour un autre, « c'était un homme grand, bien pris, doux, paisible, qui aimait à rire et n'aurait fait de tort à personne... »

Sept ou huit conjurés partent à sa poursuite et le rejoignent. Ils l'entraînent dans un bois et lui font un procès sommaire. Nicolas demande aux autres : « À quel genre de mort le condamnez-vous ? » Des voix de répondre : « Il faut le fusiller ! » Nicolas n'est pas armé, il donne l'ordre de tirer. Tous ne s'exécutent pas, quelques coups de feu se font entendre, le condamné s'écroule. Puis il se relève sur ses genoux, blessé, et les supplie : « De grâce, achevez-moi ! » Un certain Beaulieu ordonne alors à Joseph Pinsonneau de finir le travail avant que la bande ne se disperse au soleil couchant.

Le vendredi 7 septembre, on ouvre la séance à neuf heures pile. L'affluence est plus grande encore que la veille, l'anxiété se lit sur tous les visages. On procède immédiatement à l'audition des derniers témoins à charge.

On entend notamment le juge de paix James McGillevray qui mena l'enquête et arrêta le 18 janvier l'accusé Nicolas à Saint-Athanase. Celui-ci n'était pas armé et a refusé de se laisser ligoter. Les deux Pinsonneau et Daunais avaient déjà été mis sous arrêts. Quant aux autres suspects, ils étaient disparus dans la nature.

La Couronne en a terminé avec sa preuve, la balle est maintenant dans le camp de la défense. Le procureur Mondelet, comme c'est alors la coutume, s'adresse dès lors au jury. Sa thèse se résume ainsi : le gouvernement doit porter la responsabilité de la rébellion, le peuple était autorisé à se défendre. Dans des circonstances où règnent la terreur, l'anarchie et la coercition, on ne peut blâmer les accusés d'avoir agi comme ils l'ont fait.

Ce procès, déclare-t-il, est un procès d'État, un procès politique auquel la population du pays prend le plus vif intérêt. Les Patriotes s'étaient constitué des tribunaux et une espèce de gouvernement, aux décisions et aux mesures desquels ils devaient se soumettre. La crainte régnait, causée en grande partie par les arrestations et les récits exagérés que l'on faisait des violences à la ville. L'on ne reconnaissait plus d'autre autorité que celle qui émanait du peuple ou de ses chefs. Le sentiment de terreur était général. Les accusés n'ont pu distinguer entre l'autorité légale et l'autorité *de facto* qui s'exerçait sur toute la paroisse de L'Acadie...

« Peut-on faire un procès à tout un peuple ? Peut-on sévir contre ces hommes pour un acte découlant d'un senti-ment public presque unanime ? Chartrand était reconnu comme espion. Le gouvernement n'a pas fait poursuivre ceux qui ont mis hors de combat beaucoup de soldats et en ont tué un grand nombre à Saint-Denis [...]. A-t-on tenté des procès d'État ? De quelle grâce le gouvernement demande-t-il donc le sang de ceux qu'il accuse d'avoir tué un seul homme, lui qui a absous ceux qui ont décimé un corps de troupes de Sa Majesté !

« Ce ne serait pas un meurtre, c'en serait quatre que vous commettriez, messieurs, si vous étiez cause par votre verdict que ces quatre prisonniers monteraient à l'échafaud... »

Puis défilent une douzaine de témoins à décharge. En substance, on retient de leurs dires que les citoyens qui ont suivi le commandant Garant, en fuite depuis, devaient craindre pour leur vie en n'obéissant pas. Un autre, opposé pourtant aux Patriotes, déclare que le gouvernement anglais n'était pas reconnu à L'Acadie et qu'il n'y avait là aucun moyen de répression. Un autre jure que l'on craignait beaucoup Chartrand, on s'attendait chaque jour à le voir venir avec une compagnie de Volontaires, au service de l'Anglais, pour commettre des déprédations. On disait qu'il voulait mettre tout à feu et à sang dans L'Acadie. Tous le prenaient pour un espion...

Le procureur général s'adresse enfin au jury : « S'il est au monde un pays où les lois criminelles sont administrées impartialement, c'est ici, chez un peuple heureux, le plus heureux peut-être qui soit au monde. [...] Vous devez vous dépouiller de tout sentiment personnel et de toute considération, politique ou autre, pour n'envisager le procès que sous le rapport des lois... »

Le juge en chef, avant de résumer les débats pour le bénéfice des jurés, annonce la couleur : « Parmi un peuple reconnu pour être paisible, il est rare qu'on ait vu se commettre un crime accompagné de circonstances aussi atroces. Le sang d'une victime crie vengeance et demande justice... »

Le jury se retire pour délibérer. Il est seize heures. À dix-sept heures trente, au grand étonnement de tous, y compris les accusés, tombe le verdict d'acquittement. Les uns applaudissent, les autres poussent des huées.

Selon la presse procanadienne, des individus « suspects » ont envahi les avenues du Palais de justice. « Comme il y avait lieu de craindre que quelques forcenés ne vinssent à se porter à des excès, les quatre furent accompagnés à un hôtel par des agents de police et une foule de Canadiens s'étaient rendus sur les lieux afin de prêter main-forte en cas de besoin, mais le tout se termina dans le plus grand ordre... »

Ce verdict, contraire à la preuve, va passer à l'histoire. Rien ne peut le justifier, sinon la sympathie de ses auteurs pour la cause des accusés. De pareils cas d'invalidation du tribunal par le jury ont été fort rares chez nous ; on se rappellera ceux du docteur Morgentaler ou de protagonistes de la Crise d'octobre, dans les années soixante-dix.

Le journaliste Jean-Pierre Fournier, qui s'est penché sur cette question, rappelle que ces cas de «jury nullification» sont beaucoup plus fréquents aux États-Unis, notamment lorsque des Blancs sont accusés de meurtres de Noirs dans les États du Sud. Il signale également que «cette affaire ouvre un débat de fond — qui n'est toujours pas résolu — sur les pouvoirs et prérogatives du jury: peut-il, comme il l'a fait alors, passer outre aux instructions du tribunal sur les points de droit?»

L'affaire Chartrand aura donc d'énormes retentissements. Certains estiment qu'elle est pour beaucoup dans la seconde rébellion de novembre 1838, certains Patriotes estimant qu'ils échapperaient à toute sanction s'ils avaient à être jugés par leurs pairs. Or les autorités, pour parer à cette éventualité, traduiront les insurgés de la deuxième vague devant une cour martiale plutôt qu'un tribunal civil.

Une centaine seront reconnus coupables de trahison. On en pendra douze sur la place publique, devant la prison de Montréal, au Pied-du-Courant. Parmi eux, par une étrange coïncidence, se trouvent François Nicolas et Amable Daunais...

L'affaire Cardinal

Un Patriote devant le tribunal militaire

Tout jeune, Joseph Narcisse Cardinal quitte la terre paternelle pour faire de bonnes études au Collège de Montréal. Revenu dans son patelin de Châteauguay, il s'initie au droit sous la houlette du notaire Georges Lepailleur dont il finit par devenir l'associé. Ses occupations lui laissant quelque loisir, il s'amourache d'Eugénie Saint-Germain qu'il épouse en 1831, à l'âge de 23 ans.

En bon notaire de province, Cardinal n'est pas un exalté mais un jeune homme prudent qui ne se laisse pas moins tenter par le démon de la politique. Aux élections générales de 1834, cet éloquent « canayen » est élu par acclamation député du comté de Laprairie.

Quand éclatent les troubles de 1837, il prend bien garde de s'en mêler directement. Il a déjà quatre enfants, ses affaires prospèrent, il n'a cure de cette rébellion qui ne peut que tourner au désavantage des Patriotes.

Ce bourgeois éclairé n'en est pas moins d'accord avec les révoltés qui secouent le Haut comme le Bas-Canada. On en a marre de la vieille administration coloniale, on veut se gouverner soi-même.

Mais sans fusils, sans canons et sans le soutien des Américains, estime-t-il, toute insurrection est inutile. Il ne cache d'ailleurs pas ses convictions et ne manque pas de s'élever publiquement contre la terrible répression exercée par les troupes anglaises en novembre 1837.

Ses critiques lui attirent les foudres du parti des vainqueurs : les Bureaucrates de Laprairie voudraient bien le voir derrière les barreaux. Ses amis, sa femme le pressent de fuir. Il passe la frontière américaine et rejoint à Covington Robert Nelson, l'un des chefs de la rébellion, et de nombreux autres réfugiés qui préparent le grand jour de la revanche.

Il rentre chez lui en février 1838, convaincu que la prochaine fois sera la bonne : les Américains qu'il a croisés là-bas épousent la cause des Patriotes.

Le 3 novembre suivant, on remet ça. Les Patriotes se rassemblent et dressent des camps à Beauharnois, Sainte-Martine, Saint-Mathias, Napierville et Châteauguay. Là, Cardinal prend avec Joseph Duquette la tête de quelque deux cents insurgés.

Ils manquent d'armes mais les «Sauvages» de la réserve toute proche de Caughnawaga en ont à profusion. Une soixantaine d'hommes s'y rendent dans l'espoir de mettre la main dessus.

L'affaire tourne court, les «Sauvages» les font prisonniers puis, avec l'aide d'un régiment écossais, les amènent sous bonne garde à Montréal, où l'on fait un triomphe aux vainqueurs. La foule, où dominent les Anglais de Montréal, abreuve les prisonniers d'injures, leur lance des œufs pourris et tente même de leur porter des coups. Au point que les gardes doivent éloigner les fanatiques du plat de leurs sabres ou de la pointe de leurs baïonnettes.

Partout, les rebelles ont été mis en déroute. La seconde répression menée par l'administrateur John Colborne est plus sévère encore que la première. Près d'un millier de «Canayens» sont emprisonnés, soit deux fois plus que l'année précédente.

On fera un procès à cent huit d'entre eux. Mais on ne les traduira pas devant un tribunal civil. Deux mois plus tôt, un jury «canayen» avait acquitté quatre Patriotes du comté de L'Acadie accusés du meurtre d'un supposé traître, malgré une lourde preuve. Pour éviter que d'autres jurys sympathiques à la cause des rebelles rendent des verdicts contraires à l'évidence, on traduit les insurgés devant un tribunal militaire.

L'historien Gérard Filteau, dans sa savante *Histoire des Patriotes*, s'attarde sur le sujet : « Beaucoup de Canadiens ont très sévèrement apprécié la conduite de ce tribunal, lui ont reproché son incompétence légale, sa malveillance, son manque de sérieux, son insolence, sa cruauté, toutes accusations assez mal fondées. Un examen superficiel des causes jugées par ce tribunal montre clairement que les juges militaires ont accompli leurs devoirs en esprit de justice et même, pourrait-on dire, avec bienveillance, à preuve, les nombreuses recommandations à la clémence accompagnant chaque jugement... »

Les douze présumés chefs de l'expédition du 4 novembre contre Caughnawaga y passent les premiers. Cardinal, à 30 ans, est la figure dominante du groupe. Les autres sont tous cultivateurs, mis à part Joseph Duquette, 20 ans, qui étudie le droit et travaille à l'étude de Cardinal, et François Maurice Lepailleur, fils de l'associé de Cardinal, qui est huissier à la Cour du Banc de la Reine.

Le major général John Clitherow, assisté de quatorze officiers de l'armée impériale anglaise, préside le tribunal. Les Dominique Mondelet, Charles Day et le capitaine Edward Muller occupent pour la Couronne.

Des avocats canadiens veulent prendre la défense des accusés mais ils sont écartés : il n'est pas question que « des rebelles défendent des rebelles ». L'avocat Pierre Moreau, agréé par les autorités, ainsi que deux de ses confrères anglais, un certain Hart et Lewis Thomas Drummond, relèvent le gant. Ils ne sont pas autorisés à conduire la cause de leurs clients et ne sont admis qu'à titre de spectateurs ; ils peuvent cependant les conseiller entre deux séances du tribunal et rédiger des plaidoyers écrits.

Drummond, natif d'Irlande, a 25 ans à peine. Il prend fait et cause pour ses clients. D'entrée de jeu, il conteste par écrit la compétence du tribunal et réclame un procès devant jury. Le délit dont on accuse les prévenus, souligne-t-il, a été commis avant l'ordonnance du 6 novembre qui instituait les tribunaux militaires. Ils étaient déjà en prison, leur cause ressortit donc à un tribunal civil : toute loi ne dispose que pour l'avenir et ne saurait avoir d'effet rétroactif.

Les accusés reprochent aussi au tribunal d'avoir manqué à de nombreuses règles prévues par la loi martiale même. Ainsi, une copie de l'acte d'accusation aurait dû leur être servie au moins dix jours avant le procès, pour qu'ils puissent préparer adéquatement leur défense. Ils n'ont eu que trois jours pour ce faire. On devait aussi leur remettre une liste des témoins à charge, ce qui n'a pas été fait. La libre communication avec leurs parents et connaissances leur a été refusée également...

Ces objections aussitôt renvoyées, on passe aux choses sérieuses. Le capitaine Muller s'adresse à la Cour : « Les prisonniers devant vous sont accusés de haute trahison [...]. Ce crime, dans sa nature et dans ses conséquences, est le plus grave qu'un homme puisse commettre... »

Le premier témoin appelé par la Couronne, John Lewis Grant, reconnaît les accusés et témoigne que Duquette, à la tête d'une vingtaine d'hommes armés, l'a fait prisonnier le soir du 3 novembre. « Lui ayant demandé la raison de cette conduite, il me dit de ne pas m'inquiéter, que dans deux ou trois jours, des Américains allaient venir et que je serais alors aussi libre et indépendant que les autres. Il ajouta qu'il ne voulait me faire aucun mal [...]. Il me fit garder et donna des ordres pour que je fusse bien traité... »

La même chose est arrivée à John McDonald, qui vend des armes à son magasin : « Ils m'ordonnèrent de leur ouvrir ma porte [...]. On me somma de remettre mes armes [...]. Cardinal paraissait être le chef, il donnait des ordres... »

À leur suite, les « Sauvages » George Oroniatehka, Ignace Kaneratahere, Joseph Tenihatie et Jacques Teronhiahere racontent les événements du 4 novembre. Les insurgés, qui manquent d'armes, lorgnent les leurs. Cardinal part à la tête d'un détachement qui se pointe à l'aube aux abords de la réserve, alors que la plupart de ses habitants sont à la messe. Les Patriotes se tapissent dans le maquis. Cinq d'entre eux, dont Cardinal, Duquette et Lepailleur, prennent les devants pour tenter de se procurer les armes par la ruse. Ils sont à parlementer avec quelques « Sauvages » lorsqu'une jeune fille tombe au milieu des Patriotes embusqués et court raconter ce qu'elle a vu à ses chefs.

Ceux-ci, qui n'ont rien à cirer de cette querelle de Blancs et ne sont pas suicidaires, prennent le parti du plus fort. Ils s'arment en hâte et décident d'attirer les insurgés en leurs murs pour s'en saisir. Des émissaires viennent expliquer aux Patriotes qu'il y aura moyen de s'entendre avec les chefs à condition qu'ils se rendent parlementer avec eux au village.

Les Patriotes donnent dans le piège. Une quarantaine d'Amérindiens bien armés, planqués sur leur route, les encerclent puis les somment de se rendre. Ils font soixante-quatre prisonniers: l'insurrection de Châteauguay aura été matée en moins de vingt-quatre heures...

Joseph et Pierre Reed, qui étaient de l'expédition, sont ensuite entendus par la Cour. Ils racontent avoir compris que les insurgés ne voulaient que désarmer les Indiens car ils avaient entendu dire que ceux-ci se promettaient de les attaquer. Il arrive que les réponses des deux cousins ne satisfont pas la Cour: «elles ne sont pas entrées car elles sont trop favorables aux détenus...» En une autre occasion, le procureur Mondelet leur fait des remontrances et leur rappelle «la punition réservée au parjure...»

Sa preuve close, la Couronne cède la parole aux accusés. Ils logent d'abord un protêt, rédigé par Drummond, dans lequel ils s'opposent encore une fois à ce que cette cour martiale procède plus avant. Leur prétendu crime devrait être jugé par une cour civile: l'ordonnance était postérieure à leur arrestation.

Le protêt est aussitôt rejeté, certains membres du tribunal le qualifiant d'«insultant». Ils sont ensuite une douzaine de témoins à décharge à témoigner du bon caractère des accusés, d'une aubergiste au curé de la paroisse, de la veuve Boudria au cultivateur Vital Dumouchelle qui se met dans de beaux draps. Il admet avoir participé aux événements, bien que passivement, et jure n'avoir pas vu Cardinal porter une arme ou donner des ordres. Le tribunal estime qu'il s'est incriminé, on mande le chef de la police qui l'emmène sur-le-champ en prison.

Le juge de paix et capitaine de la milice Joseph Couillard explique ensuite qu'il n'a pas émis de mandat d'arrêt ce fameux soir là contre «une vingtaine de personnes qui ne faisaient aucun mal ». Il raconte cependant avoir croisé, en compagnie d'autres témoins de la défense, à la porte de la cour, le témoin de la Couronne McDonald qui leur a dit : « Si vous ne vous en allez pas, je vous ferai mettre en prison... »

Les témoins de la défense entendus, Drummond obtient la permission de s'adresser à la Cour. Il livre alors un long et vibrant plaidoyer qu'il entame ainsi : « Nous refusâmes d'entrer en défense devant un tribunal dont, en qualité de sujets anglais, nous ne pouvions reconnaître la compétence. »

Puis, à tour de rôle, chacun des accusés plaide pour sa défense.

Le procureur Day s'adresse ensuite à la Cour : « Quand un homme complote ou imagine la mort du Roi ou soulève une guerre contre le Roi dans ce royaume, il sera trouvé coupable de trahison... »

Le 8 décembre tombent les verdicts. Deux des accusés, Édouard Thérien et Louis Lesage, sont acquittés, les dix autres sont trouvés coupables. Leurs juges ne se résignent pas à les condamner tous à la peine de mort. Sur les instances de l'administrateur Colborne, ils le font, tout en les recommandant à la clémence de celui-ci.

Finalement, Cardinal et Duquette devront être exécutés le 21 décembre, Lepailleur et tous les autres voient leur sentence commuée en celle de déportation.

Aussitôt le sort des accusés connu, les requêtes en grâce affluent chez Colborne. Les « Sauvages » de Caughnawaga regrettent leur excès de zèle : « La femme et les enfants de l'un, la vieille mère de l'autre, joignent leurs larmes à notre voix pour implorer votre miséricorde... »

Drummond, « pour l'honneur de la nation anglaise », n'est pas moins éloquent : « Aucun homme ne peut être mis en jugement par une loi promulguée après la perpétration de l'offense dont il est accusé. [...] Si la sentence est exécutée, ils seront élevés à la position de martyrs d'une persécution odieuse. [...] Leur plus féroce ennemi n'a pu leur imputer un seul acte de violence [...]. Je n'élève la voix que pour demander justice... »

La mère de Duquette vient se jeter aux pieds de Colborne, la femme de Cardinal, enceinte de leur cinquième enfant et clouée au lit par la maladie, s'adresse plutôt à l'épouse de celui-là qui, soucieux de faire des exemples et pressé par des éléments extrémistes, reste sourd à ces supplications.

Dans les dernières heures qui précèdent son exécution, alors que retentissent dans la cour de la prison du Pied-du-Courant les coups de marteau des menuisiers en train de dresser un formidable échafaud, Cardinal a la consolation de voir ses quatre enfants et sa femme qui s'est arrachée à son lit de douleurs. Le jeune Duquette voit sa mère et ses sœurs pour la dernière fois.

Vers les neuf heures, le 21 décembre 1838, une foule silencieuse se presse aux abords de la prison. Le notaire Cardinal monte le premier à l'échafaud, le bourreau Humphrey lui règle son compte en quelques minutes. Il aura moins de chance avec Duquette : la corde est mal ajustée, le corps du supplicié se met à balancer, heurtant avec violence la charpente. Il n'a pas perdu connaissance, il saigne abondamment, la foule entend ses râles et crie « Grâce ! Grâce ! » Le bourreau prend une seconde corde et, cette fois, parvient à ses fins...

Dix autres Patriotes furent pendus dans les mois suivants, deux furent bannis, cinquante-huit furent déportés en Australie, dont François Maurice Lepailleur. Cinq ans plus tard, il rentre au pays et s'établit à Montréal. Quelque temps après, il épouse la veuve de son ami Cardinal et prend à sa charge l'avenir de ses cinq enfants.

L'affaire Louis Riel

Ainsi meurent les prophètes

La gent féminine n'abonde pas en Nouvelle-France. Les colons, les coureurs des bois et les pêcheurs français ne résistent pas aux charmes des femmes autochtones. Les enfants issus de ces croisements sont appelés sang-mêlé: on les considère comme des Amérindiens lorsqu'ils sont élevés dans leur famille maternelle, comme des Français s'ils ont été baptisés.

Au fil des jours, des collectivités de sang-mêlé, francophones et catholiques, se regroupent aux limites des aires de colonisation. Les voilà bientôt aux Grands Lacs, ils se déplacent ensuite vers l'Ouest. Au milieu du XIXe siècle, ils sont environ dix mille, établis dans la colonie de la Rivière-Rouge, au sud des lacs manitobains. On les appelle désormais des Métis. Se sont joints à eux des éléments protestants et anglophones, issus de colons ontariens.

Louis Riel naît en 1844, à Saint-Boniface, d'un père français et d'une mère sang-mêlé. Les missionnaires recommandent ce brillant élève à la générosité de mécènes québécois: il fera ses études secondaires au Collège de Montréal. Il les interrompt cependant au cours de sa deuxième année de philosophie, ne croyant plus à sa vocation religieuse. Déprimé, instable, il s'éprend bientôt d'une Montréalaise dont on lui refuse la main, métis qu'il est. Le cœur brisé, il rejoint le poète Louis Fréchette à Chicago puis échoit à Saint-Paul-du-Minnesota. En 1868, à la mort de son père, il revient à Rivière-Rouge où l'attend son destin. Il a 24 ans.

La Confédération canadienne est née l'année précédente. La civilisation avance, les «Sauvages» et les Métis reculent. Les colons ontariens repoussent les limites de la nouvelle frontière, le gouvernement fédéral lorgne les territoires au nord-ouest de l'Ontario. Les Métis, qui craignent pour leurs territoires de chasse et de pêche, se révoltent contre ces visées. Louis Riel, grand et fort, orateur né qui s'exprime aussi bien en français qu'en anglais, se fait le porte-parole de sa communauté.

Devant l'arrogance des envoyés fédéraux, les Métis armés s'emparent de Fort Garry. Riel y forme un gouvernement provisoire composé de délégués élus par les populations francophone et anglophone. Il engage les négociations avec le gouvernement, qui finit par céder: le 15 juillet 1870, le Manitoba est né. En matière de langue et d'éducation, on lui accorde les mêmes privilèges qu'au Québec.

Les colons orangistes fraîchement débarqués dans la région s'en offensent. Les plus excités prennent les armes contre le gouvernement provisoire de Riel qui les met sous arrêts puis les relâche à condition qu'on ne les y reprenne plus. L'un d'eux, Thomas Scott, Ontarien et protestant, récidive. Il est arrêté à nouveau, jugé, condamné puis passé par les armes. Son exécution, tenue pour un assassinat, soulève un tollé en Ontario. La tête de Riel, désigné comme son instigateur, est mise à prix. Il doit fuir aux États-Unis.

En 1873, il est de retour au Manitoba. Il se fait élire aux Communes à deux reprises, mais on lui en refuse l'accès. Deux ans plus tard, le premier ministre conservateur John A. Macdonald fait adopter une motion d'amnistie en sa faveur moyennant un exil préalable de cinq ans.

Riel s'y refuse, il se réfugie au Québec sous une fausse identité et y traîne une existence sans but. Survient la fêlure: en proie à une dépression nerveuse, il s'abîme dans un délire mystique. Il est admis dans un asile d'aliénés de Montréal puis de Québec. En 1878, il obtient son congé et part pour les États-Unis. Il atterrit dans le Missouri, où Métis et Amérindiens chassent le bison. Il s'y fait interprète et instituteur. À 37 ans, il épouse Marguerite Bellehumeur, une jeune Métis de vingt ans sa cadette qui lui donne deux enfants.

Au Canada, la colonisation du Manitoba a refoulé ses congénères vers la vallée de la Saskatchewan où la poussée «civilisatrice» risque à nouveau de les déposséder. Ils font appel à Riel pour présenter leurs griefs au gouvernement fédéral. En juillet 1884, il est de retour au pays, à Batoche.

Il veut répéter le coup de 1870. Les historiens s'entendent pour dire qu'il a perdu le sens des réalités. À la pétition envoyée à Ottawa il joint une demande personnelle de 35 000 dollars en dédommagement de terres qui lui auraient été promises quinze ans plus tôt. Le 19 mars 1885, il annonce la constitution d'un gouvernement provisoire. Les Métis anglophones et la plupart des Amérindiens refusent de se joindre à une rébellion armée. Le gouvernement dépêche la troupe, des échauffourées font quelques morts, les forces rebelles sont matées. Le 15 mai, Louis Riel se livre à la Mounted Police du Nord-Ouest.

En Ontario, on crie toujours vengeance pour l'exécution de Scott, le temps n'a pas arrangé les choses, pas plus que les morts de Blancs survenues à la suite du dernier soulèvement des Métis et de sa répression. Le premier ministre Macdonald cède aux pressions, il ne serait pas mauvais de faire un exemple. Louis Riel est accusé de haute trahison, crime passible de la peine de mort. Il sera traduit en justice à Winnipeg où, selon la loi manitobaine, un accusé a droit à un procès devant un jury de douze hommes, dont la moitié peut être francophone.

Le cabinet se ravise: un procès en cet endroit risque de ne pas aboutir à un verdict unanime. Il aura plutôt lieu à Regina, la capitale des Territoires du Nord-Ouest, où l'on est beaucoup plus hostile au prisonnier et où la loi fédérale prévoit un jury de six hommes seulement dont le bilinguisme n'est pas obligatoire.

Le gouvernement a mal évalué la réaction du Québec. Les protestations fusent, on amasse des fonds pour assurer la pleine défense de Riel. Quatre éminents membres du barreau de l'est du pays se portent à son secours: il y a là le criminaliste François-Xavier Lemieux, Charles Fitzpatrick, James Greenshields et Thomas Johnstone. Le sous-ministre fédéral de la Justice, George Burbidge, et les réputés

Christopher Robinson, Thomas-Chase Casgrain, Britton Osler et David Scott représentent le ministère public. Le Britannique Hugh Richardson, magistrat «stipendiaire» qui doit son poste au bon plaisir du gouvernement fédéral et qui peut être destitué en tout temps, préside le tribunal.

Le procès s'ouvre le 20 juillet 1885 dans une minuscule pièce qui tient plus de la salle de classe d'une école de campagne que d'une cour de justice. Il règne une chaleur étouffante, on s'entasse les uns sur les autres : au milieu de ce fatras, on a aménagé un box où Louis Riel, barbu, le regard fiévreux, a l'air d'un prophète d'une autre époque.

On ne tarde pas à jeter le masque : le jury sera exclusivement composé de protestants anglophones. Un seul candidat francophone sur trente a été appelé, il n'a pu se rendre. Un seul est catholique, il est récusé par la Couronne. Les témoins du ministère public, dans un premier temps, démontrent que l'accusé avait été le chef du soulèvement des Métis et même l'instigateur des ravages commis par les Indiens ; on ne le tient toutefois pas responsable des massacres de colons et de missionnaires.

La carence du gouvernement fédéral devant les revendications — fondées ou pas — des Métis et des Amérindiens n'est pas en cause, elle n'excuse pas le mouvement de rébellion. La Couronne s'oppose à la déposition de témoins qui viendraient dire que les choses traînaient en longueur depuis trop longtemps.

Le délire religieux de Riel ? Ce n'était que ruse pour rallier les Métis, une peuplade fruste, les duper et les entraîner à sa suite. La défense n'a pas le choix que d'invoquer l'aliénation mentale bien que l'accusé s'y oppose vigoureusement. Elle fait déposer les pères André et Fourmond. Celui-ci est catégorique : «Dans la conversation privée, il était affable, poli, plaisant et charitable. Dès que la révolte a commencé, il est devenu excité et a perdu tout contrôle sur lui-même et sur son humeur. Il avait des idées extraordinaires sur la Sainte-Trinité. Le seul Dieu était Dieu le Père, Dieu le Fils n'était pas Dieu et de même du Saint-Esprit [...]. Il parlait même de se rendre en Italie détrôner le pape et d'en choisir un de sa façon.»

Le docteur François Roy, directeur de l'asile de Beauport, près Québec, qui a soigné Riel en 1877 et 1878, est plus explicite : « L'accusé souffrait de la maladie que les auteurs désignent sous le nom de mégalomanie. [...] Les malades montrent beaucoup de jugement dans toutes les questions qui ne se relient pas immédiatement à la maladie particulière dont ils souffrent... »

Le docteur Daniel Clarke, surintendant de l'asile de Toronto, abonde dans le même sens : « En supposant que l'accusé n'est pas un fourbe qui feint la maladie, tout être doué de raison ne peut en arriver à d'autres conclusions que l'homme qui a eu ces idées et qui a fait ces choses doit certainement être atteint d'aliénation mentale. »

La Couronne dispose aussi d'experts. Le docteur James Wallace, directeur de l'asile de Hamilton, affirme : « Je n'ai découvert chez l'accusé ni folie ni signe d'aliénation mentale. [...] Je pense qu'il est capable de distinguer le bien du mal et très subtilement de connaître la nature et la qualité de ses actes... » Même son de cloche chez le docteur Augustus Jukes, chirurgien-major de la Mounted Police.

Le procès s'achève dans la lourde chaleur d'un jour d'orage. Maître Fitzpatrick plaide au nom de la défense. Selon l'historien Lewis H. Thomas, il réclame l'acquittement « lors d'un plaidoyer qui s'avéra peut-être le plus éloquent et le plus passionné jamais entendu dans une salle d'audience au Canada... »

L'accusé, à plusieurs reprises, a tenté d'intervenir au cours des débats, mais on lui en a refusé la permission. Son tour vient et le juge l'autorise à s'adresser au jury. Riel ne veut pas passer pour fou : « Il me serait facile aujourd'hui de simuler la folie [...]. Dieu aidant, j'espère pouvoir conserver le calme et le décorum qu'il convient... » Il s'agenouille alors tant bien que mal dans l'étroit box des accusés : « Oh! mon Dieu! implore-t-il, aidez-moi de votre grâce et de la divine influence de Jésus-Christ. Bénissez-moi, bénissez cette honorable Cour, bénissez cet honorable jury... » Suit un interminable discours où il évoque les souffrances de son exil, réclame des documents que la police a saisis et revient ici et là sur certains témoignages. Il termine par ces mots : « Je sais que, par la grâce de Dieu, je suis le fondateur du Manitoba. »

Le procureur Robinson prononce ensuite un réquisitoire sans violence. Il s'attaque à la défense d'aliénation : « Mes savants amis doivent choisir entre leurs défenses. Il ne peuvent réclamer pour leur client une place dans le temple de la renommée et affirmer en même temps qu'il a droit à une place dans un asile d'aliénés. »

Dans son allocution au jury, le juge Richardson montre une nette prévention contre l'accusé. Le lendemain, 1er août 1885, dès la reprise des audiences, les six hommes rendent un verdict de culpabilité tout en recommandant le condamné à la clémence de la Couronne. Avant de prononcer la sentence, le juge Richardson donne de nouveau la parole à Riel.

Le condamné prononce un discours encore plus long que celui de la veille. Après avoir fait allusion à sa mission de prophète et exprimé sa satisfaction de n'avoir pas été reconnu fou, il se lance dans une longue diatribe sur son action au Manitoba en 1870 et termine par ses vues sur la colonisation des Prairies où il créerait une société multiculturelle.

On fait appel du verdict à la plus haute cour du Manitoba puis au Conseil privé, rien n'y fait. Les pétitions canadiennes-françaises, réclamant la commutation de sa peine, affluent du Québec, du Massachusetts et du Manitoba. Les contre-pétitions ontariennes ne se font pas attendre.

L'affaire Riel devient une affaire nationale, le pays est dangereusement divisé. Sous la pression de l'opinion publique québécoise et de quelques membres francophones de son cabinet, Macdonald accepte de soumettre l'exécution aux conclusions d'un nouvel examen psychiatrique qui se fera dans le plus grand secret.

Les docteurs Jukes, qui a témoigné au procès pour la Couronne, Michael Lavell et François-Xavier Valade, d'Ottawa, sont appelés à se prononcer. Les deux premiers estiment que Riel a toute sa raison, l'autre le juge irresponsable, incapable de discerner le bien du mal en matière de politique et de religion. Dans son rapport au Parlement, en

1886, le cabinet falsifiera ce dernier témoignage et le conformera aux deux premiers.

Le 16 novembre 1885, dans un petit matin froid et lugubre de Regina, capitale de la future Saskatchewan, dans les quartiers de la Mounted Police, Louis Riel est amené à la potence. Il entend au loin les protestations des colons anglophones à qui on refuse l'accès au spectacle. On lui passe la corde au cou, il ne se défait pas un instant de sa dignité hautaine. Il récite le Pater Noster, le bruit de la trappe qui s'ouvre l'interrompt, il plonge dans la postérité.

Une fois de plus, le cabinet a mal jugé la réaction québécoise. Six jours plus tard, sur la place du Champ-de-Mars, à Montréal, cinquante mille personnes viennent manifester leur indignation. L'Ontario s'en émeut, un journal propose de « recommencer la conquête ».

Au Québec, les conservateurs ne s'en relèveront pas. Le Parti national d'Honoré Mercier remporte les élections provinciales de 1886 et aux élections fédérales de 1887, les conservateurs perdent un nombre important de sièges aux mains des libéraux. Le peuple de Riel, d'autre part, ne lui survivra pas très longtemps.

Entre-temps, le 9 décembre 1885, le gouvernement, qui craignait des troubles, donne enfin son autorisation : la dépouille de Louis Riel est portée au Manitoba. On l'inhume dans le jardin de la cathédrale de Saint-Boniface, près de la sépulture de son père. Sur la pierre tombale, on peut lire cette seule inscription : « Riel, 16 novembre 1885 ».

Plus d'un siècle a passé depuis qu'on a accusé Riel du crime de haute trahison. En mars 1992, dans l'indifférence quasi générale, le Canada récrivait son histoire. La Chambre des communes, vide aux trois quarts, adoptait une résolution reconnaissant le rôle « unique et historique » de Louis Riel. Mieux encore, un député néo-démocrate proposait d'en faire un Père de la Confédération...

L'affaire Shortis

Le crime qui secoua l'Empire

Le sort réservé à Louis Riel dix ans plus tôt divise encore le pays quand débute cette affaire qui va devenir l'une des plus célèbres de l'histoire canadienne : les plus grandes figures du droit, de la politique et de la médecine de l'époque s'en mêleront, elle aura des répercussions jusqu'à la cour et au parlement de Londres... Elle n'arrangera en rien les relations entre Canadiens, et Wilfrid Laurier en fera son cheval de bataille dans la campagne qui le portera au pouvoir l'année suivante.

Tout commence le vendredi 1er mars 1895 : quatre employés du service de la comptabilité de la Montréal Cotton Company, de Valleyfield, préparent les payes qui seront remises aux employés le lundi suivant.

Vers 22 h, Valentine Shortis, que tous connaissent, se joint à eux pour un brin de causette. On sait qu'il a la passion des armes à feu, on ne s'étonne pas qu'il demande à voir le revolver que le contremaître John Lowe garde sous la main. Celui-ci prend soin de retirer le barillet avant de le lui céder.

Quand Shortis en a fini, Lowe replace le barillet puis remet l'arme dans un tiroir. Quelques minutes plus tard, alors que l'on est en train de déposer les 12 000 dollars dans le coffre-fort, Shortis se saisit du revolver et tire à bout portant sur Hugh Wilson. Le jeune John Loy, croyant à un accident, court appeler un médecin au téléphone. Il reçoit une balle à la tête et tombe raide mort.

Lowe et le quatrième homme, Arthur Lebeuf, s'emparent de l'argent et courent se barricader dans la voûte. Pendant que l'assassin leur enjoint d'en sortir, Wilson, grièvement blessé, se traîne jusque dans les locaux désertés et sombres de l'usine. Le tireur le rejoint et lui loge une balle dans la tête.

Il est de retour dans les bureaux de la comptabilité quand survient le veilleur de nuit, Maxime Lebeuf, le frère de l'autre, qu'il abat aussitôt.

Wilson, qui a survécu à l'agression, rampe encore jusqu'à la chaufferie et déclenche l'alarme. Les secours ne tardent pas, Shortis se rend sans offrir la moindre résistance.

Il n'en fallait pas tant pour mettre sens dessus dessous cette petite ville industrielle d'à peine dix mille âmes, sise à quelque cinquante kilomètres de Montréal.

L'indignation gagne rapidement la province puis le pays tout entier où l'on n'a pas l'habitude de tels carnages. L'année précédente, par exemple, huit Canadiens seulement avaient été reconnus coupables de meurtre, aucun n'était originaire du Québec où il n'y avait pas eu de pendaison depuis 1890.

La personnalité de l'assassin n'atténue en rien le scandale. En effet, Valentine Shortis, débarqué au pays il y a deux ans, est le fils unique d'un richisssime éleveur de bétail du canton irlandais de Waterford.

Ce fils de famille incapable, fantasque et excentrique a été envoyé ici en désespoir de cause. Son père espérait que, éloigné d'une mère trop aimante, il parviendrait à se faire une vie en Amérique.

Il a baguenaudé des mois durant dans la métropole avant que des relations d'affaires de son paternel ne lui trouvent un emploi non rémunéré à la Montréal Cotton de Valleyfield où ses manières outrancières, son accoutrement et ses cheveux teints en blond en ont fait la risée de la population.

La mère, à l'annonce de la mauvaise nouvelle, vole au secours de son cher fils que les gens du pays menacent de lyncher et que l'on a tôt fait d'emprisonner à Beauharnois en attendant son procès.

Le ministère public dépêche Donald Macmaster, un ténor du barreau montréalais qu'assistera Charles Laurendeau, un avocat de Beauharnois, tandis que Mary

Shortis retient les services d'Henri Saint-Pierre, le plus brillant criminaliste du temps.

Pour Macmaster, l'affaire ne fait pas de doute, Shortis est un être violent qui a tué deux hommes de sang-froid au cours d'un hold-up qui a mal tourné. Quant à son adversaire, une entrevue d'une heure avec l'accusé lui a suffi pour se convaincre de son insanité. Qu'est-ce qui aurait poussé ce fils de millionnaire à tenter un pareil coup, sinon la folie?

Bientôt, le fameux avocat J. N. Greenshields et son confrère George Foster, qui agira à titre de conseil, se joignent à Saint-Pierre. Celui-ci demande aussitôt un changement de venue: comment pourra-t-on trouver dans la contrée un seul juré qui n'ait déjà son idée de faite?

Cette requête est refusée mais on accorde cependant à la défense l'envoi d'une commission rogatoire en Irlande pour recueillir des témoignages sur le passé pour le moins troublant de l'accusé. Ce n'est un secret pour personne qu'on plaidera son irresponsabilité.

Le 1er octobre 1895, le juge Michel Mathieu, de la Cour supérieure de Québec, débarque à Beauharnois pour y présider le plus long procès criminel à s'être tenu au Canada sinon dans tout l'Empire britannique.

Tout Valleyfield se presse aux portes du Palais de justice, les gazetiers déplorent qu'une «horde de femmes à la curiosité morbide», que l'on soupçonne de sentiments pro-Shortis, ait tenté de se frayer un chemin à travers la foule impatiente. Les esprits sont chauffés à blanc, il n'y a que le principal intéressé qui ne semble pas le moins du monde concerné par toute cette affaire.

Le premier témoin à charge, le contremaître John Lowe, rappelle les circonstances du drame et le fait que l'accusé, «leur ami à tous», n'était pas sans savoir que, ce soir-là, on s'affairait à la paye.

Le suit Hugh Wilson qui a reçu une balle à la tête et une au corps. Il a survécu par on ne sait quel miracle: l'assistance lâche des oh! et des ah! à la moindre péripétie de son terrifiant récit.

Si la presse ne cache rien de son mépris pour l'assassin, elle n'en témoigne pas moins de commisération pour ses pauvres parents abattus. À leurs côtés, tout aussi attentifs aux débats, a pris place un auguste aréopage de la psychiatrie. Il y a là les docteurs J. V. Anglin, de l'asile de Verdun, C. K. Clark, de Kingston, Daniel Clark, de Toronto et R. M. Bucke de London, en Ontario.

Ernest McVicar, cotonnier de son état et ami de Shortis, est appelé à la barre pour témoigner de la préméditation du crime : quelques semaines avant le drame, il a parlé à plusieurs reprises de voler la paye des employés de la manufacture.

La Couronne termine enfin sa preuve en faisant déposer un reporter du quotidien montréalais *The Herald*. Celui-ci a été le premier à tenter d'interviewer Shortis qui a refusé de parler sans avoir d'abord consulté son avocat. Voilà, aux yeux de la poursuite, qui démontre bien que l'accusé avait tous ses esprits.

Là-dessus, Macmaster déclare sa preuve close, les observateurs d'en conclure que l'on n'en a plus pour très longtemps. Erreur !

Les procureurs de l'accusé font d'abord donner lecture, en anglais puis en français, du rapport de six cents pages de la commission rogatoire envoyée en Irlande. Pas moins d'une cinquantaine de témoins racontent les frasques, les manies et les violences du jeune Valentine que ses parents ont envoyé en terre canadienne plutôt que de le faire interner. De même, des aliénistes confirment que nombre de proches des Shortis ont fini leurs jours dans des asiles.

Vient ensuite le tour de Montréalais qui ont connu l'énergumène durant son séjour dans la métropole : ils confirment en tout point son comportement pour le moins étonnant.

Le témoignage attendu de Millie Anderson, une jeune fille fort jolie que fréquentait l'accusé dans les trois mois qui ont précédé le drame, n'apporte pas de surprises. Elle raconte qu'il portait souvent une arme, se vantant à qui voulait l'entendre qu'il avait chassé le gros gibier en Afrique, et qu'il s'amusait à tirer sur le lampadaire qui se trouvait à la porte de la demeure familiale. Il se plaignait souvent de maux de tête et se grattait parfois les bras jusqu'au sang.

La suivent à la barre le père puis la mère de l'accusé qui témoignent que leur fils n'a pas fait ses premiers pas avant l'âge de deux ans, n'a pas bien articulé avant six ans et n'a jamais su compter jusqu'à trente. C'est à l'âge de douze ans qu'il a commencé à faire montre d'indolence, d'hypocrisie et de violence.

Mary Shortis mentionne également qu'elle a vu son fils en prison plusieurs fois depuis son arrivée et que celui-ci refuse de parler de l'affaire si ce n'est pour s'opposer à ce qu'on invoque la folie pour sa défense. À la dernière question de l'avocat, qui lui demande « Vous avez consacré votre vie à votre fils ? », elle répond par l'affirmative et ajoute, en larmes : « Aujourd'hui, je la donnerais pour lui... »

Personne n'ignore que quatre des plus savants aliénistes du pays vont témoigner de la folie de l'accusé. La Couronne, assistée de trois médecins qui ne manquent rien des dépositions de leurs confrères mais qui ne se risqueront pas à les contredire sous serment, combat pied à pied l'argumentation de la partie adverse.

Après que la défense en eut fini avec sa démonstration, le ministère public appelle en contre-preuve quelques autres témoins qui ont fréquenté l'accusé et qui reconnaissent tour à tour qu'il avait un comportement particulier qu'ils refusent cependant de qualifier de bizarre ou d'incompréhensible.

Le moment des plaidoiries venu, maître Greenshields prend la parole le premier. Il s'adresse trois heures durant aux jurés : « Si je n'avais pas eu la conviction que l'accusé est atteint d'imbécillité, si j'avais cru que c'est un être responsable, je ne prononcerais pas un seul mot à sa défense, ma voix ne retentirait pas entre les murs de cette cour... »

Le lendemain matin, il est prévu qu'Henri Saint-Pierre prenne la parole. Sa réputation est telle que plus d'un millier de personnes, dont une moitié de femmes, font la queue à la porte du Palais dans l'espoir de trouver une place.

Le plaideur ne les décevra pas : sa harangue dure vingt et une heures réparties sur trois jours ! La Couronne fera preuve de plus de retenue, chacun des deux procureurs limitant son intervention à trois heures.

Le jury ne lambinera pas non plus. Le 3 novembre 1895, un mois après le début des procédures, par un dimanche matin chaud et ensoleillé d'automne, Valentine Shortis, sans se départir de son impassibilité, se voit reconnu coupable de meurtre en l'absence de sa mère en prière à l'église Saint-Clément de Beauharnois.

Le lendemain, on le ramène en cour pour le condamner à monter sur l'échafaud le 3 janvier suivant. Ses parents n'y sont pas, il accueille la sentence avec son détachement habituel, puis remercie avec un accent cockney moqueur «tous les distingués membres de la cour...» Il tourne les talons, un large sourire aux lèvres, et quitte les lieux à pas mesurés.

Son père lui fait ses adieux le lendemain, sa mère jure de ne retourner en Irlande qu'après avoir obtenu la commutation de la peine en emprisonnement à vie.

Dès que ses intentions sont connues, un tollé général s'élève dans la presse québécoise: on a fait au condamné un procès juste et équitable, les autorités doivent respecter le verdict du jury. Dix ans plus tôt, le même gouvernement conservateur n'a pas hésité à faire pendre Louis Riel, un francophone, même si l'on s'entendait à dire qu'il était fou. Réservera-t-on un sort différent à l'anglophone Shortis?

Mary Shortis ne se tient pas pour battue pour autant. La voilà bientôt à Ottawa, accompagnée de l'avocat-conseil Foster, qui multiplie les représentations auprès des gouvernants. Elle voit le premier ministre Mackenzie Bowell lui-même ainsi que tous les gens de pouvoir et les tireurs de ficelles de la capitale. Elle a une alliée de taille en la personne de Lady Aberdeen, l'épouse du gouverneur général qui a jadis été lord lieutenant d'Irlande.

La décision revient au cabinet qui se réunit en décembre pour trancher la question. Le vote est également partagé, c'est l'impasse. Dans ce cas, la décision revient au gouverneur général. À la fin de décembre, alors que le bourreau Radcliffe est à Beauharnois en train de dresser l'échafaud sur lequel doit monter Shortis, les Canadiens apprennent que le condamné a été gracié par Lord Aberdeen.

La presse du pays dénonce cette décision à l'unanimité. Au Québec, des manifestants survoltés pendent Shortis en effigie. À Ottawa, des membres du cabinet donnent leur démission pendant que des diplomates canadiens protestent auprès du gouvernement anglais et poussent même le zèle jusqu'à faire connaître leur mécontentement à la bonne reine Victoria.

Tout ce tintouin ne change rien à l'affaire. La décision est irrévocable, Valentine Shortis prend bientôt le chemin du pénitencier de Saint-Vincent-de-Paul, en banlieue de Montréal. Il y reste dix ans, jusqu'en 1905, alors qu'on l'envoie à l'asile d'aliénés de la prison de Kingston : le garçon est atteint d'une paranoïa aiguë.

Pendant tout ce temps, sa mère ne cesse de faire des pieds et des mains pour qu'il soit transféré dans une institution irlandaise. Elle fait d'innombrables allers et retours entre son pays et le nôtre, multiplie les démarches auprès de nos gouvernants et ceux de l'Empire, noue d'influentes amitiés, séduit ou allèche les puissants de ce monde, mais en vain. Les autorités canadiennes, échaudées par la controverse qui a suivi la grâce de son fils, n'oseront jamais se rendre à sa demande.

Elle mourra — et son époux aussi — bien avant que son fils ne recouvre la liberté. Le 3 avril 1937, après avoir passé plus de quarante-deux ans en prison, Valentine Shortis est enfin relâché. Il a 62 ans, c'est un vieux monsieur bien sage, que l'on dit fort cultivé, qui s'éteindra quatre ans plus tard, le 30 avril 1941, dans sa résidence torontoise.

L'affaire Guillemain

Drame à Saint-Liboire

La nuit est déjà tombée, en ce 30 octobre 1897, et la voiture d'Hormidas Lapierre avance lentement dans un rang de Saint-Liboire, dans les parages de Saint-Hyacinthe, quand, tout à coup, le cheval refuse de faire un pas de plus. Lapierre et les frères Bienvenue descendent pour voir ce qui ne va pas. Ils en sont quittes pour une affreuse surprise : le cadavre ensanglanté d'un homme gît sur la chaussée. Ils n'y voient goutte, ils courent à la maison la plus proche y quérir un fanal.

Les voilà qui frappent à la porte de Jean-Baptiste Laplante, dont la femme leur ouvre. À l'annonce de la nouvelle, elle pâlit... Son mari n'est pas encore rentré du village voisin de Sainte-Rosalie où il a rendu visite à son père. Se pourrait-il que le pauvre homme soit mort à quarante pas de sa maison ?

Son appréhension est confirmée quelques minutes plus tard au retour des trois hommes. À la lueur du fanal, ils ont reconnu Jean-Baptiste à son costume, tant les coups qu'on lui a portés à la tête l'ont défiguré. Le pauvre marchand de foin laisse dans la misère sa femme et ses huit enfants, lui qui était justement allé emprunter 200 dollars à son père. On fouille ses poches, point de trace des fameux dollars...

La population des environs voudrait bien croire à un accident, l'enquête du coroner les en dissuade. La voiture de Lapierre n'y est pour rien, Jean-Baptiste est bien mort assassiné. Le mobile du crime est celui du vol. Les suspects ne manquent pas, tout le voisinage connaissait les raisons de sa visite à son père.

L'enquête menée par des policiers venus de Saint-Hyacinthe et de Montréal piétine pendant quinze jours avant que soit divulgué le nom du coupable. Jean-Baptiste Guillemain, le neveu de la victime, a tout avoué.

Tout Saint-Liboire connaît cet adolescent de 17 ans débarqué chez son oncle Laplante quelque trois semaines avant le drame. Les parents Guillemain avaient émigré dix-huit mois plus tôt aux États-Unis, dans le Maine, afin d'échapper à leur pauvre condition. Le père et les enfants en âge de travailler ont été embauchés dans les usines de la ville de Biddeford jusqu'à la fin de l'été précédent. Se trouvant sans travail, Jean-Baptiste a décidé de revenir au pays pour y tenter à nouveau sa chance.

Son oncle lui donne le gîte et le couvert en échange de ses services sur la ferme. Quelques jours après le drame, il retourne chez les siens à Biddeford, les poches bourrées d'un argent qu'il dilapide sans compter. Ses copains l'interrogent sur sa provenance, il leur raconte l'avoir chipé dans les coffres de son employeur, le cirque Barnum, alors qu'il se produisait à Montréal... L'un d'eux n'avale pas son histoire et le dénonce à la police.

Le drame de Saint-Liboire n'est pas passé inaperçu à Biddeford qui compte une majorité de citoyens canadiens-français. Les policiers font deux plus deux : ne pourrait-il s'agir là des billets de banque volés à la victime ? Guillemain passe aux aveux : épris de sa tante, il a convenu avec elle d'assassiner son mari puis de s'enfuir aux États-Unis en attendant qu'elle vienne l'y rejoindre. On l'expédie aussitôt à la prison de Saint-Hyacinthe sans qu'il s'oppose le moins du monde à son extradition.

La presse du temps émet de sérieux doutes sur cette confession. On s'étonne qu'un aussi beau jeune homme ait pu éprouver un si vif sentiment pour une « vieille » femme de 42 ans que la nature n'a pas gâtée. Les policiers mascoutins semblent bien d'accord. Alors on cuisine à nouveau le suspect qui change complètement sa version des faits. C'est le mauvais garçon du village, un certain Tétreault, qui a fait le coup. Il en avait prévenu Guillemain et a acheté son silence en lui versant une partie de son butin. On arrête celui-ci pour le relâcher quelques jours plus tard. Seul Jean-Baptiste Guillemain fera face à la justice.

Son procès s'instruit au Palais de justice de Saint-Hyacinthe le 27 juin 1898, jour de son dix-huitième anniversaire. Les distractions de cette envergure sont rarissimes, aussi les curieux affluent-ils d'aussi loin que Montréal ou Portland pour suivre les débats. Tout Saint-Liboire y est, les élégantes et les gens de robe de Saint-Hyacinthe aussi. Cela fait beaucoup de monde, les corridors sont encombrés, des gens sont grimpés sur les calorifères et les appuis des fenêtres de la cour.

L'honorable juge Tellier préside le tribunal, les procureurs Blanchette et Fontaine occupent pour le ministère public. Un jeune avocat du pays, Alphonse Bourgeault, représente l'accusé. Il le fera avec une fougue et un talent que vanteront tous les reporters présents.

À 10 h 20 précises, le beau Jean-Baptiste paraît à la barre des accusés. Un murmure parcourt l'assistance féminine. Ce pauvre garçon de ferme, qui sait à peine lire et écrire, n'a pas que les traits fins, la distinction et l'élégance se dégagent de sa personne. Il salue l'assistance de la tête, « l'air plutôt intimidé de se voir le centre de toutes les curiosités, que craintif et tremblant de comparaître devant ses pairs qui décideront de sa vie ou de sa mort », écrit le reporter de *La Presse* qui ne s'appelle rien de moins que Louvigny de Montigny...

La Couronne reconstitue d'abord les derniers moments de la victime. Jean-Baptiste Laplante est descendu du train en provenance de Sainte-Rosalie vers 18 h et s'est dirigé à pied vers sa demeure, s'arrêtant en chemin chez un marchand du coin. Il se serait trouvé près de chez lui vers les 19 h, alors qu'il fut assailli. On l'a trouvé mort vers 19 h 20, les premiers examens des médecins accourus examiner son cadavre confirmant qu'il avait expiré une vingtaine de minutes plus tôt.

Sa veuve est le premier témoin d'importance appelé à déposer. Elle raconte que vers 18 h, elle a prié l'accusé d'aller chercher les chevaux dans le pré avant que le maître de maison n'arrive. Jean-Baptiste n'obtempère pas, préférant raconter des histoires aux enfants, en compagnie d'une jolie voisine de 16 ans, Vitaline Berthiaume. Quelques minutes plus tard, devant l'insistance de sa tante, il s'exécute. Le témoin ne peut dire quelle heure il était exactement, elle se rappelle cependant qu'il n'a voulu se faire accompagner de personne.

Il est revenu bredouille une quinzaine de minutes plus tard, s'est armé d'un fanal et est reparti accompagné de l'aîné des huit enfants pour revenir cette fois avec les chevaux. Une vingtaine de minutes plus tard, elle ne saurait dire exactement, le destin frappait à sa porte...

Le procès débute à peine que la Couronne et la défense s'affrontent sur la question des aveux qu'aurait faits l'accusé aux policiers de Saint-Hyacinthe. La première a de la difficulté à démontrer que l'accusé les a faits librement, sans qu'on ait eu recours à des promesses ou à des menaces. À ce point que le juge tranche en faveur de la défense : le ministère public ne pourra pas produire les aveux.

Dans un deuxième temps, on donne lecture du compte rendu d'une commission rogatoire qui est allée à Biddeford interroger la bande d'amis avec lesquels l'accusé a tenté de dissiper sa petite fortune. Leurs dénonciations sont accablantes, Jean-Baptiste accuse le coup. Tous les témoignages concordent, les billets étaient tous marqués du sceau de la Banque des Cantons-de-l'Est, tout comme ceux que la victime avait reçus de son père.

La Couronne appelle ensuite le policier Romain Rodrigue, de Biddeford, à qui l'accusé a fait des aveux dans les jours qui ont suivi son arrestation aux États-Unis. Cette fois, la partie sera plus serrée pour la défense. Le témoin jure que Guillemain l'a interpellé alors qu'il passait devant sa cellule. Après avoir demandé à boire de l'eau, Guillemain s'ouvre à son geôlier et, tout comme quelque temps plus tard à Saint-Hyacinthe, accable le dénommé Tétreault.

À la deuxième conversation qu'il eut avec l'accusé, le témoin avertit l'autre que tout ce qu'il dira pourra être retenu contre lui. Guillemain ne déclare pas moins que deux semaines après son arrivée à Saint-Liboire, sa tante s'est mise à le supplier de tuer son oncle pour qu'ils puissent ensuite s'enfuir ensemble aux États-Unis : «Le soir du meurtre, elle m'a envoyé me cacher au bord du chemin, pour attendre son mari. Je me suis alors embusqué après m'être muni d'un rondin et, voyant venir Laplante, je l'ai frappé une seule fois du côté de la figure [...]. Il est tombé sans crier. J'étais alors pas mal saoul, ma tante m'ayant fait boire force brandy.» Là-desssus, raconte le policier, l'accusé avait fondu en larmes.

Le président du tribunal permet que ces aveux, faits en pareille circonstance et signés par l'accusé, soient lus devant le jury. Là-dessus, la Couronne déclare sa preuve close.

La défense passe à l'attaque. Un avocat de Biddeford, Henri Lord, mandé par la famille de l'accusé pour défendre celui-ci, raconte: «Après lui avoir parlé, j'étais convaincu d'être en présence d'un individu qui n'avait pas tous ses esprits. [...] Ses déclarations étaient contradictoires et il m'a dit les avoir faites parce que les policiers lui avaient promis de le retourner au Canada et qu'il n'y serait pas pendu...»

La mère de l'accusé, quant à elle, rapporte que son fils lui a dit: «Je ne peux pas le jurer mais je pense que c'est Tétreault parce que de tous les voisins, ce fut le seul qui ne vint pas voir mon oncle lorsqu'il était sur les planches...»

L'avocat de la défense s'attarde ensuite à démontrer que l'accusé se trouvait à marcher dans les champs à la recherche des chevaux, en compagnie du jeune fils de la victime, au moment même du crime. La tâche du plaideur n'est pas facile, tout est une question de minutes, nous n'en sommes pas encore à l'ère de la montre-bracelet. Les témoins ne sont sûrs de rien, les paysans ne comptent pas le temps en minutes...

Enfin, d'un ton péremptoire, maître Bourgeault appelle son client à la barre. Louvigny de Montigny écrit: «Toutes les poitrines cessent de respirer. On ne s'attendait pas à ce coup de théâtre. Les jurés ouvrent grands les yeux.

Guillemain se lève et se rend d'un pas rapide à la boîte aux témoins. Il se peigne les cheveux avec les doigts et regarde l'assistance sans la moindre émotion...»

Il nie d'abord devant Dieu et les hommes avoir tué son oncle et explique que le policier Rodrigue à qui il a fait des aveux s'était fait passer pour un avocat: «Je lui ai conté pour moi et Tétreault [...]. Là-dessus, il m'a dit "Donne-moi des preuves." Je n'en avais pas, il a alors répondu: "Je ne peux pas prendre une cause comme celle-là. Si c'était ta tante, tu pourrais peut-être t'en sauver dans six mois. Et tu pourrais t'en retourner au Canada." Alors j'ai dit que c'était ma tante...»

Les spectateurs les plus avertis estiment que ce témoignage a produit une excellente impression sur le jury. De Montigny écrit: «Guillemain est rentré dans sa boîte comme un témoin qui vient de rendre le témoignage le plus banal. Il croise ses jambes et sourit de regarder la foule qui a tous ses yeux braqués sur lui. On n'ose respirer de peur de troubler cette insouciance superbe...»

On est prêt pour le dernier acte du drame. Le 8 juillet 1898, la séance s'ouvre sur la plaidoirie de la défense. Notre reporter y est: «Cela devient un lieu commun que de disserter sur la curiosité du public envers le malheur d'autrui. [...] Mais ce matin, la salle d'audience présente un aspect extra-ordinaire. Dès sept heures, la foule se presse aux abords du Palais pour s'assurer quelque place. L'espace réservé au public est plus que rempli. Et il fait une chaleur atroce... Pour avoir des sièges, il faut être muni de billets de faveur...»

L'avocat Bourgeault parle le premier. Il a travaillé d'arrache-pied à la conduite de sa cause, l'épuisement se lit sur ses traits. Il n'en est pas moins éloquent: «La confession faite par Guillemain à Rodrigue est un plaidoyer pour une faveur, ce n'est pas un aveu. Si vous la croyez, vous vous voyez forcés de condamner en même temps la veuve Laplante et le dénommé Tétreault [...]. L'argent trouvé en possession de l'accusé démontre qu'il y a peut-être eu vol, mais aucunement qu'il y a eu meurtre...»

Les talents d'orateur de son avocat ne suffisent pas à sauver l'accusé, le jury met à peine une heure à le reconnaître coupable. Il est aussitôt condamné à être pendu le 30 septembre suivant. Guillemain s'assied, moins ému que la plupart des spectateurs dont un grand nombre a éclaté en sanglots.

Le 12 septembre 1898, le bourreau Radcliff annonce qu'il sera bientôt à Saint-Hyacinthe pour y dresser la potence. Les parents de Guillemain sont rentrés dans le comté y implorer la pitié populaire. À une semaine de la date fatidique, les autorités font savoir que la sentence a été commuée en emprisonnement à vie. Dans les jours qui suivent, le jeune homme est envoyé au pénitencier de Saint-Vincent-de-Paul.

Seize ans plus tard, le 25 juillet 1911, on apprend que les portes du bagne viennent de s'ouvrir devant lui. *La Presse* écrit: «On rapporte qu'il y a des gens qui prétendent encore aujourd'hui qu'il n'était pas l'auteur de la tragédie de Saint-Liboire. [...] Sa libération est la dernière phase de l'affaire sur laquelle va maintenant tomber le plus profond oubli.»

L'affaire Viau

La boucherie de Saint-Canut

Le drame va se jouer dans les Laurentides, au nord de Montréal, dans un bled de quatre cents âmes situé à une douzaine de kilomètres de Sainte-Scholastique, le plus gros village de la contrée.

Dix ans plus tôt, Cordélia Viau, une fille du pays, était descendue à Montréal vivre chez sa sœur aînée qui avait épousé un citadin. Elle a 20 ans, un joli minois, de l'entregent et de la curiosité. Elle gagne son pain grâce à ses talents de couturière, court les théâtres et les concerts, lit les auteurs à la mode et monte même à cheval.

Elle a 24 ans quand elle fait la rencontre d'Isidore Poirier, un menuisier de Saint-Henri qui a quatorze ans de plus qu'elle mais qui partage ses goûts et ne lui tient pas rigueur de son indépendance d'esprit ni de sa maladie de la peau, du type eczémateux, qui lui interdit les travaux ménagers.

Ils convolent en août 1892 puis s'établissent au pays de Cordélia, à Saint-Canut, dans une jolie maison que le marié a construite de ses mains.

Cette élégante jeune femme qui monte à cheval en amazone, fait de la musique sur son harmonium, s'intéresse aux idées de son temps et ne touche pas à la vaisselle excite l'attention des villageois.

Le ménage ne roule pas sur l'or: Isidore fait comme il peut, Cordélia coud pour les hommes célibataires des alentours et cultive le tabac qu'elle vend au village.

En 1895 et 1896, le mari quitte le pays pour la lointaine Californie où il gagne suffisamment pour envoyer quelques piastres et de tendres lettres à sa femme qu'il a confiée à la garde de Sam Parslow, un homme à tout faire qui effectue de menus travaux à la maison.

Cordélia en profite pour élargir son cercle d'amis, fréquente les esprits éclairés de Sainte-Scholastique, tient même salon à l'occasion et adopte un neveu de trois ans qu'elle élève comme son enfant.

En 1897, Isidore peut enfin rester au pays : on a besoin de menuisiers à Saint-Jérôme, le chef-lieu du comté, où l'on construit une nouvelle église. Le couple et l'enfant y passent la semaine dans une pension puis rentrent à Saint-Canut pour les week-ends, comme en ce samedi 20 novembre 1897.

Le lendemain matin, comme tous les dimanches, Isidore monte l'harmonium à bord de la voiture puis on prend le chemin de l'église où Cordélia chantera la messe.

Au retour, l'homme de la maison fête le jour du Seigneur au whisky, ce qui fait que vers les 14 h l'envie lui manque d'aller aux vêpres. Cordélia se rend seule à l'église puis rentre une heure plus tard, en compagnie de Parslow qui doit ensuite la conduire chez son père, à Sainte-Scholastique, où elle passera la nuit auprès de sa mère gravement malade.

Des voisins les voient entrer dans la maison. Parslow en ressort cinq minutes plus tard et attend Cordélia une bonne vingtaine de minutes.

De retour chez elle le lendemain matin à l'aube, elle frappe en vain à la porte de sa maison dont elle n'a pas emporté la clef, puis se rend à l'église tenir l'orgue à l'occasion de la célébration d'un mariage. À la fin de la cérémonie, elle pénètre enfin chez elle avec l'aide d'un voisin qu'attend une vision d'horreur dans la chambre...

«Poirier était étendu sur son lit, les jambes pendantes. Il était en bras de chemise et son chapeau en feutre rond était sous sa tête, tout ensanglanté. Sa chemise était couverte de sang coagulé et les oreillers, le couvre-pied, le tapis étaient imbibés de sang. Il avait au cou la plus horrible des blessures.

Il avait la gorge ouverte et portait à la figure deux blessures assez profondes.

« À son côté, était déposé un couteau à boucherie encore maculé de sang. [...] Il y avait dans la chambre toutes les traces d'une lutte désespérée, une lampe cassée, une tablette du bureau de toilette brisée, le plancher, qui est verni, égratigné par les chaussures à clous, du sang sur le tapis et même sur le mur... »

Le signataire de ce texte s'appelle Paul Gravel, il est journaliste à *La Presse* qui l'a envoyé sur les lieux le jour même du drame. Il ne manque ni d'ambition, ni de culot, ni de goût du sensationnel, ni de partialité. Il va jouer un rôle déterminant dans l'affaire. Soixante-quinze ans plus tard, Pauline Cadieux, qui a publié un livre sur cette affaire, intitulé *La lampe dans la fenêtre*, lui adressera des reproches sévères mais justifiés.

Dès son premier papier, fort de ragots et de ses propres déductions, Gravel émet des doutes sur les mœurs passées de la jeune veuve. Il revient à la charge le lendemain alors que débarque tout un zigoto, le détective Peter McCaskill, à qui les autorités ont confié la conduite de l'enquête.

Avec lui, les choses ne traînent pas. Son idée est faite en vingt-quatre heures, il procède à l'arrestation de Cordélia et de Sam qu'il emmène à la prison de Sainte-Scholastique.

Il les laisse sécher là, tourmente Cordélia puis la plaint du sort qui lui est fait. La pauvre femme, prise de panique, ne sait à quel saint se vouer. Le policier lui annonce alors qu'il lui a trouvé un lieu de séjour plus décent que sa misérable cellule et l'emmène dans une chambre réservée aux magistrats de passage.

Ce n'est qu'un subterfuge. Il la questionne encore puis lui tend un texte qu'il lui fait lire à haute voix : « C'est depuis le jour de l'An que Sam me répétait qu'il allait tuer mon mari. Il disait qu'il le tuerait quand je le voudrais. Quand je suis arrivée de chez mon père, je me suis doutée qu'il dirait que j'étais l'auteur du meurtre, mais ce n'est pas moi. Sam m'avait toujours dit qu'il ferait en sorte que je ne le sache pas quand il tuerait mon mari. En arrivant lundi matin, et en voyant les rideaux baissés aux fenêtres de notre maison, je me suis aussitôt dit que Sam avait tué mon mari...»

Le coroner Mignault et le grand connétable Brazeau sont dans une pièce attenante, cachés derrière une tenture qui dissimule la porte communicante. Ils enregistrent mot à mot la supposée confession : le tour est joué, Cordélia est ramenée sans ménagement dans sa cellule.

Confronté à cet aveu, Parslow, cuisiné par McCaskill et Brazeau, leur aurait déclaré, à en croire ce dernier : «C'est elle qui le tenait, je ne me rappelle pas si c'était à droite ou à gauche, mais elle le tenait pendant que je l'ai frappé une fois. Puis je me suis sauvé et je ne sais plus rien...»

À partir de là, l'affaire connaît un énorme retentissement. On n'a pas l'habitude à cette époque des crimes passionnels aussi sanglants, les gazettes de la province, puis du pays, puis de l'Amérique, voire de l'Europe, s'emparent de «l'affaire de la boucherie de Saint-Canut». Ainsi, quand s'ouvre le procès de Cordélia, le 17 janvier 1898, doit-on refuser l'accès du tribunal à plus de deux cents curieux qui se répandent dans les cafés de Sainte-Scholastique.

Le juge Henri Thomas Taschereau préside le tribunal, les procureurs Mathieu et McKay occupent pour la Couronne. Un criminaliste montréalais de renom, Alexandre-Eudore Poirier, assure la défense de l'accusée.

Les médecins légistes font d'abord part au jury de leurs constatations. Oui, le chapeau de la victime gisait sur le lit, tout près de sa tête. La Couronne prétend qu'elle a été tuée dans son sommeil : ainsi donc, demande la défense, Isidore Poirier dormait avec son chapeau sur la tête? N'aurait-il pas plutôt été projeté sur le lit après une furieuse bagarre comme l'attestent les traces de lutte laissées dans la chambre?

On en vient ensuite aux prétendus aveux de l'accusée. Des magistrats, des avocats, des éditorialistes ont dénoncé les méthodes du policier McCaskill; le juge ne l'autorise pas moins à déposer les aveux, quitte à réserver le droit à la défense de les soumettre plus tard au jugement de la Cour d'appel.

Une dame Ladouceur, de Montréal, chez qui logeait Parslow en 1896, raconte qu'elle a trouvé dans ses malles des lettres d'amour à lui adressées et signées des initiales C.V. Le tribunal accepte ce témoignage bien que les fameuses lettres ne puissent être produites.

Lui succèdent les Hall, père et fils, qui estiment que l'accusée avait un comportement contraire aux convenances que le juge assimile aussitôt à des manières adultères. Puis viennent témoigner des citoyens des paroisses voisines qui ont vu Cordélia et Sam ensemble, se rendre à des réceptions ou échanger du courrier confidentiel, toutes choses que le magistrat verse au compte de l'adultère public!

On entend enfin le témoignage du cocher Legault qui, la nuit suivant la mort d'Isidore, à 1 h, est passé devant la maison des Poirier et affirme avoir vu de la lumière. Si c'est le cas, le propriétaire des lieux ne pouvait être que vivant. La Couronne affirme qu'il a été tué dans l'après-midi: huit ou neuf heures plus tard, l'huile des lampes de la maison aurait dû être épuisée... Qu'à cela ne tienne, un passager du coche de Legault, Joseph Fortier, vient jurer qu'il n'a pas vu de lumière. Le juge s'empressera de ne retenir que ce dernier témoignage.

Dans son adresse aux jurés, le magistrat y va d'une charge pas piquée des vers contre l'accusée qui, malade, n'a pu assister à la majorité des débats. Le 2 février 1898, à seize heures, le jury rend un verdict de culpabilité devant une Cordélia hébétée par les sédatifs qu'on lui a administrés dans sa prison.

Quatre mois plus tard, la Cour d'appel casse le verdict et ordonne la tenue d'un nouveau procès. La défense demande d'abord qu'un autre magistrat entende la cause, ce qui lui est refusé. Elle plaide ensuite que le procès devrait se tenir dans une autre juridiction, ce à quoi s'oppose le juge Taschereau qui n'est pas resté insensible aux représentations des marchands du pays qui ont fait des affaires d'or lors du premier procès.

Enfin, pour gagner du temps et éviter surtout les immanquables contradictions des témoins, ceux-ci n'ont pas à déposer à nouveau: on lit leurs dépositions antérieures, ils n'ont qu'à les corroborer!

À la satisfaction générale, le jury rend un verdict de culpabilité le 16 décembre 1898, Cordélia Viau est condamnée à monter sur l'échafaud le 10 mars suivant.

On juge Sam Parslow quelques jours plus tard, il est condamné à mourir aux côtés de sa présumée maîtresse.

L'issue des débats ne fait pas l'unanimité. Huit cents habitants du comté de Terrebonne signent une pétition pour que l'on commue la sentence. Ils sont bientôt imités par des citoyens des quatre coins de la province quand ce ne sont pas des bonnes âmes du Canada et des États-Unis qui font connaître leur désapprobation.

En désespoir de cause, Cordélia adresse une supplique à l'épouse du gouverneur général du pays : « C'est de ma prison et à genoux que je vous écris ces quelques lignes pour vous implorer ma grâce et mon pardon. La justice de mon pays m'a trouvée coupable du crime de meurtre de mon mari et j'attends actuellement sous les verrous l'heure terrible de monter sur l'échafaud. J'aimais mon mari, oh oui je l'aimais, mais dans un moment d'une cruelle aberration je me suis laissé influencer par des promesses et sous l'influence néfaste d'aveugle passion j'ai laissé commettre l'horrible tragédie que Dieu seul je le sais peut me pardonner. Je demande à Votre Excellence la grâce non de mon horrible faute mais votre extrême indulgence et l'immense faveur d'aller pleurer toute ma vie dans les cachots d'un pénitencier. Vous êtes femme et c'est à votre cœur de femme que je m'adresse. Épargnez-moi l'horrible supplice de l'échafaud. Je ne mérite pas, je le sais, grande compassion, ni peut-être la plus légère sympathie, mais au moins ne pourriez-vous pas trouver dans un coin de votre bon cœur une petite parcelle de pitié pour la plus malheureuse des femmes... »

Les défenseurs de Parslow feront aussi des pieds et des mains pour lui éviter le pire. Ils plaident l'aliénation de leur client et obtiennent qu'un conseil formé d'une demi-douzaine de psychiatres le soumette à un examen. Dans le rapport de ceux-ci, il ressort que si le condamné, qu'ils estiment sain d'esprit, leur a avoué son crime, ils pensent néammoins qu'il a agi sous l'« emprise » de Cordélia.

Rien n'y fait, Cordélia et Sam devront boire le calice jusqu'à la lie... Des curieux accourus de Montréal ou de Québec, du Canada, des États-Unis et d'aussi loin que la France se sont arraché à prix d'or les quelque cinq cents places disponibles dans la cour de la prison où doit avoir lieu l'exécution.

Au dehors, une foule de plus de deux mille personnes s'entasse aux abords du lieu du supplice. Les plus avides ont grimpé sur les toits avoisinants, dans les arbres, ou se sont juchés sur les clôtures. La prison subit un véritable siège, les gardes de Montréal et la police provinciale ont toutes les misères du monde à maintenir l'ordre.

Des enragés s'arment d'une énorme poutre et tentent d'enfoncer la grande porte solidement barricadée. Ailleurs, dans toute la ville, règne une atmosphère de fête. Dès le matin, «ce sont des hurlements dans tous les hôtels, on danse, on crie, on fume et l'on boit comme si l'on célébrait l'élection d'un nouveau député» raconte le correspondant de *La Presse*.

Cordélia monte à l'échafaud la tête haute, Sam doit être soutenu. On les fait tenir dos à dos, séparés par une toile tendue la veille. À peine entend-on la condamnée murmurer «Grâce, je n'ai que 32 ans...» avant que ne s'ouvre la trappe sous les pieds du couple maudit.

L'assistance se rue alors sur l'échafaud et déchire les tentures noires destinées à lui cacher les derniers soubresauts des suppliciés. Le prêtre qui les a accompagnés jusque-là crie en vain à la foule : «Messieurs, de grâce, respectez ces pauvres enfants, respectez la mort...»

À dix heures, on ouvre les portes de la cour pour laisser le passage aux deux voitures qui doivent ramener les cadavres à Saint-Canut. La foule tente alors de dételer les chevaux et de s'emparer du corps de Parslow. Les policiers doivent tirer quelques coups de semonce pour que la populace lâche prise.

Le convoi funèbre passe devant l'auberge, les clients entonnent une complainte irrévérencieuse dédiée à la belle suppliciée. Ils sont accompagnés à l'harmonium, celui-là même de Cordélia, qu'elle avait dû vendre avec ses autres biens pour payer son avocat...

L'affaire Sclater

Drame passionnel dans la Haute-Mauricie

Le Haut-Saint-Maurice, au tournant du siècle, c'est le pays des bûcherons, des trappeurs et des esprits malins, comme ce Manigonse qui hante l'immense forêt de la Mekinac où seuls les Amérindiens montagnais, appelés alors Têtes de Boules, osent s'aventurer.

Quand, par une nuit froide et sans lune de mars 1905, on découvre le corps troué de balles d'un fermier de La Grande Anse, il s'en trouvera plus d'un pour évoquer le climat de mystère dans lequel baigne toute la contrée. Le dénouement de l'affaire n'allait pas les faire mentir.

C'est dans son écurie que l'on découvre le cadavre de Percy Howard Sclater, un revolver à ses côtés. On croit d'abord à un suicide. À l'examen, on se rend compte qu'il a été troué de cinq balles. Il est rare qu'un suicidé puisse se reprendre autant de fois, force est de conclure que le pauvre a été assassiné.

Des photos trouvées dans ses affaires rappellent à ses proches que cet immigrant au fort accent britannique avait jadis été un homme du monde, là-bas, dans les « vieux pays ». Chez nous, il a d'abord été à l'emploi de la Compagnie de la baie d'Hudson avant de se porter acquéreur de la plus grande ferme de La Grande Anse, en 1903. Il s'est aussi fait aubergiste, puisque la maison d'habitation, dite la « maison jaune », compte dix-huit chambres qu'il loue aux aventuriers de passage.

Les opinions divergent sur cet homme sans passé. Pour les uns, c'est un honnête travailleur, rangé, qui boit parfois un verre de trop. Pour les autres, c'est un ivrogne brutal avec sa femme. L'envoyé spécial de *La Presse* écrit : « Quelle fatalité a poussé cet homme à quitter la richesse et les honneurs pour l'amener ici, s'enfoncer dans la solitude des grands bois du Saint-Maurice, dormir sous la tente, vivre de la vie sauvage et fuir la société pour laquelle il était né ? Mystère. Cet exil cachait un secret. Il ne l'a jamais dévoilé ».

Dans les jours qui suivent, le docteur Vanasse, coroner du district, réunit un jury de douze personnes pour déterminer la cause du décès et, si possible, désigner d'éventuels suspects. La rumeur publique, elle, n'a pas tardé à charger Wallace McCraw et Arthur Chandonnet qui étaient en compagnie du défunt le soir du drame.

Un assassinat, en ces temps-là, ce n'est pas qu'une petite affaire. Aussi les autorités dépêchent-elles un as de la « Police secrète provinciale », ancêtre de notre Sûreté du Québec. Avec le détective McCaskill, les choses ne devraient pas traîner en longueur : on se rappellera que c'est lui qui a envoyé Cordélia Viau à la potence...

Son succès dépasse toute attente. Dans l'heure qui suit son arrivée, il s'entretient avec la jolie veuve Annie Mary, née Skeene, qui, en huit ans de mariage, a donné naissance à trois enfants âgés de sept à deux ans. Il croit relever certaines contradictions, la presse de questions puis la fait passer aux aveux. À croire la jeune femme, Wallace McCraw, le valet de ferme, était son amant depuis un an. Il avait emménagé dans la « maison jaune » deux mois auparavant et ne l'avait depuis entretenue que de sa résolution de tuer son mari. Elle avoue enfin lui avoir fourni l'arme du crime, un revolver qui appartenait à son mari.

McCraw est aussitôt arrêté. Il proteste de son innocence et déclare au détective McCaskill : « Si j'avais voulu tuer Sclater, une seule balle aurait suffi. Il en a fallu cinq à l'assassin, ce ne peut être qu'une femme. » De plus, prétend-il, le jour même du drame, une violente dispute avait éclaté entre les deux époux. Au point qu'Annie Mary aurait hurlé à son époux : « Tu mourras de ma main. J'te tuerai. »

Les prétendus amants vident leur sac devant le coroner. Un troisième témoin décide de l'issue du débat : un certain Chandonnet, pensionnaire de la « maison jaune », rapporte des propos de McCraw qui ne laissent aucun doute sur son intention de faire disparaître son maître et rival.

Le jury rend son verdict : il y a bien eu meurtre et Wallace McCraw doit en être accusé. Le détective McCaskill rentre en ville couvert de gloire : il n'a mis que quarante-cinq minutes à résoudre le mystère de La Grande Anse... Mais l'affaire ne s'avérera pas aussi simple ; trois longues années ne suffiront pas à en démêler l'écheveau.

Le deuxième acte se joue à Trois-Rivières, chef-lieu du district judiciaire concerné. Dès l'enquête préliminaire, la foule se presse au tribunal, les quotidiens montréalais y sont tous représentés. Les procédures ne devraient être qu'une formalité, et qui sait, peut-être pourra-t-on assister à une exécution, ce qui ne s'est pas vu depuis un bon demi-siècle ?

Les premiers témoins racontent les événements qui ont précédé le drame. Au cours de ce dimanche, Sclater, McCraw et Chandonnet trinquent ferme tout l'après-midi. Après le souper, McCraw, quelque peu ivre, monte à l'étage s'y reposer. Chandonnet, lui, quitte les lieux, prétextant se rendre à une veillée chez des voisins.

Restent à la cuisine le maître des lieux, son épouse et la belle-sœur de celle-ci. La nuit est tombée, l'homme souhaite que l'on jette un dernier coup d'œil dans les bâtiments de la ferme. Il demande à sa femme de réveiller leur employé mais c'est peine perdue, celui-ci dort comme un sourd.

Sclater, ennuyé, décide d'y voir lui-même. Trois quarts d'heure plus tard, inquiète de l'absence prolongée de son mari, Annie, selon le témoignage de sa belle-sœur, lui demande d'aller voir à l'écurie ce qu'y fait son mari. Elle lui confie alors que le matin même, celui-ci avait menacé de la tuer et de se suicider ensuite. L'idée de s'aventurer dans la nuit, dans un tel contexte, ne l'enthousiasme guère. La belle-sœur n'est guère plus brave. Elles tentent toutes deux à nouveau de sortir McCraw de sa torpeur.

Elles y parviennent, il les quitte alors pour revenir aussitôt, haletant : « Il est mort, il est bien mort », leur crie-t-il. Le trio, muni d'une lampe à l'huile, retourne à l'écurie. La scène glace les femmes d'effroi. Sclater, couvert de sang, gît aux pieds des chevaux. On court chercher un voisin, un certain Aimé Dontigny: «Viens vite, Sclater vient de se tuer.» Celui-ci examine le cadavre, il réalise le premier qu'il s'agit plutôt d'un meurtre.

Arthur Chandonnet charge à nouveau McCraw, avec encore plus de conviction et de force. La veille du drame, l'accusé lui aurait dit, en parlant de son rival: «Il faut que j'en finisse». Un certain Jimmy Maurice, que l'on n'avait pas entendu devant le coroner, enfonce le clou: «J'ai demandé à McCraw s'il se marierait un jour. Il m'a répondu: "Je devrai tuer quelqu'un auparavant." Mais il ne m'a pas dit de qui il s'agissait».

Il ne manque plus qu'une pièce du puzzle. Quand la veuve adultère fait son entrée dans le prétoire, vêtue et voilée de noir, on entendrait une mouche voler. Elle est détenue depuis une dizaine de jours, à la suite de l'enquête du coroner, sans qu'aucune accusation précise ait été portée. Tous s'attendent à ce qu'elle lève le dernier voile sur ce crime jugé passionnel.

Elle doit prêter serment sur l'Évangile. Le greffier l'interroge sur ses croyances. Elle se contente de laisser tomber: «Je ne parlerai pas.» Le procureur et le magistrat ont beau tenter de lui arracher une explication, rien n'y fait. Elle reste enfermée dans son mutisme.

On la renvoie dans sa prison quarante-huit autres heures durant. De retour en cour, elle refuse à nouveau d'ouvrir la bouche. Ses procureurs exigent qu'on s'adresse au témoin dans le dialecte montagnais, le tribunal s'y oppose et la renvoie au cachot.

Les premiers présentent alors une requête en *habeas corpus*, cette institution qui fonde le droit criminel britannique depuis 1679 et qui exige que la Cour fasse comparaître un prévenu pour justifier sa détention. Les défenseurs de McCraw les imitent. Les requêtes sont rejetées; elles contribuent cependant à accélérer les procédures.

L'enquête préliminaire est écourtée, McCraw est formellement accusé de meurtre et cité à procès. Quant à la jeune veuve, elle est accusée de complicité.

Une longue année s'écoule avant que ne s'ouvrent les débats. Le temps que le bon peuple des Trois-Rivières se fasse une tout autre opinion des « odieux criminels » du lendemain du drame. La femme Sclater est une prisonnière modèle qui s'occupe à des travaux de couture tandis que McCraw, un analphabète, en profite pour apprendre à lire et écrire, sa plus chère ambition. L'affaire paraît maintenant moins limpide.

D'entrée de jeu, les ardents défenseurs de McCraw se dressent sur leurs ergots. Ils citent de savants traités de droit, contestent l'acte d'accusation et critiquent la manière dont le détective McCaskill s'y est pris pour faire parler la veuve Sclater encore sous le choc de la mort de son mari.

Les témoins déjà entendus à l'enquête préliminaire déposent dans le même sens. D'autres apportent des éléments nouveaux. Un voisin, Euchariste Crête, prétend que les Sclater formaient un couple uni. Intelligente, rouée, la femme Sclater ? Celui-ci de répondre : « Je ne crois pas, car l'an dernier, elle ne savait pas lire l'heure. » Théophile Lemire, un marin, affirme avoir vu, deux jours après le meurtre, des traces de pas dans la neige qui menaient de l'écurie, où Sclater avait été tué, à la rivière. L'assassin avait-il fui par là ?

La poursuite fait comparaître un témoin « surprise », le docteur Lambert, qui a rendu visite plusieurs fois à McCraw dans sa cellule. Le savant homme hésite, invoque le secret professionnel, puis déclare : « McCraw, qui souffre parfois de dépression nerveuse, m'a dit "quand on connaîtra toute la vérité, on verra que je ne suis pas coupable"... » Le ministère public, penaud, s'attendait évidemment à tout autre chose...

La veuve Sclater est enfin appelée à la barre. La rumeur veut qu'elle accepte de témoigner à charge. « Croyez-vous en Dieu ? » lui demande-t-on. « Je ne peux répondre », rétorque-t-elle. Elle ne souffle pas un mot de plus, on la renvoie dans sa cellule.

Le moment des plaidoyers venu, le journaliste de *La Presse* écrit : « Le sort du prisonnier offre plus d'espérance qu'il n'en offrait au commencement. »

Pendant six longues heures, l'un des deux défenseurs de l'accusé s'attaque à la preuve de la Couronne. La paix régnait dans la maison des Sclater, comment la femme aurait-elle pu être complice de l'assassin de son mari? Et pourquoi? Pour l'héritage de 3 500 dollars qui, par testament, c'était connu, était destiné aux trois enfants du couple? Le silence obstiné de la veuve s'explique: elle sait en son âme et conscience que l'accusé est innocent, mais elle ne se résigne pas à revenir sur les faux aveux que lui a arrachés le détective McCaskill.

L'avocat s'en prend ensuite au témoignage de Chandonnet et s'attarde à ses allées et venues le soir du drame. Comment expliquer qu'il ait mis 25 minutes à se rendre à la demeure d'Aimé Dontigny alors qu'il en faut à peine 15? Où s'est-il arrêté en chemin?

Ce soir-là, il a emprunté une veste à McCraw: «La Couronne s'est opposée à ce qu'on la produise en cour car vous y auriez peut-être découvert du sang...» Le plaideur ne ménage aucun effet. Le président du tribunal, le juge Cannon, d'origine irlandaise, rappelle que la fête de la Saint-Patrick approche, puis ajoute: «Messieurs les jurés, permettrez-vous que le distingué président des assises criminelles de ce district inaugure son élévation au banc en ratifiant la sentence de mort que vous aurez prononcée?» Des larmes embuent les yeux du magistrat et sur sa lancée, l'avocat évoque le spectre de l'erreur judiciaire: aux États-Unis, prétend-il, quarante-quatre malheureux ont été exécutés qui, après leur mort, ont été reconnus innocents. Et de conclure: «Je vous supplie de sauver l'innocent qui depuis un an vit en martyr entre les murs d'un cachot...»

Le ministère public s'attache à dissiper tout doute qui aurait pu s'installer dans l'esprit des jurés. Les déclarations de la veuve Sclater au policier McCaskill et le silence de McCraw devant ces accusations prouvent sa culpabilité.

Dans son adresse au jury, le juge Cannon ne fait pas de cadeau à l'accusé. McCraw a tué Sclater pour «mettre la main» sur sa femme et sa fortune. Il a quitté subrepticement sa chambre pour aller tuer le mari. Et il termine par ces mots: «Rappelez-vous que vous avez un devoir à remplir: celui de venger la société...»

Le 16 mars 1906, Wallace McCraw est reconnu coupable de meurtre. Un tollé s'élève. Le reporter de *La Presse* écrit : « Partout, on parlait de son innocence. Partout, on réclamait sa liberté. Jamais un verdict n'a soulevé une réprobation aussi générale. »

Le procès d'Annie Mary Sclater s'ouvre quelques jours plus tard. Elle refuse une fois de plus de témoigner. Tant pis, on fera sans elle. Cinq jours passent avant qu'elle ne soit acquittée sous les applaudissements de l'assistance. À la sortie du tribunal, on la porte en triomphe.

McCraw, lui, ne monte pas sur l'échafaud le 26 juin suivant, comme prévu. Ses avocats en ont appelé du déroulement de son procès de même que de l'adresse du président du tribunal au jury. En mai, un sursis lui est accordé. La Cour d'appel ordonne la tenue d'un nouveau procès. Il aura lieu en mars 1908.

Entre-temps, on tente sans succès de ramener la veuve en cour pour la faire déposer contre celui qu'elle avait désigné comme son amant. C'est peine perdue. « La jeune femme, écrit *La Presse*, depuis sa mise en liberté, a repris la vie nomade des Indiens de sa tribu. »

Annie Mary Skeene était donc amérindienne ? À en croire certains de ses descendants, ce n'était pas le cas. Ce que l'on sait, en revanche, c'est qu'elle se remaria éventuellement et eut cinq autres enfants.

Chandonnet, au cours de ce deuxième procès, y va de nouveau de toute sa hargne contre l'accusé. Cela ne suffit pas : le 7 avril 1908, l'accusé est acquitté. Ses avocats reçoivent dans les jours qui suivent des centaines de dépêches de félicitations.

Lors de son passage à Montréal, McCraw révèle aux journalistes qu'il s'établira dans l'ouest du pays, à Edmonton, sous une nouvelle identité. Il n'accable aucun de ses accusateurs, il dit plutôt avoir de la reconnaissance pour les « charitables gens de Trois-Rivières ».

L'affaire en restera là. Le mystère de l'assassinat de Percy Howard Sclater ne sera jamais élucidé.

L'affaire Fournier

La magistrature outragée

Au tournant du siècle, les Québécois que ne rebutaient pas la chose politique et la fréquentation des journaux ne devaient pas s'ennuyer. Si la grande presse tentait tant bien que mal d'afficher une certaine impartialité, des pamphlétaires sévissaient dans une pléthore de publications à petit ou moyen tirage qui surgissaient au gré des saisons et des courants de l'opinion.

Les plumes les plus acérées ne manquaient ni de conviction, ni d'agressivité, ni de panache. Certains sont passés à la postérité, tels les Olivar Asselin ou Jules Fournier, deux amis qui n'étaient pas des moins bruyants. En l'an de grâce 1909, par exemple, ils finissent tous deux derrière les barreaux.

Le premier, à l'emploi de *La Patrie*, est courriériste parlementaire à Québec où règnent les libéraux du premier ministre Lomer Gouin. Alexandre Taschereau, son dauphin, lance en Chambre de malveillantes accusations contre le journaliste. À l'ajournement de la séance, celui-ci, en guise de riposte, le gifle. Il aboutit dans les cellules du Parlement...

Fournier, lui, dirige les destinées d'une feuille de combat, *Le Nationaliste*, dans lequel il tire à boulets rouges sur le parti ministériel qu'il accuse d'incurie. Le regretté journaliste Jacques Guay, qui rappelait cette affaire en 1965, précisait : « Il s'en prend particulièrement à la mauvaise administration des forêts, des mines et des ressources hydrauliques. Il prédit que l'avenir de la province est dans l'industrialisation qu'il demande au gouvernement d'envisager lucidement. »

En mai 1909, dans un article intitulé « La prostitution de la justice », le jeune polémiste de 25 ans accuse deux anciens organisateurs libéraux, devenus juges, de partialité dans l'exercice de leur noble fonction : « On ne saurait du reste attendre autre chose de ces politiciens dans l'âme qui ont nom François Langelier et François-Xavier Lemieux... Élevés à la magistrature par le "parti", ils ont apporté sur le Banc, avec leur étroitesse de vues et leurs préventions, toutes leurs vieilles passions politiques. [...] Peut-être à leur insu, peut-être avec la meilleure bonne foi du monde, ils restent sous l'hermine les fanatiques qu'ils ont toujours été, les esclaves inconscients de l'esprit de parti... » En d'autres mots, il accuse les juges de condamner des justiciables à des sentences plus ou moins sévères selon qu'ils sont amis ou pas du parti au pouvoir.

Le premier ministre, qui est aussi le procureur général de la province, prend la mouche et ordonne que le sacrilège soit traduit en Cour supérieure sous l'accusation d'outrage au tribunal. La tempête se déchaîne. La presse d'opposition tonne tandis que les journaux ministériels, telle *La Vigie*, sonnent l'hallali : « Personne n'est à l'abri de cette sale plume qui affecte la puanteur de l'égout et prend le purin de l'écurie pour de l'encre. [...] Il est question de mettre Jules Fournier en prison, nous soumettons humblement aux autorités que ce serait faire acte d'humanité en le plaçant dans une maison de santé où il pourrait recevoir les soins incessants des médecins aliénistes. »

Le 12 juin suivant, devant une salle comble, Fournier comparaît à Québec devant celui-là même qu'il a désigné à la vindicte publique, sir François Langelier, ci-devant juge en chef de la Cour supérieure. Dans les circonstances, c'est à l'accusé qu'il revient de démontrer qu'il ne devrait pas être châtié. On devine que les arguments de ses défenseurs portent peu.

Le juge Langelier tranche sur-le-champ : « On a invoqué la liberté de la presse. Il y a la liberté et la licence de la presse. En France, par exemple, où existe la licence de la presse, on voit un polisson, garçon de café, tirer la barbe au président Fallières [...]. La loi du lynch existe aux États-Unis parce qu'on y a perdu confiance en la justice. Ces persiflages à l'égard de la magistrature, auxquels nous a habitués *Le Nationaliste*, il faut que cela cesse...» Et le magistrat de condamner l'accusé à trois mois de prison.

La sentence, pour le moins sévère, soulève un tollé. La presse canadienne, à quelques exceptions près, pousse le gouvernement fédéral à intervenir. Le juge Langelier, par personnes interposées, offre à Fournier de le libérer au bout d'un mois si lui et ses consorts cessent leur grabuge, mais le principal intéressé ne cède pas. Ses avocats en appellent du jugement, il est libéré sous cautionnement deux semaines plus tard.

Une assemblée monstre salue son retour à Montréal. Henri Bourassa, le fondateur du *Devoir*, Armand Lavergne et Olivar Asselin prennent la parole au marché Saint-Jacques. Le 10 janvier 1910, la Cour du Banc de la Reine confirme le jugement de première instance. Tant pis, on en référera à la Cour suprême qui, en décembre de la même année, renverra l'appel, le défendeur ayant négligé d'inscrire sa cause. Mais le temps a passé, le ministère public oublie de le renvoyer derrière les barreaux.

Entre-temps, Fournier a fait deux séjours en Europe et collaboré au *Devoir* et à *La Patrie*. Ses adversaires ont finalement eu gain de cause, il s'est vu forcé de retenir sa plume. En 1911, il fonde l'hebdomadaire *L'Action* puis passe à des choses plus sérieuses: il se marie et a un fils.

La guerre éclate bientôt, les querelles de clochers perdent rapidement de leur intérêt. Fournier s'est lassé de la petite politique. Sans le sou, il décroche un poste de traducteur au Sénat canadien en 1917. Il mourra d'une pneumonie l'année suivante, à peine passé le cap des 30 ans.

Il est aujourd'hui considéré comme l'un des grands du journalisme québécois. Le Conseil de la langue française a donné son nom au prix attribué chaque année à un journaliste de la presse écrite pour souligner la qualité de sa langue. Son persécuteur, le juge Langelier, sera moins gâté par la postérité...

L'affaire Delorme

La sanglante tragédie de Snowdon

Le 7 janvier 1922, au petit matin, le corps de Raoul Delorme, 24 ans, est retrouvé à demi gelé, poings liés, dans le quartier Snowdon, à Montréal, la tête trouée de six balles de revolver. Les quotidiens montréalais du temps parlent, en gros titres à la une, d'une « sanglante tragédie » qui consterne la société québécoise aux mœurs si paisibles et si austères...

Le jeune Delorme, étudiant en commerce à l'Université d'Ottawa, est le benjamin d'une respectable famille qui vit dans l'aisance avec un frère et trois sœurs, rue Saint-Hubert. Les parents sont décédés. Le jour de ses funérailles, plus de mille deux cents personnes se pressent en l'église Saint-Jacques pour entendre l'homélie de son demi-frère, l'aîné de la famille, l'abbé Adélard Delorme. C'est plus qu'il n'y en a en la cathédrale de Mont-Laurier, le même jour, aux obsèques de monseigneur Brunet, premier évêque de ce nouveau diocèse...

Une semaine plus tard, outré que l'enquête n'ait pas encore donné de résultats, l'abbé Delorme annonce qu'il offre une récompense de 10 000 dollars pour tout renseignement qui pourrait mener à l'arrestation du coupable. Il demande en plus que l'assassin soit pendu dans un lieu public, le plus vaste de l'époque, l'aréna Mont-Royal.

Les policiers ne chôment pourtant pas. Au bout de quelques jours, on a affecté à l'affaire le plus réputé d'entre eux, le détective Georges Farah-Lajoie. D'origine syrienne, de foi catholique, après des études au séminaire de Jérusalem, il est venu s'établir à Montréal au début du siècle. Il a épousé une Québécoise avec qui il a eu sept enfants. Il est à la Sûreté municipale depuis dix-sept ans.

À leur première rencontre, le comportement du vénérable abbé lui paraît pour le moins étrange. L'homme est arrogant, prétentieux et verbeux. Quand le policier s'enquiert du contenu du testament du défunt, son frère déclare n'en rien savoir et n'en avoir cure. Un tel détachement des biens de la terre, même chez un homme de Dieu, étonne... Surtout que l'abbé est réputé mener grand train et que ses locataires, interrogés plus tôt, en parlent comme d'un propriétaire impitoyable.

Plus loin dans ses recherches, Lajoie apprend que si le défunt n'avait pas de soucis d'argent, ce n'est pas le cas du saint homme. Leur père, un riche contracteur, avait laissé le gros de sa fortune, évaluée à près de 250 000 dollars à Raoul qui voulait en prendre bientôt possession.

À l'abbé le père avait confié l'administration de ses biens, constitués surtout de propriétés à revenus, tâche dont l'ecclésiastique s'acquittait non sans un certain laxisme. Ainsi, il s'était approprié depuis plusieurs années les revenus annuels de l'héritage, estimés à quelque 10 000 dollars. Il aurait bientôt eu à rembourser ces emprunts à son frère. De même, la maison qui les abrite tous allait-elle incessamment appartenir en propre à Raoul.

Quand le détective découvre que l'abbé a contracté une police de 25 000 dollars sur la vie de son frère une semaine seulement avant sa mort, l'abbé devient son suspect numéro un. D'autres faits accablants viennent bientôt le confirmer dans son opinion :

— la tête de la victime était enveloppée dans un piqué cousu main dont les défauts de fabrication étaient très particuliers. On en a trouvé deux exemplaires identiques dans la résidence de l'abbé. La coïncidence est pour le moins curieuse ;

— on a décelé des traces de sang humain sur la banquette arrière de l'automobile du suspect, une rutilante Franklin ;

— les balles de calibre .25 qui ont tué Raoul Delorme proviennent, selon deux experts, du revolver Bayard acheté par son frère dix jours avant le meurtre;

— des voisins ont entendu l'automobile de l'abbé quitter le garage vers les 11 h, le soir du crime. Ce que nie impérieusement l'intéressé;

— les deux témoins, dont un évêque, qui ont contresigné le testament de Raoul par lequel il lègue tout à son frère jurent que celui-ci a assisté à sa rédaction et qu'il en a même dicté le contenu.

Le 13 février 1922, le cabinet provincial siège jusque tard dans la nuit. Les ministres ont une grave décision à prendre, aussi ont-ils examiné attentivement toutes les pièces du dossier Delorme. On choisit finalement de procéder sans délai. Le procureur général autorise l'arrestation du suspect.

Le surlendemain, celui-ci comparaît devant le coroner. Il ne manque pas, dans son témoignage, de comparer son sort à celui de Jésus-Christ et d'appeler la colère de Dieu sur «les libres penseurs, les athées et les ignorants qui veulent manger du curé. Sauvez-moi et vous vous sauverez», clame-t-il en bénissant l'assistance.

Six des sept membres du jury, après moins d'une heure de délibérations, concluent qu'il existe des raisons suffisantes pour faire subir un procès au prévenu. L'abbé Delorme est emmené à la prison de Montréal.

Le 15 juin suivant, il se trouve devant ses pairs. Des centaines de badauds se sont massés aux abords du Palais de justice pour l'apercevoir. Dès l'ouverture des débats, les avocats de la défense présentent un plaidoyer préliminaire de folie, prétendant que l'accusé est incapable de comprendre ce qui se passera à son procès et qu'il est donc inapte à le subir.

La tournure des événements n'est une surprise pour personne: dix-huit jours avant le verdict, *La Presse* avait annoncé que les huit aliénistes, de la défense comme de la Couronne, étaient unanimes à le trouver «aliéné pour causes d'amoralité, de dégénérescence héréditaire et de débilité mentale».

On rappelle la lourde hérédité de l'accusé : sa mère est morte à sa sortie d'un asile d'aliénés, six parents de la ligne maternelle et autant de la ligne paternelle ont souffert de maladies mentales. Seule note discordante, on relit à un moment donné le récit circonstancié que l'abbé a fait, en cour du coroner, de ses allées et venues dans la soirée et la nuit du crime. Le ton semble être celui d'un homme en possession de toutes ses facultés...

L'adresse aux jurés du juge Dominique Monet dure quarante-cinq minutes. L'atmosphère est chargée d'émotivité, le magistrat ne peut retenir ses larmes en plusieurs occasions mais il laisse clairement entendre qu'il ne croit pas l'accusé fou.

Rien n'y fait : le 30 juin, le jury composé de douze Québécois francophones — et catholiques — délibère pendant moins de vingt minutes et se range à l'avis des experts. L'assistance, plus nombreuse qu'elle ne l'a jamais été en Cour d'assises, respire. Ce dénouement sied en fin de compte à tout le monde, la morale est sauve : on ne sait toujours pas si l'homme de Dieu a tué et, l'eût-il fait, s'il était responsable de ses actes.

L'abbé est subséquemment interné à l'asile de Beauport, près de Québec. Il y est depuis trois mois quand son beau-frère, Adélard Tétreault, présente à la cour une requête en interdiction, lui ôtant l'administration et la libre disposition de ses biens. Voilà qui ne fait guère le bonheur de l'abbé, on s'en doutera.

Le 14 septembre, *La Presse* publie en exclusivité, à la une, la copie du certificat émis par le directeur de l'asile : « Interné dans cet hôpital par mandat du lieutenant-gouverneur en conseil, pour cause de folie, il n'a présenté aucun signe d'imbécillité, de démence ou de fureur... »

La nouvelle éclate comme une bombe ! Si l'abbé n'est pas fou, il doit donc subir son procès !

Le 20 juin 1923, le deuxième procès de Delorme est engagé. On a pris soin de choisir un jury mixte, composé de huit francophones et de quatre anglophones qu'on présume ne pas être catholiques. La durée des procédures se voit ainsi doublée : il faudra tout traduire ! Le tribunal est présidé par sir François Lemieux, juge en chef de la Cour supérieure.

Le débat va durer plus d'un mois, on peut en suivre jour après jour les péripéties à la une des quotidiens québécois, parfois sur huit colonnes. Les autres grandes nouvelles du jour passent en second.

On apprendra quand même que ce tunnel sous la Manche dont on parle tant pourrait être creusé en quatre à cinq ans. Que deux trafiquants de drogue, des marins d'un navire anglais, ont été arrêtés dans un hôtel montréalais en possession de cent onces de cocaïne valant à peu près 3 500 dollars. Que les négociations entre l'union des chauffeurs de tramways montréalais et leurs employeurs s'annoncent difficiles. Qu'une publication française, *Le Progrès médical*, soutient que les Québécois sont en immense majorité métissés. Ou encore, que le danger de révolution armée aux États-Unis s'estompera si les conditions de vie des travailleurs et des fermiers changent.

La stratégie de la Couronne est claire : elle va d'abord exposer sa preuve sur les mobiles du meurtre, puis sur les circonstances du crime lui-même et enfin, sur les tentatives de dissimulation de l'accusé.

Les procédures ne manqueront pas d'éclat. Un des moments forts survient quand la Couronne appelle le détective Lajoie à la barre des témoins. Un murmure parcourt l'audience, la surprise se lit sur tous les visages. Maître Alleyn Taschereau, procureur de l'accusé, déclare qu'il a des questions préliminaires à poser et qu'il veut empêcher le témoin de déposer. L'échange est vif :

Me Taschereau : Avez-vous écrit un livre accusant Adélard Delorme du meurtre de son frère Raoul ?

Lajoie : J'ai écrit un livre dans lequel je donne ma version de l'affaire...

Me Taschereau : N'avez-vous pas dit, dans vos conclusions, que Delorme a commis le crime ?

Lajoie : Mes conclusions personnelles sont qu'il y a une grande présomption de meurtre contre l'accusé.

Me Taschereau : N'avez-vous pas dit que d'après vos recherches, déclarant que vous êtes un chrétien et que vous élevez vos enfants dans la religion chrétienne, Adélard Delorme est coupable du meurtre de son frère?

La Couronne émet aussitôt une objection à la question.

Me Taschereau : On peut examiner un témoin sur voir-dire pour démontrer qu'il est un athée, un imbécile et un homme sans mœurs. S'il est athée, il peut faire des déclarations telles que son témoignage puisse devenir un parjure... N'avez-vous pas dit, monsieur Lajoie, devant témoins, que Delorme a surpris son frère vers trois heures de l'après-midi, au deuxième étage, lui a mis un mouchoir rempli d'éther sur la figure et lui a tiré six balles à la tête?

Lajoie : C'était ma théorie que j'émettais.

Me Taschereau : Vous saviez que vous causiez un tort considérable à l'abbé Delorme?

Lajoie : Ma première présomption est devenue beaucoup plus forte contre Delorme quand j'ai constaté qu'il plaidait la folie...

Me Taschereau (d'une voix forte) : Votre Seigneurie, je demande que l'agent Lajoie soit immédiatement arrêté pour mépris de cour !

Le juge refuse et permet au policier de témoigner.

Les choses suivent ensuite leur cours normal. Le vendredi 20 juillet 1923, les plaidoiries sont terminées, le juge s'adresse au jury avant qu'il ne se retire : « Je comprends vos craintes et vos inquiétudes. Elles dénotent chez vous le respect particulier et si légitime dû à notre clergé à qui, plus qu'à tout autre facteur, notre race doit sa survivance nationale. [...] Si vous êtes convaincus de la culpabilité de l'accusé et que vous l'acquittez, vous servez le jeu d'un fratricide. Vous lui permettrez de prostituer la Justice et la Religion pour son crime. La Religion souffrira d'un crime aussi méprisable et scandaleux... ».

Le samedi soir, plus de cinq mille curieux attendent le verdict des jurés aux abords du Palais de justice. Ses couloirs ont été fermés au moyen de grilles de fer et chaque porte est gardée par une demi-douzaine d'agents. La salle surchauffée du tribunal peut accueillir trois cents personnes mais on en a laissé entrer le triple.

Le lundi matin, 23 juillet, à 3 h 17 de l'après-midi, le jury déclare pour la troisième fois qu'il ne peut s'entendre sur un verdict. C'est la déception dans la foule toujours aussi nombreuse qui fait le pied de grue depuis déjà trois jours. Les nombreux parieurs en sont quittes à bon compte. L'abbé Delorme, lui, a un large sourire. Il devra subir un nouveau procès à l'automne.

Sir François Lemieux cache mal sa déception : « Je remercie les jurés qui ont fait leur devoir et ils sont en grande majorité. » Paroles qui prennent tout leur sens quand on saura que dix jurés avaient opté pour la condamnation de l'accusé et deux seulement, catholiques bien sûr, pour l'acquittement. Pas facile pour un vrai croyant de condamner à mort un ecclésiastique !

L'abbé est renvoyé derrière les barreaux en attendant son troisième procès qui s'ouvre le 2 février 1924 et prend fin le 19 mars, encore une fois sur un désaccord du jury.

Le 31 octobre 1924, au terme de son quatrième procès, l'abbé est finalement acquitté.

Le juge Dollard Dansereau, dans son passionnant ouvrage, *Causes célèbres du Québec*, écrit : « Il est sûr que dans leurs discours et auprès des fidèles, de nombreux prêtres ont manqué de prudence durant le premier procès et ceux qui ont suivi. De plus, les lettres anonymes, les menaces, les persécutions mesquines ont plu sur le détective Farah-Lajoie et sur les autres prétendus anticléricaux qui pourchassaient l'abbé Delorme. On peut affirmer que le fanatisme et le zèle aveugle de centaines de petits et de moyens docteurs de l'Église ont influencé anormalement les jurys qui se sont succédé dans cette affaire ; du moins, telle a été l'opinion générale, à la fin du quatrième et dernier procès. »

Adélard Delorme reprendra la pleine jouissance de ses biens et héritages et s'éteindra dix-huit ans plus tard. Il repose depuis au cimetière Notre-Dame-des-Neiges, aux côtés de son frère Raoul et des autres membres de sa famille.

Pour beaucoup d'historiens, de juristes et de chroniqueurs judiciaires, l'affaire Delorme reste « l'affaire du siècle ». On pourrait en débattre longtemps mais ce qui est sûr, c'est que nulle autre n'a eu en son temps un pareil retentissement.

Cette histoire est pleine d'enseignement, non seulement du strict point de vue judiciaire mais aussi parce qu'elle est le saisissant portrait d'une époque et d'une société.

L'affaire Morel

Quadruple pendaison pour un mort

Le 1er avril 1924, vers 13 h, la Hudson non blindée des quatre convoyeurs de fonds de la Banque d'Hochelaga s'engage sous le viaduc de la rue Ontario, érigé entre les rues Beaufort et Moreau, dans l'est de Montréal.

Le quatuor aperçoit une première auto immobilisée, vide de ses occupants, puis une deuxième, manifestement en panne, son conducteur s'affairant sous le capot. Le conducteur doit ralentir sa course pour la dépasser. Il n'a pas le temps de relancer le moteur que son véhicule essuie à la sortie du tunnel le feu nourri de quatre bandits masqués, armés de revolvers et de carabines.

Les hommes de la Banque d'Hochelaga ripostent. Le crépitement de la fusillade retentit dans tout le quartier. Le conducteur, Henri Cléroux, 24 ans, descend de voiture; il est aussitôt atteint à la tête. Ses compagnons ont bientôt épuisé leurs munitions. Deux apaches s'approchent en les tenant en joue, ouvrent les portières puis mettent la main sur une sacoche qui contient 140 000 beaux dollars, un butin énorme à l'époque.

Ils se hâtent ensuite vers l'auto qui semblait en panne. Son conducteur est au volant, les bandits s'y engouffrent en soutenant l'un des leurs. On la retrouvera quelques heures plus tard, rue Everett, le blessé sur la banquette arrière, mortellement touché au cœur.

Le coup avait été réglé au quart de tour. Les truands avaient analysé dans leurs moindres détails l'itinéraire et l'horaire des convoyeurs de fonds. Monté sur le toit d'une voiture, un gangster avait coupé le fil d'alimentation en électricité des tramways pour que ne soit pas dérangés les truands, de même qu'avait été tendue une lourde chaîne à l'entrée est du tunnel pour en fermer l'accès dans l'autre sens.

Le moribond est vite identifié. C'est le beau Harry Stone, figure bien connue du milieu : ce don Juan des bas-fonds a déjà été reconnu coupable de proxénétisme et de trafic de narcotiques. Les policiers ont la chance inouïe de trouver dans ses poches un bout de papier sur lequel est écrit un numéro de téléphone.

C'est ensuite un jeu d'enfant de remonter jusqu'à l'adresse y correspondant où accourent en fin de journée une demi-douzaine de détectives. Ils arrêtent dans le modeste meublé Ciero Nieri, 29 ans, sa jeune maîtresse de 21 ans, Marie-Emma Lebeuf, Giuseppe Serafini, qui n'a que 24 ans, et sa jeune épouse Maria, de deux ans sa cadette.

Les deux garçons, qui sont connus des policiers, ont en leur possession quelque 20 000 dollars dont ils ne peuvent expliquer la provenance. La Banque d'Hochelaga ne récupérera d'ailleurs jamais d'autre argent du butin.

« EXTRA ! EXTRA ! Tout sur le sanglant attentat de la rue Ontario ! » Les crieurs de journaux de la métropole font des affaires d'or ce soir-là. Les quotidiens, dans leur édition de dernière heure, n'en ont que pour le plus audacieux hold-up de l'histoire. Toute la journée et jusque tard en soirée, le bon peuple afflue sur les lieux du drame.

L'affaire jette la consternation et la crainte dans la population. L'annonce des arrestations de Nieri et de Serafini, restées sans suite, ne fera rien pour calmer les esprits. Des associations religieuses ou politiques dénoncent avec vigueur depuis belle lurette le vice, le crime organisé et la corruption généralisée qui règnent à Montréal. Cette énorme affaire les confirme dans leur zèle, la presse a elle aussi embouché la trompette de l'indignation, les tirages montent, le tout prend des allures de scandale. Quant aux deux inculpés, ils refusent de livrer le reste de la bande. On réclame des développements à cor et à cri, mais les choses n'avancent pas.

Les procédures judiciaires suivent cependant leurs cours. Marie-Emma Lebeuf a mangé le morceau, elle a révélé le peu qu'elle savait, suffisamment en tout cas pour que la police procède à quelques arrestations qu'elle tient secrètes pour ne pas nuire à son enquête et pour que le reste du gang ne sente pas la soupe trop chaude.

Le 3 juin 1924, le procès de Nieri et Serafini s'ouvre en Cour d'assises. Coup de théâtre : le procureur de la Couronne annonce d'entrée de jeu que l'accusé Nieri, en échange de l'immunité, a accepté de témoigner pour la Couronne ! C'est la première fois au Canada qu'un tel marché est conclu. Cependant, à l'étonnement général, le jury de langue anglaise, malgré les témoignages de Lebeuf et Nieri, ne parviendra pas à s'entendre sur un verdict. L'accusé Serafini devra subir un deuxième procès.

Les enquêteurs de la Sûreté n'ont pas chômé entre-temps. Fin avril, sur leurs indications, leurs confrères de Bridgeport, au Connecticut, ont arrêté un certain Adamo Parillo. Dans les heures qui ont suivi, le prévenu a signé une dénonciation dans laquelle il révèle l'identité de chacun de ses complices.

Fin mai 1924, cinq hommes, mis à part Serafini, attendent derrière les barreaux que l'on instruise leur procès. Il y a tout d'abord l'instigateur du complot, Louis Morel, un ancien policier, le personnage le plus énigmatique et le plus intéressant de cette histoire. Cet athlète hors du commun s'était distingué par ses exploits sportifs dans les stades nord-américains alors qu'il portait les couleurs de la Sûreté de Montréal. Adulé par ses confrères, estimé de ses supérieurs, sollicité de toute part, il n'avait pu résister à certaines tentations et s'était trouvé un jour impliqué dans une affaire d'escroquerie qui lui avait coûté son poste. Il naviguait depuis dans des eaux pour le moins troubles.

L'autre belle prise, c'est Arcengiolo di Vincenzo, mieux connu sous le nom de Tony Frank, un respectable bourgeois de Notre-Dame-de-Grâce qu'on soupçonne d'être le parrain de la maffia montréalaise naissante. Deux de ses présumés lieutenants, Frank Gambino et Mike Valentino, font aussi partie du lot. Les trois n'ont pas participé directement à l'attentat mais, selon Nieri, ils auraient fourni certaines armes, auraient trempé dans le complot et se seraient engagés à assurer la « protection » des conjurés s'ils venaient à être pris, c'est-à-dire à leur obtenir des cautionnements, à retenir les services d'avocats et à « arranger » les choses avec les autorités en échange de dix pour cent du butin à chacun.

Le dernier accusé, c'est Leo Davis, que Nieri désigne comme un des conducteurs des automobiles des gangsters. Il manque encore Parillo, qui sera extradé plus tard des États-Unis, de même que Salvatore Arena et Giuseppe Carrero qui ont eu le temps de fuir en Amérique du Sud.

Le 11 juin 1924, Serafini, Morel, Frank, Gambino, Valentino et Davis comparaissent devant leurs pairs. Les six sont conjointement accusés du meurtre d'Henri Cléroux. Le tribunal est présidé par le juge Wilson dont la postérité n'aura pas à retenir l'impartialité non plus que l'humanité.

Dès l'ouverture de la séance, qui se tient, bien sûr, à guichets fermés, le ministère public et le tribunal mettent les choses au clair : « La Couronne a promis l'immunité à son témoin à condition qu'il parle et dise la vérité... » Quelle vérité ? La sienne, bien sûr. Personne d'autre ne pourra corroborer ses dires. Sans son témoignage, la preuve ne serait jamais assez concluante et ne suffirait même pas à justifier une mise en accusation des suspects. Nieri a ses coudées franches, il peut incriminer qui bon lui semble, dire ce qu'il lui plaira.

La preuve de la poursuite se déroule en quatre phases. On établit d'abord l'identité de la victime et les causes de son décès. Des témoins viennent ensuite expliquer la configuration des lieux du hold-up et présentent au jury certaines des armes et outils de ses auteurs. Ensuite défilent des témoins oculaires de l'attentat, qui n'ont aperçu que des hommes au visage masqué et qui ne peuvent se prononcer sur leur identité. La troisième partie de la preuve concerne les perquisitions, les arrestations et les découvertes faites chez Serafini et Nieri.

Mais ce que tout le Québec attend, c'est le témoignage de Ciero Nieri. Le 16 juin au matin, le moment crucial du procès est venu. L'assistance a la surprise de constater qu'une grille de fer ceinture le box des accusés : la veille, les autorités auraient éventé un complot pour les faire évader. À la fin de la séance, ils devaient sauter par-dessus la rampe de leur box, en enjamber une autre, franchir une porte et s'engager ensuite dans un escalier où des complices les auraient aidés à prendre le large.

Quand Ciero Nieri fait son entrée dans le prétoire, ses présumés complices d'hier braquent sur lui des regards lourds de haine et de mépris. N'eût été de sa trahison, chacun d'eux serait libre.

Le témoin-vedette raconte la part qu'ils ont prise dans l'élaboration du complot, relate par le détail les vols des armes et des automobiles qui ont servi au crime, spécifie les rôles de chacun lors de l'attentat et dévoile comment en ont été répartis les fruits. Il a l'air assuré, son ton est ferme, son débit rapide, il répond sans hésitation aux questions du procureur.

Il demeure aussi sûr de lui tout au long du contre-interrogatoire auquel le soumettent les avocats des accusés. Il n'hésite pas à charger ses amis d'antan. Il avoue, par exemple, avoir déjà volé 2 000 dollars à un représentant d'une brasserie montréalaise et ajoute que c'était l'accusé Morel qui lui avait donné le tuyau. À ces mots, celui-ci bondit de son siège, pousse un cri retentissant puis lance trois ou quatre injures à l'adresse du mouchard qui semble peu s'en soucier et continue à regarder l'avocat de la défense d'un air ennuyé. Parfois, il ne se gêne pas pour s'étirer en bâillant à se décrocher la mâchoire.

La preuve de la poursuite terminée, après de nombreuses et fébriles délibérations, les avocats des accusés s'entendent pour ne pas présenter de preuve. Louis Morel a beaucoup insisté pour témoigner, mais on est parvenu à l'en dissuader. On craint que les accusés n'aggravent ainsi leur cas...

Le moment des plaidoiries venu, la salle surchauffée des assises est pleine à craquer, des milliers de personnes se tiennent aux abords du Palais de justice. Les jurés suivent avec attention le réquisitoire de la Couronne mais quand vient le tour des procureurs des accusés, ils se montrent indifférents, regardent çà et là, bâillent et secouent parfois la tête en signe de désaccord. L'issue des débats ne fait pas beaucoup de doute, le glas va bientôt sonner pour les six accusés...

Maître Germain, le principal avocat de la défense, s'en prend à Nieri : « C'est un misérable démon, l'enfer soit son partage ! » Il donne lecture des lettres que Nieri a adressées de sa cellule à Serafini, puis : « Il lui dit "Cher frère, je t'embrasse." [...] Après l'avoir trahi et l'avoir vendu pour sauver sa propre tête, il ne lui restait plus qu'à l'appeler son frère et à lui donner le baiser de Judas ! »

Dans ses directives au jury, le juge Wilson ne cache pas ses couleurs : « Même si le témoignage de Nieri n'est pas corroboré, on ne peut pour cela demander l'acquittement des accusés. [...] Nieri n'a pu imaginer son témoignage. [...] On peut le croire, on doit le croire et pour ma part, je le crois dans tout ce qu'il a dit... »

Le jury ne mettra qu'une douzaine de minutes à rendre un verdict de meurtre. À son annonce, seul Morel reste impassible. Serafini fond en larmes, les autres s'effondrent.

Invités à prendre la parole, tous se déclarent innocents. Sauf Morel : « Je plaide coupable, mais je regrette d'avoir été empêché de faire des déclarations. [...] Je suis prêt à prendre ma médecine mais il me fait peine de voir ici à mes côtés Leo Davis, qui n'a rien à faire avec tout ceci. J'ai été dans cette affaire du commencement à la fin, j'ai été au tunnel, Serafini y était aussi et Parillo et Stone. Il y avait aussi Nieri, et c'est lui qui a tué Cléroux. Je regrette ce que j'ai fait et je ne demande pas de pardon. Cependant Davis est innocent, je le jure sur la tombe de mon père, sur ce qui m'est le plus cher [...]. Laissez-le aller, il est innocent ! »

Les six hommes sont condamnés à être pendus quatre mois plus tard. Ils porteront leur cause en appel, jusqu'en Cour suprême, mais rien n'y fera.

Des faits nouveaux seront cependant portés à l'attention de la Couronne dans le cas de Davis. L'enquête ouverte à la suite du procès révèle que s'il était au courant de sa préparation, il n'était pas du coup et n'aurait pas pris part à l'attentat. Si Nieri l'a impliqué dans l'affaire, c'est que dans les semaines précédentes, ils s'étaient tous deux querellés à propos d'une auto volée. On ne reviendra pas sur le verdict de culpabilité à son égard mais, en dernière instance, le gouvernement canadien commuera la sentence de mort en emprisonnement à perpétuité.

Même chose pour Valentino, dont il n'a à peu près jamais été question au procès et dont la participation à toute cette affaire est restée pour le moins floue. Aujourd'hui, on s'entend généralement pour croire qu'il s'agirait dans ces deux cas d'erreurs judiciaires patentes.

Le matin du 24 octobre 1924, vers les cinq heures, l'exécuteur des hautes œuvres, le bourreau Ellis, se présente dans les cellules des condamnés pour leur annoncer que leur dernière heure est venue. Les quatre malheureux seront pendus deux à deux, côte à côte. Gambino et Morel y passent d'abord. Le premier s'évanouit sur l'échafaud. Pendant qu'Ellis le coiffe du capuchon de satinette noire et jusqu'au moment de sa chute, on devra le soutenir.

Morel, lui, deux heures plus tôt, ennuyé d'attendre l'heure fatidique, avait demandé qu'on en finisse au plus tôt. Il marche à l'échafaud d'un pas ferme, il bascule dans l'éternité en priant d'une voix forte qui retentit dans toute la cour de la prison: «Mon Jésus, ayez pitié de moi!»

Il a écrit deux lettres avant de quitter sa cellule. La première est une prière: «Je pardonne à tous et je demande à la bonne Sainte Vierge d'apaiser la colère de Dieu et de préserver Nieri de la malédiction éternelle.» La deuxième est adressée à ses deux filles: «Je vous écris ma dernière pensée avant de quitter cette terre, mon cœur déchiré par la douleur et les remords du malheur que je vous ai causé. Je vous aime, mes enfants, et je prierai le Bon Dieu pour vous amener avec moi dans le ciel...»

Tony Frank fait preuve d'un courage inattendu. Il murmure sans cesse des prières et, hagard, comme inconscient, il se tient rigide jusqu'au moment où s'ouvre la trappe. Quant au jeune Serafini, il quitte sa cellule en gémissant de terreur, on doit le soutenir, il défaille et s'affale sur le bourreau. Celui-ci s'énerve, pose les deux capuchons sur la tête de Frank. L'aumônier le rappelle à l'ordre. Rien n'y fait, Ellis s'emmêle ensuite dans les cordes, mettant au cou de Serafini celle qui est destinée à Tony Frank et *vice-versa*. Le cadavre du plus jeune s'en trouvera horriblement mutilé.

Peu de temps après, le bourreau reprend cependant son assurance et retrouve son sourire coutumier. Il sifflote même un air de jazz quand il coupe les cordes sur les cadavres de Frank et Serafini... Le bourreau Ellis est à la mode : six mois plus tôt, la *Rhapsodie en bleu* de Gershwin a été jouée en public pour la première fois, le *Jazz Age* vient de commencer.

Les femmes des suppliciés et des milliers de badauds ont passé la nuit aux alentours de la prison, gardée comme une forteresse par plus de deux cent vingt-cinq policiers. Tout ce beau monde se disperse dans le petit jour lugubre quand est hissé au mât de la prison le drapeau noir indiquant que justice a été faite...

Ciero Nieri reprendra sa liberté quelques mois plus tard. Jugeant sans doute que le climat d'ici ne lui serait pas des plus favorables, il regagne son pays d'origine. Il y est depuis quelques jours seulement quand il est abattu à bout portant par un inconnu. Le même sort attend Adamo Parillo aux États-Unis.

Quant à Salvatore Arena et Giuseppe Carrero, toujours recherchés, ils se rendront aux autorités dix ans plus tard. Nieri ainsi que Parillo morts, et faute de preuves, on devra les relâcher.

L'affaire Tyhurst

Lutte des classes dans la Matawinie

Dans les années vingt, les États-Unis ont un pressant besoin de papier journal, on déboise le Québec à grands pans. La Matawinie, cette région des Laurentides qui englobe Sainte-Émilie-de-l'Énergie, Saint-Zénon et Saint-Michel-des-Saints, est riche en conifères et en feuillus.

La St. Maurice Paper Company, dont le siège social est à New York, exploite des moulins à papier aux Trois-Rivières. Le bois lui parvient de la Matawinie par flottage : coupé, il est jeté dans la rivière Matawin, puis il passe dans la rivière Saint-Maurice qui le charrie jusqu'à destination.

Quelque huit cents bûcherons tentent d'en tirer leur pitance, certains avec plus de succès que les autres. Car il y a quelque chose de pourri au royaume de la St. Maurice Paper : on vole des billots sur les eaux contrôlées par l'entreprise.

Certains prétendent qu'elle s'est fait chiper par ses ouvriers, en 1924, quarante pour cent du bois qu'elle a fait couper. Il a fallu prendre des mesures radicales. On a dépêché sur place des hommes de la redoutable agence de détectives privés Pinkerton, célèbre dans tous les États-Unis, qui sévissait déjà au temps de Jesse James et qui fait maintenant sa marque dans les grands conflits qui opposent les syndicats ouvriers aux patrons américains.

La compagnie a aussi procédé à une réorganisation de ses opérations et nommé un nouveau surintendant entré en fonction au printemps 1925. Le capitaine James-Robert Stewart Tyhurst a 36 ans. D'origine britannique, il a d'abord travaillé dans l'industrie forestière de son pays avant de s'engager au début de la Première Guerre mondiale. Blessé grièvement deux fois, sur les fronts français et russe, il a été décoré de la croix de guerre et plusieurs fois mentionné à l'ordre du jour.

Rendu à la vie civile, il débarque à Montréal en 1919 et est aussitôt recruté par une future succursale de la St. Maurice. Il se fait vite remarquer par sa probité, sa discipline toute militaire, sa rigueur et son acharnement au travail.

En quelques mois dans la Matawinie, dit-on, il a mis au jour le vaste complot qui, en une seule année, avait coûté quelque 200 000 dollars à son employeur. Les digues et les points de flottaison des billots sont désormais surveillés nuit et jour par des gardes armés.

Le 4 décembre 1925, Tyhurst est dans une maison de pension de Saint-Michel-des-Saints, le village le plus au nord du comté, où l'entreprise a établi, voilà quelques années, son quartier général. Il est assis à son bureau, situé au rez-de-chaussée, en compagnie d'un adjoint, Armand Boudreau, et d'un employé, Louis Charron. Il passe 21 h 30. Tyhurst envoie le premier à quelques maisons de là, prévenir le cuisinier puis le chauffeur que le patron déjeunera tôt le lendemain matin et sera aussitôt prêt à partir.

Charron et Tyhurst fument une dernière pipe, il est presque 21 h 45. Pan! Un coup de feu: le second se dresse, lève les bras et s'écrie « Oh! my God! » avant de s'affaisser, la tête ensanglantée.

Charron se rue dehors pour appeler à l'aide: «C'est alors que j'aperçus une automobile fermée, qui passait presque vis-à-vis la maison, prendre la rue principale et se diriger vers la sortie du village, en direction de Saint-Zénon. [...] J'avais compris que le coup de feu avait été tiré par la fenêtre et je remarquai par la suite un trou qui se trouve dans la vitre du châssis...»

Le médecin du village, Conrad Charpentier, arrivé sur les lieux parmi les premiers, ne peut que constater le décès. Tout Saint-Michel est bientôt là, stupéfait. On téléphone à

Saint-Zénon, pour faire intercepter l'auto du fuyard. S'il est trop tard, qu'on passe le mot aux autres villages. Saint-Zénon rappelle aussitôt, on ne pourra rien faire, les fils téléphoniques qui les relient au reste du monde, vers le sud, ont été coupés.

Le docteur Charpentier ordonne aussitôt d'aller chercher Willie Dessureault, l'hôtelier, qui possède une grosse cylindrée: on va se lancer à la poursuite des assassins. On surprend celui-ci au lit à cuver son vin. Le temps de mettre quelques bières dans l'auto, un ou deux flasques de whisky, un automatique Luger, une carabine et voilà le duo parti en chasse.

Car le bandit n'a qu'une seule issue, il n'y a qu'une seule route au monde qui relie Saint-Michel à Saint-Zénon, puis à Sainte-Émilie-de-l'Énergie, puis à Joliette.

Les voilà à Saint-Zénon, quelque douze milles plus bas. Des villageois ont vu l'auto passer à tombeau ouvert. On s'arrête un peu, on boit un coup et on repart.

Quelques milles plus loin, Dessureault et Charpentier tombent sur une auto qui est allée dans le fossé. Ses occupants tentent de l'en extirper avec l'aide d'un paysan, un dénommé Beaudry, qui a mis son cheval à contribution. Tiens! Ce sont les frères Édouard et Patrick McGuire, de Saint-Gabriel-de-Brandon. À les entendre, ils sont pris là depuis un bon bout de temps. Plus tôt, ils ont bel et bien vu dévaler une voiture.

Grâce aux chaînes et à l'auto de Dessureault, on les tire de là. Les quatre hommes continuent la poursuite: un des frères monte avec Dessureault, le docteur avec l'autre. Rendus à Sainte-Émilie, ils abandonnent la poursuite.

Le lendemain, les policiers de la Sûreté du Québec conduisent les frères McGuire à Montréal pour les interroger.

Jadis à l'emploi de la St. Maurice Paper, ils auraient été congédiés, avec beaucoup d'autres, à la suite de l'enquête du capitaine Tyhurst. C'est à la suite de ces licenciements que ce dernier avait reçu plusieurs lettres de menaces anonymes et avait jugé plus prudent, quelques jours plus tôt, d'envoyer sa jeune femme et son fils de trois ans vivre pour quelque temps à Trois-Rivières.

L'affaire fait sensation par toute la province. En moins de deux, une flopée de journalistes est sur les lieux. Le reporter de *La Presse* est indigné : « Il s'agit de l'un des crimes les plus horribles qui se soient jamais produits et la hardiesse avec laquelle il a été commis prouve qu'il avait été mûri depuis longtemps... »

Dès le lundi suivant, les autorités estiment que les présomptions sont assez fortes pour que le procureur général puisse porter des accusations. Contre qui d'autre que les frères McGuire ? Le chef Lorrain, de la Sûreté provinciale, précise à leur sujet : « Tous deux bûcherons, ils sont d'ascendance irlandaise mais canadiens-français de langue et de coutume. Ils seront conduits à Saint-Michel pour la seconde enquête. »

La St. Maurice Paper fait savoir qu'elle va tout mettre en œuvre pour que les coupables soient punis. Trois détectives de la Pinkerton sont à plein temps sur l'affaire et prêtent main-forte aux policiers provinciaux. L'argent va couler à flots, tant chez la défense, qui serait bien pourvue, que chez la poursuite, le gouvernement étant décidé à faire un exemple. Si on se met à tirer impunément sur nos patrons étrangers, c'est la fin de tout.

Le 12 décembre 1925, la ville de Joliette est sens dessus dessous. Accourus de cent lieues à la ronde, bûcherons, voyageurs de commerce, rentiers et cultivateurs encombrent les abords du Palais de justice bondé où débute l'enquête du coroner.

Voilà les accusés. Avec ses cinq pieds et six pouces, Patrick McGuire est le plus grand et le plus costaud des deux frères. Il a le visage rond, le teint rouge vif, les cheveux bouclés. Edouard, à peine plus petit, a les traits plus fins, plus pâles, son front est marqué de deux traits profonds. Il sourit moins que son frère et à son entrée, il a l'air soucieux.

Ils affrontent froidement les centaines de regards qui se posent sur eux puis saluent ceux qu'ils reconnaissent dans la foule, échangent des réflexions, parlent avec leurs gardes ou s'accoudent nonchalamment à la barre. Quand on leur donne la permission de s'asseoir, ils suivent les procédures comme s'ils étaient de simples spectateurs. Le jury les estime finalement responsables de la mort du capitaine Tyhurst.

L'affaire est suivie de près tant par la presse française que par la presse anglaise de Montréal. Cette dernière fait largement écho aux difficultés qu'affrontent les enquêteurs et rapporte que certains témoins ont été victimes d'intimidation. Pire encore, on parle d'une conspiration du silence.

Le 14 décembre, le premier ministre et procureur général de la province, l'honorable Taschereau, ordonne publiquement qu'une enquête approfondie soit faite sur ces tentatives d'intimidation et, s'il y a lieu, de procéder aux arrestations nécessaires «sans considération de quoi que ce soit...»

Le mercredi 16 décembre, à leur enquête préliminaire, les frères «Maguoire» — on prononce ainsi leur nom dans le pays —, les poings sur les hanches, un air de défi dans le regard, entendent le juge Dubeau décréter que la preuve soumise est suffisante pour justifier la tenue d'un procès.

L'air est si lourd, si surchauffé, qu'il faut à quelques reprises ajourner la séance pour aérer. Jamais on n'a vu pareille foule dans cette enceinte; même le parquet réservé aux avocats est envahi, ils ont peine à circuler.

En résumé, la preuve de la Couronne est la suivante : la balle qui a tué Tyhurst a été tirée par une carabine Savage de calibre .303. Patrick McGuire en possédait une. Un troisième McGuire, René, était propriétaire d'une voiture de marque McLaughlin Coach à pneus ballons, à pare-chocs avant double, avec deux grandes glaces sur les côtés et une autre à l'arrière. En possession de laquelle ses frères Édouard et Patrick ont été surpris sur la route par les témoins Charpentier et Dessureault. Le témoin Alexandre Desrosiers a vu l'automobile fuir la scène du crime, sa description correspond à l'auto de René McGuire.

Le procès est prévu pour les Assises de l'automne, à Joliette, mais la Couronne fera tout pour qu'il s'instruise ailleurs. On plaide que, dans la région, il n'y a pas un chrétien qui n'ait entendu parler de l'affaire et qui ne se soit fait sa petite idée, et pas nécessairement la bonne... Dans ces conditions, il sera difficile de trouver des jurés objectifs. Le gouvernement fédéral s'en mêle et prie la

Couronne de demander un changement de venue « pour raison de préjugés ».

Elle n'y parviendra cependant pas et dix mois après leur arrestation, les frères McGuire comparaissent à Joliette devant leurs pairs.

Entre-temps, ils ont été conduits à la prison commune de Montréal. À l'entrée de leur train en gare, la foule se presse sur les quais. À un point tel que les policiers les font descendre de l'autre côté du train et les font monter à la dérobée dans une voiture qui part en trombe. Les frères McGuire sont devenus une grosse attraction.

Tôt, très tôt en ce lundi 5 octobre 1926, la foule a commencé à se masser aux portes bien gardées du Palais de justice de Joliette. Tout ce monde ne voudrait pas manquer le plus célèbre procès jamais instruit en ces murs.

L'affaire promet. Les procureurs Philippe Brais et Ernest Hébert vont requérir la peine de mort pour les accusés ; l'avocat Jean-Jacques Denis, ci-devant député fédéral du comté, assurera leur défense, assisté de deux confrères montréalais, Oscar Gagnon et Lucien Gendron, celui-là même qui passe aujourd'hui pour avoir été l'un des plus brillants plaideurs de l'histoire de nos cours.

La Couronne a assigné soixante-quinze témoins, la défense une cinquantaine. On prévoit que les procédures dureront une dizaine de jours, il en faudra presque le double. À l'époque, les quotidiens reproduisaient *in extenso* les débats du jour, ou presque. Tout y est : le Québec profond des années vingt, la méfiance de l'étranger, la rouerie du terrien et le savoir codifié du citadin, l'arrogance des clercs, l'autorité des possédants et leur maladresse devant la solidarité de classe des petites gens.

Toute la démonstration de la Couronne repose sur des témoignages. Celui du docteur Charpentier d'abord, qui a trouvé les frères McGuire sur la route et qui jure que leur auto barrait le chemin. Aucune autre voiture ne pouvait passer, il s'agissait donc de l'auto aperçue plus tôt à Saint-Michel.

Va pour le docteur, mais la défense n'aura aucune peine à démontrer qu'il avait un sérieux coup dans le nez. Quant à son compagnon de route, l'hôtelier Dessureault qui a entre-temps vendu son commerce à René McGuire, la mémoire lui fait défaut, il ne se rappelle plus que très vaguement. La Couronne devra le faire déclarer témoin hostile pour que soit admise en preuve la déclaration qu'il a faite aux policiers le lendemain du crime. Et que vaut donc cette déclaration devant le témoignage du cultivateur Beaudry qui lui, ma foi, pense bien qu'une autre voiture aurait pu passer?

La carabine Savage .303? Patrick McGuire n'est pas seul à en posséder dans la région et, quant à la sienne, sa sœur jure que l'arme n'a pas quitté la maison le soir du meurtre.

Le mobile du crime? René McGuire, le frère des accusés, témoigne à l'effet que les relations entre la victime et les accusés étaient au beau fixe; l'un d'eux s'était même vu promettre un emploi d'électricien à l'usine de Trois-Rivières. Le témoin est bien placé pour en parler: cette année-là, c'est lui qui dirigeait tout le chantier de la St. Maurice dans le pays.

Et puis, si on a tenté d'intimider des témoins, certains viendront jurer que les détectives de la Pinkerton leur ont offert jusqu'à 3 000 dollars pour venir déposer contre les accusés. On joue parfois des coudes: la défense accuse le *Star*, quotidien anglophone de Montréal, d'avoir monté le réquisitoire contre les accusés tandis que des témoins, qu'on a eu toute la peine du monde à retrouver, ne se gênent pas pour proférer des menaces à l'endroit des procureurs de la Couronne. Un peu plus et l'affaire tourne en foire d'empoigne!

Le premier ministre et procureur général de la province lance un sévère avertissement aux Joliettains, tandis que le président du tribunal déclare: « La justice peut être rendue à Joliette tout aussi bien que dans n'importe quel autre district de la province! »

Comment s'y retrouver dans le fatras des preuves et contre-preuves, interrogatoires et contre-interrogatoires? Les plaidoiries des trois avocats de la défense et des deux procureurs n'aideront pas, on en aura pour deux journées entières. Lucien Gendron emporte le morceau et arrache des larmes aux jurés et aux femmes dans l'assistance.

Le verdict d'acquittement, rendu devant une foule énorme, ne surprend pas le reporter de *La Presse* : « On répétait déjà, depuis une semaine, dans les rues de la ville, que l'acquittement était assuré... » Les accusés, libérés sur-le-champ, se rendent dans un hôtel de la ville où on leur offre un dîner préparé depuis deux jours en leur honneur. L'issue du procès ne faisait vraiment pas de doute chez les gens du pays...

L'affaire Beaudry

Rififi chez les gens d'affaires

Les fébriles années vingt, à Montréal comme partout sur le continent, sont celles de la prospérité. L'Amérique invente le confort et le loisir, on voit apparaître les réfrigérateurs électriques, les « fournaises » à l'huile, la radio et en usine, la semaine de cinq jours. On asphalte les rues, les automobiles ont des toits rigides, des pneus gonflables et des freins aux quatre roues.

Et puis il y a le cinéma. En cet été 1926, par exemple, Ramon Navarro fait un malheur dans *Ben Hur*. Le Her Majesty's ne désemplit pas. Pas plus que le Amherst, cela dit, où là, c'est le vaudeville qui est roi. On y donne des représentations continues, sept jours par semaine, et des leçons de charleston, de 13 h à 23 h. Aux deux endroits, le billet coûte 25 cents.

Une affaire survient, en août, qui va passionner l'opinion. Le 16, vers 13 h, ces messieurs de la morgue passent prendre le corps d'Antonio Beaudry, trouvé mort dans son bureau quelques minutes auparavant. Il a été tué, quarante-huit heures plus tôt, d'une balle à la tête et d'une autre dans le dos.

Les milieux d'affaires et la bonne société sont frappés de commotion. À 48 ans seulement, Beaudry était le principal administrateur du journal commercial *Le Prix courant* ; il présidait aussi aux destinées d'une imprimerie, la Merchants Printing Company, et avait des intérêts dans *La Revue moderne*.

Jeune homme de bonne famille, il a fait un riche mariage et le couple fréquentait le meilleur monde. Antonio a été président du club Saint-Denis, il était aussi membre du Club de réforme de Laval-sur-le-Lac et de l'Interallié de Paris. En 1916, cédant à de fortes pressions, il avait même tâté de la politique municipale, sans succès cependant.

On fera à cet éminent Montréalais des funérailles dignes de son rang. Tout le gratin du monde de la finance est là. Le baron de Vitrolles, consul de France, mène le cortège funèbre.

Trois jours ont passé depuis la découverte du cadavre et les pairs du défunt s'étonnent qu'on n'ait pas encore mis la main au collet de l'assassin. On va prier ces messieurs de la police de faire diligence : le président du comité exécutif de la ville, J.-A. Brodeur, et Pierre Bélanger, chef de la police, se rendent dans les bureaux du capitaine Mercier, le patron des détectives, pour faire le point sur la situation.

Les rumeurs, les supputations, les hypothèses les plus farfelues circulent, les journaux sont pleins de l'affaire. Enfin, le 23 août, deux nouvelles font la une des feuilles montréalaises. Rudolph Valentino, le dieu de l'écran, est mort, et le comptable Henri Bertrand, bras droit d'Antonio Beaudry, est détenu en attendant de comparaître devant le coroner.

Trois mois plus tard, il doit répondre d'une accusation de meurtre. La foule se presse à la Cour d'assises. Le principal intéressé, selon *La Presse*, est d'un calme olympien : « Le puissant physique de ce géant n'est pas du tout altéré. Au contraire, il semble reposé et plus vigoureux que jamais. Sa figure dénote la détermination, l'énergie et le sang-froid. Il est mis avec élégance et sobriété, et suit avec intérêt toutes les phases de son procès. »

L'honorable juge Charles Wilson préside, le redoutable Ernest Bertrand va requérir contre l'accusé qui a confié son sort à un jeune criminaliste dont on dit le plus grand bien, maître Lucien Gendron.

Tout le monde connaît les circonstances de l'affaire. Samedi matin, le 14 août précédent, Antonio Beaudry est à ses bureaux en compagnie de quelques employés. Vers 12 h 15, tout le monde part pour le week-end, à l'exception du patron et de Bertrand. Celui-ci, selon ses dires, a quitté vers 12 h 30. Beaudry lui a déclaré qu'il attendait quelqu'un et qu'il se rendrait plus tard au club de golf de Laval-sur-le-Lac. La police a vérifié l'emploi du temps de l'accusé : à compter de 13 h 15, tout est vérifiable. Il y a donc un vide de 45 minutes et la Couronne prétend que c'est à ce moment-là qu'il a tué.

On apprend d'abord que sous ses dehors d'honnête comptable, l'accusé était un tantinet filou. Cela en fait-il pour autant un meurtrier, c'est ce qui reste à prouver...

Le jeune commissionnaire de l'entreprise, Jean Tison, révèle, sous le feu des questions du procureur, voire du juge, que pendant plusieurs mois, quatre ou cinq fois par semaine, l'accusé l'envoyait déposer à diverses banques des chèques signés de noms fictifs. En d'autres mots, Henri Bertrand faisait du « kiting », une pratique frauduleuse qui consiste à jouer sur les délais d'encaissement de chèques sans provision.

Lui succède à la barre Madeleine Huguenin, directrice de *La Revue moderne,* dans laquelle le défunt avait des intérêts et dont l'accusé était le gérant. Bertrand était à l'emploi de l'entreprise depuis six mois. Le témoin avait décidé de mettre fin au contrat qui la liait à Beaudry : l'accusé n'aurait plus touché à compter du 1er novembre les 60 dollars par semaine qui lui étaient versés en salaire.

On va aussi en apprendre de belles du comptable Calixte Parent, chargé par la Couronne de vérifier les livres de la succession David dont le défunt était l'administrateur, son épouse en étant une héritière. L'accusé était chargé de percevoir les loyers des diverses maisons de rapport de ladite succession. Il ressort de l'exercice du témoin que Bertrand a reçu des sommes dont les montants ne figurent pas dans les comptes. Force est de constater qu'il se les est appropriées. Il devait donc des centaines de dollars à son employeur qui, inévitablement, allait s'en rendre compte un jour ou l'autre.

Henri Bertrand pillait aussi sa propre famille. Son neveu, Robert Lemieux, raconte aux jurés que son oncle avait été chargé de gérer la succession de son père. À l'époque du crime, l'accusé était pressé par le notaire de la famille de produire un état de compte. Les choses traînaient en longueur : depuis, on a été en mesure de déterminer que l'accusé devait quelque 14 000 dollars à la succession Lemieux.

Le témoin suivant, Marcel Lavigne, nous apprend que l'accusé et lui-même étaient actionnaires minoritaires du *Prix courant*. Beaudry mort, Henri Bertrand était en mesure de prendre le contrôle de la maison et de se tirer ainsi de ses embarras d'argent.

Un des moments forts du procès survient quand la veuve s'avance à la barre des témoins. Couverte d'un voile de deuil, des larmes qu'elle ne peut retenir coulent sur ses joues très pâles ; elle presse de temps à autre sur ses lèvres un mouchoir et y étouffe des sanglots. Le ton du procureur est empreint de respect :

« C'est vous qui aviez demandé à votre mari d'employer Bertrand ?

— Oui. C'est le fils d'une de mes meilleures amies.

— Il vous avait dit qu'il avait des ennuis ?

— Il m'a dit un jour que mon mari n'était pas satisfait de lui et qu'il allait devoir partir.

— N'avez-vous pas prêté de l'argent à Bertrand ?

— Oui, 100 dollars. Je dus depuis lors réclamer en vain une cinquantaine de fois le paiement de cette dette... »

La Couronne termine ainsi la partie de sa preuve portant sur le mobile. Elle va maintenant passer aux circonstances et à l'arme du crime.

James Mulhollin, marchand et accordeur de pianos, est aveugle. Il connaît bien Henri Bertrand qui s'est occupé de sa comptabilité en 1923, alors qu'il tenait boutique au centre-ville. Il a placé une petite annonce dans le journal au mois de juin précédent, voulant vendre un revolver, un Iver-Johnson de calibre .32. Un homme s'est présenté chez lui pour acheter le revolver. Mulhollin a reconnu tout de suite son ancien comptable : « Je connaissais sa voix et ses façons d'agir. »

Quand il a su que Bertrand était soupçonné de meurtre, il s'est rappelé l'incident et a aussitôt contacté les policiers.

Jusqu'ici, le procureur de l'accusé s'est fait plutôt discret, la démonstration de la Couronne offrant peu de prise. Le témoignage de Mulhollin est accablant, le filet tendu à son client est tissé serré, la partie est rude. Il faut agir maintenant ou jamais.

À Lucien Gendron d'interroger le témoin. Il tourne autour de sa proie une heure durant, il revient sur chaque point de son témoignage, l'autre ne se dément pas. Pour quelle raison accablerait-il l'accusé?

L'avocat s'approche du témoin : «Monsieur Mulhollin, vous avez perdu votre commerce en 1923?» L'autre acquiesce. «Vous êtes-vous déjà plaint des vérifications de livres que Bertrand avait faites pour votre compte?» Le témoin hésite : «Non, oui, peut-être. Mais rien de sérieux. J'ai seulement fait quelques légers commentaires parce que son travail était parfois hâtif et parce que les montants portés à mon crédit étaient un peu gonflés...»

La crédibilité du témoin se voit-elle ainsi entachée? Qu'à cela ne tienne, la Couronne a un autre atout dans son jeu. La jeune et jolie Esther Maxwell, une étudiante, est la fille des gens chez qui le témoin Mulhollin prend pension. C'est elle qui a fait entrer l'homme venu acheter le revolver, elle reconnaît formellement l'accusé. Le compte de Bertrand est bon? Pas si sûr...

Son avocat contre-attaque : comment peut-elle reconnaître l'accusé? Les policiers lui ont montré des photos? Quand? Combien de fois? Où? La jeune fille, d'abord sûre d'elle-même, se fait moins affirmative, elle craque sous la pression, il faut suspendre les audiences.

Quand elle revient à la barre, son tourmenteur a un dernier point à clarifier :

«Vous saviez que monsieur Mulhollin avait un revolver à vendre?

— Non, absolument pas.

— Mademoiselle, vous nous avez dit tantôt qu'aussitôt la porte ouverte, l'accusé a demandé à voir la personne qui avait un revolver à vendre et que vous l'avez aussitôt amené à la chambre de Mulhollin, plutôt que chez un autre pensionnaire. Et vous nous dites que vous ne saviez pas qu'il avait un revolver à vendre!»

Le témoin hésite, bafouille, cherche une explication puis revient sur ses dires. Le mal est fait...

Vient ensuite le tour des détectives Gauthier, Pelletier et Lajoie. Une de leurs révélations fait scandale : sous les pressions de l'avocat de la défense, on apprend qu'Antonio Beaudry avait des fréquentations féminines assidues, de celles qui n'étaient pas de sa caste.

La victime vivait dangereusement... On a retrouvé des éléments de sa garde-robe chez au moins deux d'entre elles, il ne se contentait pas d'y faire un saut. « Avez-vous retracé toutes les "personnes" qu'il fréquentait ? — Oui. On a pu vérifier d'une manière satisfaisante leurs allées et venues, le jour du crime... »

Il est aussi question à plusieurs reprises de poudre de riz, de la présence de fard à joues sur les vêtements de la victime, sur son fauteuil et sur son bureau. La défense insiste, c'est ni vu ni connu de la police puis, peut-être... En tout état de cause, on n'a pas porté attention, on ne peut jurer de rien.

Enfin, un dernier point : Bertrand a mentionné que lorsqu'il a quitté la victime, elle mangeait une pomme. C'est fort plausible, on a en effet retrouvé des pelures dans la corbeille.

Le dernier témoin de la Couronne, et non le moindre, se présente à la barre. Il s'agit de l'éminent docteur Wilfrid Derome, médecin légiste.

Son long témoignage porte sur plusieurs aspects de l'affaire. Il est, entre autres choses, en mesure d'affirmer que le revolver de Mulhollin, dont deux amis de celui-ci ont fait l'essai quelques semaines avant sa vente, est l'arme qui a servi au meurtre. Il a comparé au microscope, par agrandissements photographiques et divers autres procédés scientifiques, une balle tirée par ces amis dans un poteau de clôture et les balles trouvées dans le cadavre de la victime.

Lucien Gendron pilonne le témoignage du spécialiste. La balistique est encore une science bien jeune. Au bout d'un long interrogatoire, on peut craindre que le savant homme ne se soit avancé quelque peu.

La preuve de la Couronne terminée, survient un coup de théâtre : la défense fait savoir qu'elle ne présentera pas de contre-preuve. Ainsi, elle aura l'avantage de parler après la poursuite. Un murmure parcourt la foule immense qui encombre la salle des Assises et les corridors avoisinants.

Le procureur de la Couronne prend la parole. Il résume point par point le lourd faisceau de preuves qu'il a dressé tout au long du procès. La démonstration est évidente, le jury n'aura pas d'autre choix que de condamner l'accusé.

Quand Lucien Gendron prend la parole, nous sommes en début d'après-midi. Il va reprendre dans tous ses détails l'argumentation de la Couronne. Le jeune homme n'est pas qu'un habile stratège, c'est aussi un grand plaideur. En fin de journée, son plaidoyer n'est pas terminé, il faudra poursuivre le lendemain matin.

Le mardi 7 décembre, on a posté aux trois portes du Palais de justice des policiers qui doivent contenir la multitude qui s'y presse.

Lucien Gendron va parler encore trois longues heures. Il a gardé pour la fin son argument massue : « Tout ce procès ne s'appuie que sur le moment de la mort de Beaudry. La Couronne a déclaré qu'il avait été tué à 12 h 45, alors que Bertrand aurait pu être encore avec lui. Après cela, nous pouvons suivre l'accusé dans tous ses pas. À 12 h 30, Beaudry mangeait une pomme, la police en a retrouvé des restes dans la corbeille. Le docteur Derome n'a trouvé qu'une pelure dans l'estomac de la victime, c'est donc que la digestion était finie. Le même médecin nous a dit que les aliments prennent de deux heures et demie à trois heures avant d'être digérés. Il faut donc qu'il se soit écoulé de deux à trois heures après qu'il eut mangé sa pomme avant que Beaudry soit tué. Ce qui nous amène à 2 h ou 3 h de l'après-midi, alors que l'accusé était dans sa famille, cela nous a été corroboré par la police... »

Dans son allocution aux jurés, le magistrat ne cache pas qu'il penche fortement du côté de la poursuite. Le jury ne délibère pas une heure avant de faire savoir qu'il est prêt à rendre son verdict.

Un millier de personnes s'entassent dans la salle, où il plane une atmosphère d'anxiété et d'émoi. Dans la foule, on remarque des femmes de lettres, des épouses de juges et d'avocats, des sénateurs, des députés, plusieurs membres du club Saint-Denis, bref, comme l'écrit le reporter de *La Presse*, « une brillante théorie sociale ».

Visiblement ému, Henri Bertrand est légèrement plus pâle que d'habitude, il a le front soucieux.

Le verdict d'acquittement stupéfie l'assistance. Des oh! et des ah! fusent d'un peu partout, quelques femmes applaudissent.

Madame veuve Beaudry semble sous le coup d'un émoi extrême. Elle se tourne vers l'accusé, étend vers lui ses deux bras et, avec une profonde expression de désarroi et de haine, lui crie: « Infâme! » Elle est ensuite prise d'une crise de sanglots et retombe dans les bras de ses voisines. On la transporte dans la chambre des procureurs. L'accusé est libéré sur-le-champ.

L'assassinat d'Antonio Beaudry restera à jamais impuni. On ne sait trop ce qu'il advint d'Henri Bertrand, mis à part le fait qu'il eut plus de chance que son ancien patron... En effet, il est mort en 1954, à un âge fort respectable.

L'affaire McDonald

La starlette, le desperado et le taxi

En ce 19 juillet 1927, la presse montréalaise lance une nouvelle sensationnelle : on a trouvé le cadavre criblé de balles d'un chauffeur de taxi dans un fossé qui borde la route principale de Huntingdon, près de la frontière américaine. Quelques pas plus loin, la police est tombée sur des vêtements de femme et un veston d'homme tachés de sang.

On a déjà une bonne idée de l'identité des assassins. Ils ont tué Adélard Bouchard, qui a 40 ans et sept enfants, pour s'emparer de sa limousine Packard et lui faire les poches. Ils y ont laissé par mégarde un bout de papier sur lequel le pauvre homme avait noté le nom et l'adresse de ses derniers clients, un trio de jeunes Américains descendus trois jours plus tôt à l'hôtel Mont-Royal.

Il s'agit d'un couple en voyage de noces, du nom de McDonald, et d'un certain George Vance qui avaient retenu les services de Bouchard à quelques reprises auparavant. Ce jour-là, ils désiraient faire une courte excursion aux États-Unis.

Les premiers enquêteurs se ruent à l'hôtel Mont-Royal mais les suspects se sont envolés du nid, sans payer la note. Pis encore, l'homme McDonald a touché un chèque en bois de 200 dollars auprès de la direction.

Les signalements fournis par le personnel coïncident avec ceux des témoins qui ont vu le trio dans le taxi, quelques minutes avant le drame. Le couple est pour le moins dépareillé : la jeune femme est grande, fort bien tournée et tout aussi jolie ; son mari, plus petit qu'elle, fait à peine cinq pieds et six pouces et est atteint d'un lourd strabisme. Quant au troisième lascar, il est passé un peu plus inaperçu.

Ils ont tenté de franchir la frontière dans l'heure qui a suivi le drame. Le mari était déguisé en chauffeur, la femme était assise à l'arrière, complètement nue. Ils n'avaient pas les papiers prouvant que la voiture était la leur, aussi les douaniers leur ont-ils refusé l'entrée aux États-Unis.

Ils ont rebroussé chemin puis ont abandonné la Packard dans le centre-ville de Montréal avant de sauter dans un taxi qui les a conduits dans un hôtel où ils ont passé la nuit. On perd ensuite leur trace. Convaincues qu'ils sont encore au pays, les autorités offrent une récompense de 1 000 dollars pour leur capture.

On apprend que McDonald est en fait un Canadien au casier judiciaire chargé malgré ses 24 ans. Natif de la Nouvelle-Écosse, il a émigré avec sa mère dans le Maine et a très tôt eu une disposition au crime. Il a fait de la taule au Canada puis dans l'État de New York. Engagé dans la garde côtière américaine, il a déserté puis a été pris. Il s'est évadé, a été repris puis s'est évadé à nouveau. Il a été déporté deux fois au Canada. Son chemin est parsemé de faux chèques, de petits vols avec violence puis de hold-up.

En 1927, il aboutit à Seattle, dans l'État de Washington, et y fait la connaissance d'une éclatante jeune fille de 19 ans, Doris Palmer, qui élève seule un garçon de 18 mois. Cette fille adoptive d'un médecin prospère de Mount Vernon, dans l'État de New York, qui y fréquentait le meilleur monde, a été envoyée à l'autre bout du pays pour donner naissance à cet enfant issu d'un mariage qui avait duré deux jours. Elle fait de la danse et joue la comédie.

Leur liaison sera brève, McDonald est pris en tentant de passer un chèque sans provision. Il est envoyé en prison pour un peu plus d'un an. Doris a choisi de l'attendre, elle gagne Hollywood et fait de la figuration. À la libération de son amant, elle l'épouse, suspend sa carrière d'actrice et le suit chez sa belle-mère à Portland, dans l'État du Maine. Ils étaient mariés depuis trois mois quand ils ont choisi de passer leur lune de miel à Montréal.

Les empreintes digitales et les photos du couple sont expédiées aux quatre coins de l'Amérique. Un mois jour pour jour après leur forfait, ils sont arrêtés à Butte, dans l'État du Montana, où le mari a une fois de plus tenté de changer un chèque en bois. À Portland, Pittsburgh, Chicago ou Kansas City, ils ont laissé des traces de leur passage : des chèques, encore...

Ils débarquent à Montréal sous bonne escorte début octobre. Leur procès s'instruit en décembre à Valleyfield, chef-lieu du district judiciaire de Beauharnois. L'affaire passionne l'opinion nord-américaine, des journalistes accourus de Montréal, des Maritimes et de New York se disputent les chambres des hôtels de la ville.

Les accusés sont en mauvaise posture : la preuve de la Couronne, dont on a eu des bribes à l'occasion de l'enquête préliminaire, paraît bien lourde. Ils étaient représentés par deux criminalistes montréalais notoires, Lucien Gendron et Joseph Cohen, mais à l'ouverture de leur procès, ils n'ont personne à leurs côtés ; on se serait désisté tant à cause du manque de moyens des clients que de la difficulté de leur situation.

Le juge Joseph Walsh désigne d'office un avocat de la ville, Alex Legault, et un réputé criminaliste montréalais, R. L. Calder, qui agiront à titre bénévole. Philippe Brais, de Montréal, et Ludger Codebecq, de Valleyfield, représenteront le ministère public.

Quand les accusés font leur entrée dans la cour, les occupants des banquettes arrière se lèvent d'un seul mouvement pour les examiner furtivement avant qu'ils ne disparaissent aux regards, derrière le haut dossier de leur banc commun.

George McDonald, l'air sérieux, porte des lunettes aux verres épais. Doris Palmer est modestement vêtue, elle porte au poignet un chapelet enroulé trois fois à la façon d'un bracelet et au cou, une chaînette d'argent avec croix et médaille. Les comptes rendus font tous allusion à sa beauté et à son élégance naturelle : elle tranche sur l'assemblée, on dirait Garbo chez les ploucs.

Une soixantaine de témoins ont été assignés par la Couronne tandis qu'il apparaît peu probable que la défense en produise un seul. Les deux avocats, qui viennent d'hériter du dossier, demandent au président du tribunal, qui se veut expéditif, un répit de quelques jours pour consulter leurs clients et se familiariser avec la cause, mais cette permission leur est refusée.

On reconstitue d'abord les derniers moments de la victime. Le dimanche fatidique, Adélard Bouchard a reçu un appel de ses clients de la veille. Des témoins déposent à l'effet qu'ils ont vu le trio infernal à bord de la Packard.

On s'occupe ensuite de démontrer que les vêtements féminins et le veston trouvés non loin des lieux du crime appartenaient aux accusés. Deux concitoyens de Miss Palmer, qui logeaient au même hôtel qu'elle, ont fait sa connaissance et celle de son mari le samedi soir dans une boîte de nuit et les ont croisés à nouveau l'après-midi même du drame. Ils n'ont aucune difficulté à reconnaître les toilettes que le couple portait ce jour-là.

Le juge Walsh, avant l'ajournement du week-end, se félicite: «Je n'ai jamais vu une cause progresser aussi rapidement...» Les avocats de la défense ne pèchent pas par excès de zèle: ils laissent parader les témoins à charge, même les plus accusateurs, sans presque intervenir. Quant à l'attitude des accusés, elle ne varie guère: lui s'obstine à éviter les regards, elle, au contraire, se montre sereine et sourit parfois, flattée, quand des témoins font allusion à sa beauté.

Les débats reprennent avec les dépositions des douaniers américains qui ont refoulé le trio. Ils se rappellent bien de McDonald qui, coiffé de la casquette du défunt, jouait le chauffeur des deux autres qu'il prétendait emmener en excursion aux États-Unis.

Certains concitoyens de la belle accusée déposent à regret contre elle: le greffier Morrison et le surintendant Van Deusen, de Malone, dans l'État de New York, lui font remettre par le shérif Crépin une bouteille de champagne du meilleur cru...

Un témoin attendu se fait entendre, c'est le docteur Rosario Fontaine, éminent médecin légiste de Montréal qui, tient-on à préciser, « a suivi un cours spécial à Paris ». L'expert est formel, les balles qui ont tué la victime provenaient du Colt .38 trouvé en la possession des accusés lors de leur arrestation au Montana.

D'autre part, ajoute-t-il, une balle perdue, trouvée dans l'auto de la victime, a été tirée par le petit Colt .25 découvert dans le sac à main de l'accusée. Miss Palmer n'était pas une fine tireuse...

Enfin, précise le témoin, le sang sur les vêtements abandonnés par les accusés était du même type que celui de la victime.

Les avocats de la défense continuent de se tenir sur la réserve. Le reporter de *La Presse* écrit : « En dépit de la gravité de son issue, le procès continue à s'instruire dans une atmosphère générale de bonne humeur... »

Une des seules prises de bec entre les procureurs a lieu en l'absence des jurés, sur un point de droit, quand la Couronne veut produire une confession faite par l'accusée au chef de police de Butte, dans laquelle elle reconnaissait son crime. Ses défenseurs s'y opposent, leur objection est finalement maintenue par le juge.

En dépit des faits accablants étalés par la soixantaine de témoins de la Couronne, la défense choisit de ne faire entendre personne. Elle aura donc le privilège de plaider la dernière.

Quand la poursuite prend la parole, la salle est archi-comble, les moindres recoins, les allées et l'embrasure des fenêtres sont mises à profit : « L'assistance est pressée comme dans un tramway montréalais aux heures de sortie des bureaux et usines... », écrit-on. Philippe Brais fait l'historique de la cause, rappelle les faits et souligne qu'est coupable de meurtre « même celui qui s'est abstenu de l'empêcher... »

L'attitude des accusés a changé, celle de Doris Palmer est grave. On la voit, à maintes reprises, alors que la poursuite accable son mari, se saisir de ses mains dans un geste de réconfort. Celui-ci ne semble guère apprécier ces manifestations et la repousse.

Le sentiment général est que l'issue des débats pourrait être défavorable à l'accusé tandis que sa femme bénéficierait d'une certaine clémence. La Couronne le pressent-elle aussi ? Son procureur, en tout cas, la charge et s'attarde « à annihiler tout scrupule que les jurés pourraient avoir à déclarer coupable de meurtre une femme, surtout gracieuse et jolie... »

Le réquisitoire terminé, livide comme une morte, Doris Palmer défaille, se cramponne au cou de son mari avant de s'effondrer. On se précipite à son secours, il faudra compter une bonne demi-heure avant qu'elle ne revienne à elle.

Son défenseur, maître Calder, prend la parole. Pour ce fin plaideur, l'innocence des accusés ne fait pas de doute. Pourquoi leurs vêtements ont-ils été tachés de sang et pas ceux de leur ami Vance ?

L'explication est simple. On a démontré que la victime a été abattue à au moins deux pieds et demi de distance et que la vitre avant du côté du passager était brisée. Voilà ce qui s'est passé : les deux accusés étaient dans la voiture arrêtée, Vance est descendu du côté du passager, il a brisé la vitre du canon de son arme, il a tiré et le sang a éclaboussé les accusés, pas le tireur. Des témoins ont rapporté que ses vêtements étaient tachés de boue ? C'est lui qui a traîné le cadavre jusque dans le fossé boueux et l'a détroussé. N'est-ce pas lui qui, dans les heures qui ont suivi, a exhibé des billets de banque tachés de sang ?

Les maladresses des accusés, avant et après le crime, démontrent bien leur absence de préméditation. Vance, lui, n'a pas fait ces erreurs, on ne l'a pas repris, c'est le petit futé du trio. Et Miss Palmer ? Les deux avocats de la défense s'acharnent à la disculper : « Ce n'est pas parce qu'elle a déjà été privée de père et de mère, ce n'est pas par sympathie que vous devez l'acquitter, mais par justice. Si vous êtes un criminel, votre femme le sera-t-elle nécessairement ? Rendez cette jeune personne à la vie, à la liberté. Elle est innocente de ce qu'on lui impute, vous l'avez lu sur son front... »

Dans son adresse au jury, le juge a tôt fait de déclarer que la preuve est aussi « formelle » contre la femme que contre le coaccusé. Doris Palmer éclate en sanglots.

Lorsque, après vingt-cinq minutes de délibérations, le jury les déclare tous deux coupables mais invoque en vain la clémence pour l'accusée, elle s'écroule dans le box, ses pleurs et le bruit de sa chute couvrant la voix du juge qui libère les jurés. McDonald se porte à son secours, il la presse dans ses bras. Il attend d'être revenu à sa cellule pour craquer à son tour. Un médecin lui prodiguera de longs soins avant qu'il ne revienne à lui.

Le lendemain, les condamnés sont ramenés ensemble à Montréal. On les arrache l'un à l'autre sur le quai de la gare, lui part pour la prison commune de Montréal, elle pour celle des femmes de la rue Fullum. Ils doivent se revoir au pied du gibet, le 23 mars suivant, jour du vingt-cinquième anniversaire de McDonald.

Mais c'était sans compter avec l'opinion publique américaine. Des sociétés pour l'abolition de la peine de mort écrivent au président Coolidge, à l'ambassadeur américain à Ottawa et au gouverneur général pour sauver Doris Palmer de la potence. Le célèbre criminaliste américain Clarence Darrow est sur l'affaire. Le Chicago Women's Club fait circuler une pétition à la grandeur des États-Unis : à la mi-février, plus de vingt mille personnes, dont certaines fort influentes, l'ont signée. La presse d'outre-frontière parle d'un procès injuste, critique la loi canadienne en matière de complicité et dénigre nos cours d'appel.

Les parents adoptifs et la mère naturelle de la jeune femme accourent à Montréal en compagnie de son fils de deux ans. McDonald, sur affidavit signé devant témoins, jure que sa femme n'a en rien participé au meurtre.

De nombreux journalistes venus d'aussi loin que la Californie tentent d'obtenir une entrevue d'elle, mais on leur refuse l'accès à la prison. Elle parvient cependant à faire savoir qu'elle veut mourir avec son mari, qu'elle correspond avec lui tous les jours et qu'elle a trouvé réconfort dans la religion.

Moins d'un mois avant l'exécution, le premier ministre de la province décrète qu'on adoptera dorénavant la coutume anglaise : le public et les journalistes ne seront plus admis aux pendaisons. Puis, le 21 mars 1928, on annonce que le Conseil des ministres a commué la sentence de mort de Doris Palmer en emprisonnement à vie. George McDonald n'aura pas cette chance, il montera d'un pas ferme sur l'échafaud de la prison de Valleyfield en implorant le secours de la mère de Dieu.

Le troisième membre du trio, Frank McMullen, alias George Vance, ne sera jamais pris. La jeune veuve croupira dix ans dans la prison ontarienne de Kingston avant d'être libérée puis déportée aux États-Unis. L'affaire passe inaperçue : en avril 1938, le nom de Doris Palmer ne dit plus rien à personne.

L'affaire Nogaret

Qui a tué la petite Simone Caron ?

En 1930, et longtemps après, l'Académie Roussin, de la jolie et paisible ville de la Pointe-aux-Trembles, à l'extrémité est de l'île de Montréal, est reconnue pour la qualité de l'enseignement qu'y dispensent les frères du Sacré-Cœur.

Le 18 septembre, les frères Ferdinand et Lambert entreprennent de désencombrer une partie de la cave désaffectée depuis longtemps. Le local est ouvert à tout venant, la porte ne ferme même pas à clé. Dès leur entrée, une forte odeur de putréfaction mène les deux religieux vers un compartiment où l'on conservait jadis les pommes de terre. Ils y trouvent un gros sac de jute, le tirent dehors pour y voir de plus près. La toile cède, un bras d'enfant s'en échappe. Stupéfiés, ils courent prévenir leur supérieur.

Le chef de police ne tarde pas. Deux mois plus tôt, le 10 juillet, les Caron, qui vivent à cent verges de là, avaient rapporté la disparition de leur fillette de sept ans, Simone. L'officier a encore en sa possession une pièce du tissu dans laquelle la mère de l'enfant lui a cousu la robe qu'elle portait ce jour-là : la comparaison est concluante. La petite a été tuée d'au moins deux coups d'une arme tranchante portés à sa poitrine.

L'enquête est confiée à l'inspecteur Dorais et au fameux détective Louis Jargaille de la Sûreté provinciale. Quatre jours plus tard, les enquêteurs tiennent leur suspect. Il s'agit du frère Dosithée, Albert Nogaret de son nom laïque. Français d'origine, il n'est à l'Académie que depuis un peu plus d'un an.

À 48 ans, l'homme est sourd, ses sens de l'odorat et du toucher sont aussi atteints et il ne s'exprime qu'avec difficulté. Albert Nogaret est un frère convers à qui on ne confie que des tâches manuelles. Il a la charge de la cuisine et de la cave où l'on entrepose les légumes et autres vivres.

Les présomptions qui pèsent contre lui sont assez graves pour qu'on le cite à procès le 2 mars 1931. Les frères du Sacré-Cœur n'ont rien ménagé: Lucien Gendron, le criminaliste le plus réputé de l'époque, assure sa défense en compagnie de Joseph Jean, un avocat de la Pointe-aux-Trembles.

Selon la poursuite, on a retrouvé dans la chambre de l'accusé un couteau qui pourrait bien être l'arme du crime. Ensuite, un jeune frère de la victime, âgé de 11 ans, qui a besoin de l'assistance d'un policier pour mener à bien son témoignage, affirme que l'accusé a déjà invité sa petite sœur à venir chercher une pomme mais qu'elle avait refusé: «Elle avait peur de se faire "pogner"», soutient-il.

L'argument massue de la Couronne repose sur le témoignage du jeune Antonio Godon, 20 ans. L'Académie, l'été précédent, a engagé une vingtaine d'hommes qu'elle a affectés à la construction d'une aile additionnelle. Parmi ceux-ci, il y avait Wilfrid Godon, un menuisier, qui a recommandé son frère auprès des autorités qui voulaient embaucher quelqu'un pour aider Albert Nogaret aux cuisines.

Antonio Godon est un pauvre hère, presque illettré, et un demeuré. Son témoignage fait sensation: «J'ai bien vu Nogaret transporter un sac du coin le plus sombre de la cave, à l'endroit où se trouvaient les sacs de patates. C'était quelques jours avant la découverte du cadavre. C'est la surprise que Nogaret éprouva en me voyant qui m'a le plus étonné.»

Son témoignage ne se fera pas sans incidents. Le pauvre Godon s'évanouit à plusieurs reprises, il faut lui porter secours. Remis de ses émotions, il hésite, bafouille, s'embourbe et ponctue son témoignage de supplications et de prières au juge et à la justice de son pays.

Antonio Godon fait d'autres déclarations qui sèment l'émoi. Il jure que le frère infirmier et un confrère lui ont fait des menaces, l'ont exhorté à passer sous silence ce qu'il savait et lui ont même offert du poison pour qu'il se suicide. Il a refusé le poison en question, s'en est procuré lui-même et un dimanche matin d'octobre, après la grand-messe, il est descendu dans la cave et l'y a bu. Des frères qui se trouvaient à la cuisine ont entendu ses cris de douleur et l'ont secouru. Il est revenu à lui dans une chambre d'hôpital.

Le juge ne ménage pas sa sollicitude au témoin : « On ne vous fera pas de mal. Vous êtes protégé par la justice de votre pays. » Il ne se gêne pas non plus pour reprocher à la communauté son peu de coopération dans toute l'affaire. Il traite même le frère infirmier de témoin « récalcitrant ».

Autre coup de théâtre : le détective Jargaille donne lecture d'une lettre qu'il a reçue par la poste le 13 octobre au matin, jour fixé par le coroner pour l'enquête sur la mort de Simone Caron. À l'intérieur, le limier a trouvé une bague d'enfant que les parents de la petite reconnaîtront comme celle qu'elle portait le jour de sa disparition. La missive, truffée de fautes, d'une calligraphie énorme, torturée, manifestement déguisée, a été écrite sur le dos d'une enveloppe découpée et sur trois petites pièces de carton d'emballage. Certaines tournures, une image, une expression, laissent croire que son auteur est plus lettré qu'il ne voudrait le laisser paraître.

Le détective en donne lecture, non sans peine : « Mon meurtre a été commis dans une grange près de l'école et j'avais déposé le cadavre dans la cave. Le couteau que vous avez trouvé, ce n'est pas l'instrument du crime. C'est avec des ciseaux que je l'ai tuée. Lâchez ce frère qui est aussi innocent que la neige qui commence à tomber sur le toit des maisons. Je t'envoie la bague de ma victime. Si tu ne le crois pas, montre-la à ses parents. [...] Condamnez-moi, maudit. Vous êtes tous une bande d'écœurants tous ensemble. C'est l'assassin qui t'écrit. »

Albert Nogaret était depuis quelques semaines retenu dans la prison de Bordeaux quand la lettre a été postée, mais voilà qui ne désarçonnera pas les policiers...

Quelques jours auparavant, Nogaret a reçu la visite de l'avocat Joseph Jean. Le garde du parloir, Albert Charpentier, déclare se souvenir les avoir vus examiner des papiers semblables à celui sur lequel la lettre a été écrite. Il ne les a cependant pas vus se les échanger, mais cela aurait bien pu se faire...

Comment Nogaret aurait-il pu avoir encore la bague en sa possession, lui qui a été fouillé à maintes reprises depuis son arrestation, tant dans les cellules de la police qu'à la prison ? Mystère...

L'insinuation est grave, l'avocat Jean veut aussitôt témoigner. Il nie énergiquement. Jamais il n'aurait commis un acte qui aurait pu lui coûter une sentence de réclusion à perpétuité pour complicité après le fait !

Le policier Jargaille réserve une autre surprise au tribunal. Le 26 octobre, il s'est rendu au chevet du témoin Antonio Godon, à l'hôpital de la Providence, à la Pointe-aux-Trembles. Il a fouillé ses poches, il y a trouvé une enveloppe sur laquelle étaient écrits ces mots : « Je ne suis pas coupable. » L'enveloppe était blanche à l'extérieur et bleue à l'intérieur, tout comme celle que l'assassin lui a fait parvenir quelques jours plus tôt.

« Avez-vous l'enveloppe ? » de lui demander le procureur. « Non, répond le policier. Je l'avais remise au médecin légiste. Il ne l'a plus. Elle est perdue... »

Venu le moment des plaidoiries, le procureur de Nogaret va parler cinq heures durant. Lucien Gendron réfute une à une les prétentions de la Couronne, il insiste bien sûr sur la lettre de l'assassin à Jargaille, sur l'impossibilité pour Nogaret de l'avoir rédigée, sur le fait aussi que la lettre manquante de Godon, selon Jargaille, était écrite sur le même papier que l'autre. Pour l'avocat, le témoignage de Godon est farci de contradictions. Pourquoi a-t-il tenté de se suicider ? L'avocat insinue que le témoin principal de la poursuite n'est pas à l'abri de tout soupçon.

Pour le procureur de la Couronne, les faits étant tels qu'ils ont été démontrés, la culpabilité de l'accusé coule de source. Le coup de boutoir viendra du président du tribunal, le juge Wilson, qui ne s'embarrasse pas de nuances dans son adresse au jury. Il n'a pas caché tout au long du procès son parti pris contre l'accusé. « La lettre ? Vous allez voir ce que j'en fais, déclare-t-il. Elle est celle d'un menteur, d'un faussaire, d'un cynique, d'un malhabile mystificateur et d'un voyou. A-t-elle été écrite par l'accusé ? Vous ne le savez pas, moi non plus. Alors quel rôle va-t-elle jouer ? Elle contient la bague ? C'est entendu ; mais comment rattacher la bague à l'accusé, si vous ne croyez pas au témoignage de maître Jean ? »

Le juge Dollard Dansereau, dans ses passionnantes *Causes célèbres du Québec*, ne ménage pas le magistrat : « Comprenne qui peut ces questions et ces exclamations. Le juge Wilson, avec cette logomachie, a certainement contribué à dérouter le jury. »

Le 10 mars 1931, en fin de journée, Albert Nogaret est reconnu coupable de meurtre et condamné à monter sur l'échafaud le 12 juin suivant. Dollard Dansereau ajoute : « La partialité indéniable du juge l'avait emporté. »

Lucien Gendron, à qui les journalistes demandent s'il en appellera, rétorque : « Si j'en appelle ? Ce verdict est un meurtre plus odieux que le meurtre même de la petite Caron. »

Quelques semaines plus tard, l'avocat obtient gain de cause devant la Cour d'appel qui ordonne la tenue d'un nouveau procès. Les mêmes acteurs se retrouvent en Cour d'assises le 21 septembre suivant, à l'exception du président du tribunal, bien sûr, qui est remplacé par le juge Aimé Marchand. Un troisième avocat, Philippe Monette, s'est joint aux deux premiers pour la défense de l'accusé.

Antonio Godon vient répéter ce qu'il a dit au premier procès, son témoignage est encore parsemé d'évanouissements, de supplications, d'hésitations, parfois d'incohérences.

La lettre du présumé assassin revient évidemment sur le tapis. La défense fait comparaître à nouveau le gouverneur de la prison qui a interrogé le gardien Albert Charpentier, celui-là même qui prétend avoir vu l'avocat Jean et l'accusé manipuler des documents. Charpentier s'est récusé devant son supérieur. Bien plus, et c'est ce que le gouverneur a à dire de nouveau, il a appris que Charpentier est un ami intime du policier chargé de l'enquête, le sous-chef Dorais de la Sûreté du Québec... La défense marque un point.

Elle en marque un autre quand elle fait témoigner deux dames respectables qui racontent avoir vu la petite Simone Caron à Lavaltrie, dans un champ, en compagnie d'un homme, le jour même de sa disparition. Elles ont vu sa photo dans le journal deux jours plus tard et l'ont reconnue. Prévenue, la police n'a pas jugé bon de donner suite.

Comme pour en remettre, la défense fait témoigner une dame d'un certain âge, dont l'arrière de la maison donne sur la cour de l'Académie, qui a vu, au petit jour, le 11 juillet, deux hommes descendre furtivement un sac de jute dans la cave de l'institution.

Lucien Gendron reprend son plaidoyer, à la différence près qu'il accable davantage le témoin Godon. Le jury délibère un peu plus d'une heure avant de rendre son verdict. Il y a foule dans la salle du tribunal et jusque dans la salle des pas perdus. On a cru bon de doubler le service d'ordre, les autorités craignant une manifestation de la part du public.

Albert Nogaret est acquitté. Comme il est sourd, il n'entend pas le président du jury prononcer le verdict. L'aumônier de la prison se charge de le lui communiquer.

Nogaret esquisse un sourire et ne montre aucune émotion, comme ce fut le cas tout au long du procès. Selon le reporter de *La Presse*, «on l'aurait pris pour un spectateur plutôt que l'accusé tant il se montre indifférent aux procédures. Il dit souvent son chapelet et somnole même parfois...»

Immédiatement après l'acquittement, Lucien Gendron demande au tribunal l'élargissement de l'accusé. Nogaret est immédiatement entouré de ses confrères de l'Académie qui ne cachent pas leur joie de le retrouver, lui qui a passé près d'un an derrière les barreaux.

L'histoire aurait bien pu s'arrêter là. L'affaire Nogaret est oubliée, sept années se sont écoulées quand elle resurgit. Que s'est-il donc passé?

Selon Dollard Dansereau, Lucien Gendron, l'avocat de Nogaret, était si convaincu de la culpabilité d'Antonio Godon qu'il fit des pressions auprès des autorités pour qu'elles se décident à l'inculper.

La vérité semble être tout autre. L'affaire prend une dimension politique quand, en 1938, les frères du Sacré-Cœur décident, pour des raisons demeurées vagues, de poursuivre en justice le gouvernement du Québec pour négligence et abus dans le dossier Nogaret.

Maurice Duplessis, qui a été porté au pouvoir deux ans auparavant, y voit une occasion de discréditer l'administration libérale précédente qui aurait en quelque sorte persécuté une innocente victime.

Le dossier est ouvert à nouveau, il reste à prouver de façon irréfutable que Nogaret était innocent. La seule façon d'y parvenir est de trouver un coupable. Le ministère de la Justice nomme un «investigateur spécial», le policier Paul Gagnon, qui a le mandat d'éclaircir l'énigme.

On saura plus tard que les policiers en arrivèrent finalement à quatre suspects. On ne connaît l'identité que de deux d'entre eux, Antonio Godon et son frère Wilfrid qui travaillait aussi, à l'époque du drame, à l'Académie Roussin.

On va se rabattre sur Antonio Godon. Un policier et un indicateur vont lui filer au train puis, prétextant être des ouvriers, se lient d'amitié avec lui puis l'attirent dans un soi-disant chantier du Lac-à-l'Épaule, dans les environs de Québec, sous prétexte qu'il pourra y travailler. Ils vont tenter en vain de lui tirer les vers du nez pendant plus de deux mois. Finalement, dans les bureaux de la Sûreté, à Québec, on parvient à lui extraire une confession dans des circonstances pour le moins équivoques.

Antonio Godon comparaît devant ses pairs le 16 janvier 1939. Un mois plus tôt, Albert Nogaret est décédé dans un monastère français, en Auvergne.

Les procédures durent depuis une quinzaine de jours quand le juge Wilfrid Lazure les interrompt: «Je ne puis me débarrasser l'esprit, déclare-t-il, de l'opinion que l'accusé n'est pas sain d'esprit...» Le jury abondera dans le même sens et déclarera l'accusé inapte à subir son procès. Godon mourra peu de temps après dans un asile d'aliénés.

LA question, elle, demeurera à jamais : qui a tué la petite Simone Caron ? Les deux accusés dans cette affaire avaient-ils même quelque chose à y voir ? Rien n'est moins sûr...

L'affaire Bernard

Poison réel ou poison de commérage

En ce 5 juillet 1932, les fidèles de la chronique policière des quotidiens québécois ont quelque chose à se mettre sous la dent : un père de famille d'East Angus, en Estrie, aurait été empoisonné six mois plus tôt par son épouse et son beau-frère.

À première vue, l'affaire paraît peu spectaculaire mais une déclaration du chef des détectives de la Police provinciale, le fameux Louis Jargaille, fait voir qu'il en est autrement : « Je crois avoir éclairci l'une des causes les plus ténébreuses qui m'ait été confiée depuis nombre d'années... »

De quoi s'agit-il donc ? Le 6 mars précédent, un chauffeur de taxi d'une trentaine d'années du nom de Ludger Chapdelaine a rendu l'âme à l'hôpital de Sherbrooke. Il y avait été admis deux semaines plus tôt à cause de maux à l'estomac.

Son frère Élie, convaincu qu'il a été empoisonné, s'est adressé aux autorités qui ont procédé à une enquête du coroner. Rien ne parut suspect au magistrat Bachand et aux jurés qui avaient rendu un verdict de mort naturelle.

Cependant, au cours de la procédure, une voix discordante s'était fait entendre. Le docteur Rosario Fontaine, médecin légiste de son état, avait affirmé avoir décelé en cours d'autopsie certains signes d'un empoisonnement à l'arsenic. Il n'en fallait pas plus pour que le procureur général du Québec repousse le rapport du coroner et confie au détective Jargaille le soin de faire enquête.

Son confrère Dorais débarque aussitôt à East Angus et mène son investigation au pas de charge. Deux semaines plus tard, il rentre à Montréal en compagnie de deux suspects : la veuve Béatrice Chapdelaine, née Bernard, et son frère Gédéon.

La comparution des prévenus a lieu le 5 juillet suivant, on apprend que la veuve aurait admis avoir fait boire de l'arsenic à son défunt mari tandis que son frère aurait pour sa part reconnu lui avoir fourni le poison. Le mobile du crime : une police d'assurance sur la vie de la victime d'un montant de 2 500 dollars. On détient des suspects qui ont signé des aveux; le mobile est limpide : voilà une affaire qui promet de ne pas traîner... On se trompe fort.

L'enquête préliminaire de Béatrice et Gédéon Bernard suit aussitôt. Les présomptions sont graves. Le frère du défunt et sa femme jurent qu'au chevet de Chapdelaine ils l'ont entendu accuser sa femme de l'avoir empoisonné. Celle-ci précise cependant que le moribond délirait : « Il parlait sans savoir, il disait aussi un tas de choses qui n'avaient pas de bon sens. »

Le docteur Beaulieu, lui, affirme que Gédéon lui avait acheté deux ou trois onces d'arsenic : « Il m'a dit que c'était pour ses chevaux et comme question de fait, les cultivateurs se servent beaucoup de ce poison pour nettoyer les intestins de leurs bêtes. » Il a tout de même prévenu son visiteur : « Laisse ça dans l'écurie parce que c'est un poison violent. »

Appelé à la barre, Gédéon Bernard refuse d'ouvrir la bouche. Le docteur Fontaine réitère ses dires tout en les nuançant, ce qui aura son importance pour la suite de l'affaire : la victime était « visiblement » morte par empoisonnement, il n'a pas découvert de traces d'arsenic, mais il en a décelé tous les signes... Le compte des prévenus est bon, on les cite à procès.

Le procès de la veuve s'instruit le 1er décembre 1932, au Palais de justice de Sherbrooke. Le demi-sourire affiché jusque-là par l'accusée a disparu. Son avocat, Césaire Gervais, a appelé à ses côtés son ami Antoine Rivard, un plaideur coriace et retors s'il en est, qui fera beaucoup parler de lui au cours de sa brillante carrière.

Élie Chapdelaine rappelle que son frère, sur son lit de mort, a accusé sa femme. Celle-ci, alors présente, ajoute-t-il, « s'est mise à rire. Quand son mari a repris ses accusations, elle a changé de sujet ».

Maître Gervais lui demande alors : « N'avez-vous pas déjà dit, dans un hôtel d'East Angus, à propos de votre belle-sœur : "J'ai une chance, je vais la faire pendre" ? »

Le médecin du défunt, Albert Couture, dépose : « Lors de ma première visite à Chapdelaine, le 17 novembre 1931, je lui ai donné des remèdes pour la digestion. Le lendemain, il souffrait de vomissements. Son état empirait graduellement. Je constatai que les remèdes ne faisaient pas effet et je réalisai qu'il s'agissait d'une maladie du rein ou d'un empoisonnement. Tant le patient que sa femme m'ont dit qu'il aurait pu s'empoisonner après avoir mangé une soupe en boîte. Finalement, je l'ai fait transporter à l'hôpital. »

Gédéon Bernard refuse à nouveau de répondre aux questions de la Couronne, malgré les menaces du président du tribunal.

Là-dessus, le ministère public aborde le sujet des aveux faits par l'accusée mais la défense s'interpose. Le tribunal doit d'abord déterminer si ces prétendus aveux sont admissibles.

Le policier Dorais raconte les circonstances dans lesquelles l'accusée s'est mise à table. Questionné de près par la défense qui lui demande s'il n'a pas obtenu ses aveux au moyen de promesses ou de menaces, le témoin jure que non.

Césaire Gervais annonce alors que l'accusée va donner sa version des faits. N'a-t-elle pas signé des aveux ? Oui, admet-elle, mais elle a été victime d'un subterfuge. On lui a présenté une feuille au texte dactylographié, affirmant que c'était en quelque sorte un « billet de partance » qui lui permettrait de rentrer chez elle.

On l'a interrogée sept jours durant, parfois jusqu'à cinq heures par jour. Les enquêteurs lui ont semblé mus par une seule obsession : lui faire avouer qu'elle avait empoisonné son mari. Elle eut beau nier, affirmant même « J'aimerais mieux me faire tirer une balle que d'avouer un tel crime, étant donné que je ne suis pas coupable...», rien n'y fit. Bien plus, ses demandes répétées pour l'obtention des services d'un avocat se heurtèrent au refus de Jargaille qui lui répondait : «Pauvre petite, je ne peux faire cela...»

De tels aveux sont-ils admissibles ? Le détective Jargaille affirme qu'ils sont tout ce qu'il y a de plus volontaires. Le juge White tranche : «Tout d'abord, j'ai été frappé du fait que l'accusée ait été détenue aussi longtemps aux quartiers généraux de la Sûreté, mais j'en viens à la conclusion qu'en aucun temps, il y a eu promesses ou menaces pour la faire parler...»

Maintenant que le magistrat a statué sur l'admissibilité de la confession de l'accusée, la poursuite peut mettre celle-ci en preuve. Qu'a donc avoué Béatrice ? «J'ai empoisonné mon mari parce qu'il me maltraitait depuis très longtemps, et m'a même battue. J'ai calculé que c'était la meilleure manière de m'en débarrasser, sans scandale. J'avais l'idée de prendre moi-même du poison, mais je n'en ai pas eu le courage. J'ai beaucoup souffert avec lui. Je regrette ce que j'ai fait parce que je ne croyais pas qu'il allait tant souffrir, pensant qu'il mourrait tout de suite. J'ai eu le poison de mon frère à deux reprises...»

La belle-sœur de l'accusée et épouse de Gédéon raconte ensuite lui avoir un jour demandé : «Lui as-tu donné du poison ?» Et celle-ci de lui répondre : «Oui. Après la deuxième fois, je l'ai jeté.» Antoine Rivard cuisine ce témoin à charge pour le moins gênant et finit par lui faire avouer que le détective Dorais lui aurait dit : «Tout ce que vous avez contre Béatrice, dites-le. C'est pas votre mari Gédéon qu'on veut, c'est elle.»

Fait intéressant, il est porté à la connaissance des jurés que le défunt souffrait de maladies chroniques. À un point tel, soutient sa femme, qu'il a tenté de s'enlever la vie à plusieurs reprises en absorbant du permanganate de potassium, du caustique, de l'eau de javel et des pilules de mercure. À Béatrice, exaspérée par un tel comportement, il aurait répondu : «Je suis fatigué de souffrir, tu le sais.»

L'étape des plaidoiries permet à Antoine Rivard de faire quatre heures durant une magistrale démonstration de ses talents de plaideur. Les pleurs de l'accusée ne parviennent pas à couvrir la voix de l'avocat qui accuse les policiers de lui avoir extorqué ses aveux. Enfin, rappelle-t-il, « pas un seul des principaux témoins n'a pu jurer que le défunt a été empoisonné par l'arsenic que lui aurait fait absorber sa femme ».

Un des jurés tombe malade. La Cour se transporte à l'hôpital où il a été admis. C'est à quelques pas de la chambre où Ludger Chapdelaine a rendu l'âme que sa veuve, le 17 décembre 1932, est reconnue coupable de sa mort.

Elle devra monter sur l'échafaud trois mois plus tard, jour pour jour. On lui demande si elle a quelque chose à ajouter. Elle fait quelques pas en direction du président du tribunal et déclare d'un ton ferme : « Votre Seigneurie, il s'est dit des choses terribles à mon sujet et je tiens à déclarer qu'elles ne sont pas vraies. Je n'ai jamais empoisonné mon mari, jamais, jamais, jamais... »

Béatrice Bernard est conduite à la prison des femmes de Montréal, rue Fullum. Ses avocats portent sa cause en appel pendant que son frère est jugé en janvier 1933.

Encore une fois, on brandit des aveux faits aux policiers. D'autres témoignages s'ajoutent à ceux qui sont déjà connus. Le détective Dorais a retrouvé dans une grange un flacon qui, aurait reconnu l'accusé, avait contenu le poison. Bien plus, il aurait alors avoué : « La première fois, j'en ai donné l'équivalent d'une cuillère à soupe à ma sœur. La deuxième fois, la même chose... »

Gédéon est reconnu coupable de complicité mais le ministère public consent à ce qu'il bénéficie de circonstances atténuantes : « Sa responsabilité est considérablement atténuée par l'énormité de son hérédité et la faiblesse de sa volonté... » Il écope cinq ans de réclusion criminelle.

Le matin même du jour prévu pour son exécution, Béatrice obtient un sursis : la Cour d'appel n'a pas encore statué sur son sort. Quelques semaines plus tard, à la fin d'avril 1933, le verdict tombe.

Les juges du plus haut tribunal de la province ne sont pas tendres à l'endroit des méthodes employées par le détective Jargaille pour forcer sa prisonnière à signer une prétendue confession. De plus, la prévenue a été gardée trop longtemps dans les cellules de la Sûreté : « Le devoir des policiers était de traduire cette femme devant un juge le plus tôt possible et non pas de la détenir neuf jours durant... » La condamnée aura donc droit à un nouveau procès où la Couronne ne pourra pas présenter sa prétendue confession en preuve.

Ce procès s'ouvre six mois plus tard, à la mi-janvier 1934. Le juge Cousineau préside le tribunal, Wilfrid Lazure occupe encore pour la Couronne tandis que Césaire Gervais et Antoine Rivard se retrouvent encore aux côtés de l'accusée.

Le premier point fort du deuxième chapitre de cette affaire, c'est l'apparition à la barre des témoins de Gédéon Bernard, appelé par la poursuite. « Béatrice m'a demandé du poison pour le donner à son mari dont elle voulait se débarrasser. [...] J'ai fait la bêtise de fournir du poison à ma sœur et je suis par sa faute au pénitencier pour cinq ans. [...] Aujourd'hui, je libère ma conscience », déclare-t-il. Pourquoi lui en a-t-il donné ? À demi-mots, le témoin laisse entendre qu'elle lui a laissé faire des « indécences »...

En contre-interrogatoire, maître Gervais insiste auprès du témoin : ne lui a-t-on pas fait des promesses de remise en liberté s'il consentait à parler ? Celui-ci nie catégoriquement tout en admettant avoir passé plusieurs jours en compagnie de l'avocat de la Couronne...

Le deuxième coup de théâtre se produit quand la défense, pour contrer le témoignage accablant du médecin légiste Rosario Fontaine, fait déposer Israël Rabinovitch, un médecin attaché à l'Hôpital général de Montréal et professeur à l'Université McGill.

L'éminent praticien contredit carrément le docteur Fontaine qui affirmait « avoir une certitude morale que Ludger Chapdelaine avait été empoisonné à l'arsenic ». « Je ne pourrais pas avoir une telle certitude, je ne pourrais pas conclure à la mort par l'arsenic même avec les symptômes remarqués par le docteur Fontaine. On peut trouver de l'arsenic dans le corps humain bien plus que quatorze jours après son absorption. Or le docteur Fontaine a procédé à l'autopsie deux semaines après que le défunt est supposé en avoir ingurgité. [...] S'il n'en a pas trouvé de traces sur le cadavre, c'est que Chapdelaine n'en avait pas ingurgité...»

De plus, le témoin rappelle qu'un empoisonnement par des aliments impropres à la consommation peut présenter des analogies avec un empoisonnement à l'arsenic. «La cause de la mort peut être imputée à la ptomaïne, une substance toxique qui provient de la décomposition des matières organiques comme la viande.» À ces mots, comme si on ne sait quelle émotion l'étouffait, Béatrice s'évanouit.

Le lendemain, la défense fait entendre un compagnon de détention de Gédéon qui lui aurait dit : «Le directeur de la prison a menacé de me garder derrière les barreaux pour vingt-cinq ans encore si je ne rendais pas témoignage...»

Au dernier jour du procès, des centaines de curieux envahissent le Palais de justice de Sherbrooke. Quand on ouvre les portes de la salle d'audience, la foule se rue à l'intérieur. Des femmes reçoivent des contusions aux bras ou aux jambes en tentant de se frayer un chemin.

La salle est pleine à craquer : des gens se tiennent même autour des banquettes des avocats, bloquant la vue aux spectateurs qui doivent bientôt monter sur leurs sièges. De véritables grappes humaines sont accrochées aux larges fenêtres. Toutes les issues sont bloquées et des centaines de badauds font le pied de grue dans les corridors.

Les témoins de la défense ne sont pas parvenus à ébranler le jury. Pour la deuxième fois en un peu plus d'un an, l'accusée est reconnue coupable de meurtre. Les centaines de femmes qui remplissent la salle d'audience poussent de longues exclamations mais Béatrice reste de glace. Elle esquisse même un triste sourire...

Césaire Gervais et Antoine Rivard ne se tiennent pas pour battus. Ils s'adressent de nouveau à la Cour d'appel. Cette fois, ils ont moins de chance : le tribunal confirme le verdict de la première instance. Cependant, sur les cinq juges appelés à se prononcer, deux donnent raison aux procureurs de l'accusée. Ceux-ci s'acharnent, ils se tournent vers la Cour suprême du Canada.

À la fin de novembre 1934, un nouveau procès est accordé à Béatrice : les juges de la plus haute instance au pays remettent en question les circonstances dans lesquelles a été rendu le témoignage de Gédéon et reprochent au juge Cousineau ses remarques sur ce témoignage de même que le contenu de son adresse aux jurés.

Le troisième procès de Béatrice Bernard Chapdelaine n'aura cependant pas lieu à Sherbrooke mais à Québec. Césaire Gervais demande un changement de venue : il sera impossible de trouver dans tous les Cantons-de-l'Est un seul juré qui ne s'est pas déjà fait une opinion sur cette célèbre affaire.

Le 14 janvier 1936, le troisième procès s'ouvre dans une salle archicomble. Les comptes rendus des journaux précisent que les femmes forment la majorité des spectateurs. Quelques minutes avant de prendre place au banc des accusés, dans un couloir du Palais de justice, Béatrice s'évanouit. Elle s'étiole depuis près de quatre ans et demi derrière les barreaux d'une prison, la voilà maintenant au bout du parcours. Quelle que soit l'issue de ce procès, elle sera définitive. Rien de moins que sa vie est en jeu.

Les avocats Valmore Bienvenue et Dalma Landry ont remplacé le procureur Lazure, le juge Stein préside. Césaire Gervais, une fois de plus, représente l'accusée. Antoine Rivard est à nouveau à ses côtés.

Dans son exposé des faits au jury, Dalma Landry annonce que la Couronne soumettra une preuve médicale, une preuve de procuration de poison, une preuve des dires de la victime à l'hôpital et de l'attitude de l'accusée devant ces déclarations, une preuve d'aveu de l'accusée à sa belle-sœur, épouse de Gédéon, et une preuve de circonstances.

Le docteur Fontaine relate une fois de plus qu'il a fait trois autopsies sur le cadavre de la victime dans le but de trouver de l'arsenic dans les viscères mais qu'il n'y est pas arrivé. Mais, à la lumière des symptômes de la maladie de Ludger, il n'en demeure pas moins convaincu qu'il a été empoisonné.

Le docteur Rabinovitch témoigne à nouveau et se montre encore plus catégorique qu'au procès précédent. Si le médecin légiste n'a pas trouvé de traces d'arsenic sur le cadavre de la vicitme, c'est que celle-ci n'en avait pas absorbé. Césaire Gervais rappelle au jury que cette expertise est celle d'un savant non soumis aux servitudes de la fonction publique, comme l'est le docteur Fontaine. Pour bien montrer que ce n'est que l'aspect scientifique du débat qui l'intéresse, Rabinovitch déclare même : « Pendez l'accusée si vous voulez. Moi je vous dis que son mari n'est pas mort d'un empoisonnement à l'arsenic... »

La Couronne fait ensuite témoigner Gédéon qui a recouvré sa liberté depuis trois semaines. Il répète ses dires du précédent procès mais Césaire Gervais a une carte dans sa manche. Quand son tour est venu d'interroger le témoin, il produit une lettre que Gédéon lui a fait parvenir deux mois après son témoignage au procès précédent, lettre dans laquelle il écrit : « C'est moi qui vous écris pour vous dire que le témoignage que j'ai rendu contre ma sœur est faux... » La lettre est signée de sa main, trois codétenus ont aussi apposé leur signature à titre de témoins.

Gédéon est forcé de reconnaître qu'il a bel et bien écrit cette lettre mais il affirme l'avoir fait sous les pressions de sa famille et de ses compagnons de détention.

Le moment des plaidoyers venu, on se presse comme des sardines en boîte dans la salle d'audience. Antoine Rivard parle le premier tandis que Béatrice se tient la figure entre les mains. À un moment, il s'écrie : « C'est sans crainte, messieurs les jurés, que je vous remets entre les mains le sort de l'accusée que maître Gervais et moi défendons depuis quatre ans devant toutes les cours du pays. Si, par malheur, l'accusée montait sur l'échafaud, par un matin ensoleillé du printemps qui va poindre bientôt, je me demanderais avec crainte si je n'ai pas oublié quelque argument. Et vous, que répondrez-vous à vos enfants qui vous demanderont peut-être "Papa, étais-tu certain qu'elle était coupable ? Papa, étais-tu certain que Gédéon disait la vérité ?" »

L'avocat de la Couronne prend ensuite la parole. Au moment le plus fort de son réquisitoire, Béatrice perd à nouveau connaissance.

Le 3 février 1936, à dix-sept heures trente, le jury se retire pour délibérer. Une demi-heure plus tard, il rend un verdict d'acquittement. La foule qui emplit les lieux bondit sur ses pieds et applaudit à tout rompre.

Béatrice se contente de sourire. Quelques minutes plus tard, rendue à la liberté, elle court féliciter ses défenseurs. Le rideau peut tomber sur l'une des plus mystérieuses affaires de nos annales judiciaires.

Douze Patriotes seront pendus sur la place publique devant la prison du Pied-du-Courant, à Montréal.

À gauche, le Patriote Cardinal, à droite, Sir John Colborne et, ci-dessus, le Patriote Lepailleur à la fin de sa vie.

Juillet 1885 : debout dans le box des accusés, dans une minuscule pièce surchauffée et bondée, Louis Riel, barbu et le regard fiévreux, a l'air d'un prophète d'une autre époque.

Un *Mounted Police* passe la corde au cou de Louis Riel qui récite un dernier Pater.

Valentine Shortis (marqué d'un X) à bord du bateau qui l'amena au Canada. Son procès fera époque.

Me Donald MacMaster, procureur de la Couronne.

Lord et lady Aberdeen. Cette dernière joua un rôle capital dans l'affaire Shortis.

Me J. N. Greenshields, un des défenseurs de Shortis.

Sur un échafaud dressé dans la cour de la prison de Sainte-Scholastique, on fait tenir dos à dos Cordélia Viau et Sam Parslow, séparés par une toile. La trappe va bientôt s'ouvrir sous les pieds du couple maudit.

L'abbé Delorme, tout de noir vêtu, sort de sa résidence, escorté du gouverneur de la prison de Montréal, Napoléon Séguin. À gauche, la présumée victime de l'ecclésiastique, son frère Raoul.

En 1924, Louis Morel, un ancien policier montréalais, doit répondre avec cinq complices d'une accusation de meurtre. Il marchera à l'échafaud d'un pas ferme.

Deux ans plus tard, dans une autre affaire, Henri Bertrand (en bas, à gauche) aura plus de chance... En médaillon, Antonio Beaudry, sa présumée victime.

La Presse

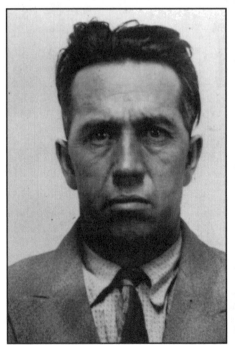

En 1927, le Canadien Georges McDonald est accusé de l'assassinat d'un chauffeur de taxi montréalais.

Sa femme, la starlette américaine Doris Palmer, s'en tirera grâce à l'opinion publique de son pays.

Gédéon Bernard et sa soeur Béatrice sont dans de beaux draps. On la soupçonne d'avoir empoisonné son mari avec la complicité de son frère. Cette ténébreuse affaire ne connaîtra son dénouement qu'au bout de quatre ans et de trois longs procès.

Les péripéties de l'affaire Nogaret se sont étalées sur une décennie. Ses principaux protagonistes : en haut, le juge Charles Wilson qui présida le premier procès ; ci-dessous, le premier accusé, le frère Albert Nogaret ; à droite, Antonio Godon qui, d'accusateur deviendra accusé.

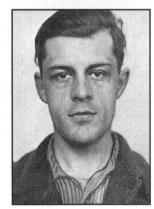

Les frères Bronfman, en 1935, au moment de leur procès : Alan (en haut à gauche), Sam (en haut à droite), Abe (en bas à droite) et Harry. On les accuse de conspiration et de contrebande, des délits qui mènent à la prison...

Les révélations d'Igor Gouzenko, ancien commis au chiffre de l'ambassade de l'URSS à Ottawa, déclenchent dès 1946 une gigantesque chasse aux sorcières dans toute l'Amérique. Il apparaît en public la tête couverte d'un sac de papier...

Le professeur Raymond Boyer, célèbre chimiste de l'Université McGill, compte parmi les soi-disant espions dénoncés par Gouzenko. Il n'échappera pas à la paranoïa ambiante.

L'affaire Coffin demeure la plus célèbre et la plus controversée de notre histoire. Les trois chasseurs américains tués dans la forêt gaspésienne (en haut, à gauche); Wilbert Coffin (ci-haut); le même en compagnie des avocats Maher et Gravel (ci-contre); Marion Petrie, la fiancée de Coffin (ci-dessous).

L'affaire du «Père Noël» Marcotte: les braqueurs Georges Marcotte, Jean-Paul Fournel et Jules Reeves (ci-haut) ont commis un hold-up au cours duquel les policiers Denis Brabant et Claude Marineau (ci-contre) ont été abattus.

Georges Marcotte est à la barre des accusés. L'assistance s'est étonnée à la vue de l'impitoyable tireur: il porte des verres épais comme des loupes...

En 1950, trois agents de la Police provinciale, dite «la police à Duplessis», sont accusés de conspiration et d'incitation au crime. Le célèbre criminaliste Lucien Gendron les tirera de ce mauvais pas.

Lundi, 23 avril 1956, l'inspecteur Armand Courval vient d'être reconnu coupable de parjure. Sous le coup de l'émotion, il perd connaissance. Sa réputation est ruinée, sa carrière finie, son avenir bouché. Quinze ans plus tard, on le blanchira de ce scandale.

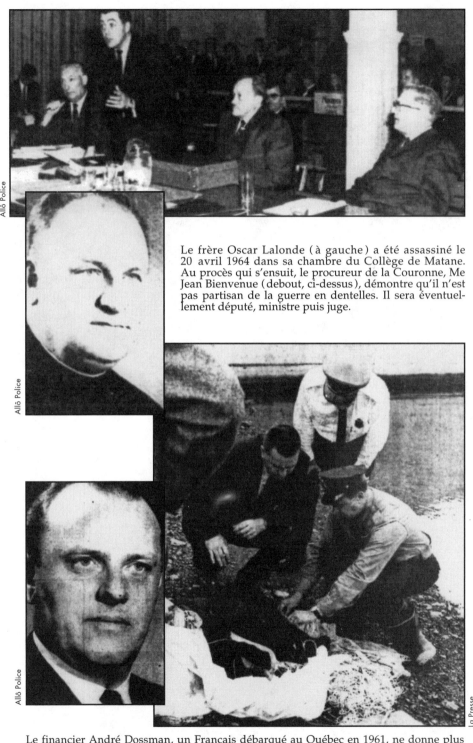

Le frère Oscar Lalonde (à gauche) a été assassiné le 20 avril 1964 dans sa chambre du Collège de Matane. Au procès qui s'ensuit, le procureur de la Couronne, Me Jean Bienvenue (debout, ci-dessus), démontre qu'il n'est pas partisan de la guerre en dentelles. Il sera éventuellement député, ministre puis juge.

Le financier André Dossman, un Français débarqué au Québec en 1961, ne donne plus signe de vie en juin 1968. Six semaines plus tard, son corps est retiré des eaux du Saint-Laurent et amené sur la berge. On constate qu'il a été abattu de deux balles à la tête.

Jean-Marc Rufiange a dû subir pas moins de cinq procès sous le même chef d'accusation, établissant un record qui ne sera probablement jamais battu.

Sa présumée victime, Benoît Massicotte, a été tuée d'une balle de revolver à la tête.

Enfin libre, Rufiange peut prendre dans ses bras ce fils né alors qu'il était en prison.

Menottes au poignet, Jeanne Schneider et Jacques Mesrine débarquent de l'avion qui les ramène au Québec où on leur fera un procès pour meurtre. Le célèbre criminaliste Raymond Daoust (ci-dessous, à droite) assurera leur défense.

À vingt ans, Jacques Mesrine est parachutiste de l'armée française dans l'Algérie en guerre. «On a armé ma main au son de la Marseillaise et cette main a pris goût à l'arme» écrira-t-il. Il mourra abattu par la police française en novembre 1979.

En mars 1971, le *Casa Loma*, la boîte de nuit la plus connue et la plus fréquentée de Montréal, est le théâtre d'un triple meurtre. L'affaire finira deux ans plus tard par une espèce de non-lieu, après une extraordinaire saga judiciaire.

Les trois victimes du carnage : le barman André Vaillancourt, son ami Jacques Verrier, tous deux tirés à bout portant, et Jean-Claude Rioux, qu'on a égorgé.

L'affaire Ascah

Ce n'est pas tout d'avouer un crime

En 1982, le roman *Les Fous de Bassan* valent à Anne Hébert un succès de librairie et les honneurs du prix Femina. À sa lecture, rapportait alors un critique québécois, des Gaspésiens crurent reconnaître les traits saillants d'une affaire criminelle vieille d'un demi-siècle.

La romancière, dans un « Avis au lecteur », avait pourtant écrit de son histoire qu'elle était « sans aucun rapport avec aucun fait réel ayant pu survenir entre Québec et l'Atlantique ». À son insu, peut-être l'auteur s'était-elle inspirée d'un fait divers pour écrire son roman, comme elle l'avait fait pour *Kamouraska* ?

Que racontent donc ces fameux *Fous de Bassan* ? L'action se passe à Griffin Creek, un petit village imaginaire de la côte gaspésienne où vivent les descendants de ces Loyalistes américains qui, parce qu'ils voulaient demeurer sujets britanniques, ont fui leur patrie en révolte contre l'Angleterre.

Un soir d'août 1936, deux jeunes cousines de 17 et 15 ans, Nora et Olivia Atkins, sont portées disparues. Ont-elles fui ? Ont-elles été tuées ? Et par qui ? Des étrangers venus de la ville, le pasteur lubrique ou leur cousin Stevens ? Les voix alternées des protagonistes tentent de répondre...

On comprendra, à la lecture de ce qui suit, que certains aient fait des rapprochements avec ce qu'il est convenu d'appeler l'affaire Ascah qui passionna l'opinion québécoise tout entière en 1933. *Le Soleil* écrivit alors : « On se trouve en face d'un double meurtre atroce, le plus abominable qui ait jamais été perpétré dans la province d'après nos annales judiciaires... »

Le drame a pour cadre un joli et paisible village de la côte gaspésienne sis à sept cents kilomètres de Québec, sur la rive nord de la baie de Gaspé. Pour ses habitants, descendants des Loyalistes du XVIIIᵉ siècle, devenus pêcheurs et agriculteurs, l'endroit s'appelle Peninsula. Pour les autres péninsulaires, il s'agit de Penouille.

Un Penouille sens dessus dessous quand, le soir du 31 août 1933, vers 22 h 30, se répand la nouvelle de la disparition des cousines Ascah. Marguerite, la belle Marguerite, l'orgueil du village, a 18 ans. C'était l'avant-dernier soir de ses vacances d'été, elle devait repartir le lendemain pour Québec y poursuivre ses études. Maud, qui promettait tout autant, a 15 ans.

On entreprend immédiatement des recherches sur la grève et, un peu plus tard, dans les eaux de la baie même. À l'aube, les parents, les proches, les amis envisagent le pire...

Pas une âme qui ne croie qu'elles aient fait une fugue. Alors ? Ce qui vient tout de suite à l'esprit, c'est qu'elles ont été enlevées par des contrebandiers qui, partis de Terre-Neuve ou des îles Saint-Pierre-et-Miquelon, viennent débarquer clandestinement l'alccol sur les côtes québécoises. Ils auraient agi par vengeance : des parents des deux jeunes filles font partie du Service préventif fédéral qui assiste la garde côtière dans sa guerre acharnée à ce trafic.

Les relâcheront-ils ? À mesure que passent les jours puis les semaines, on croit de moins en moins à un éventuel miracle. Le 21 octobre suivant, le village est frappé d'horreur : des pêcheurs ont fait la macabre découverte d'un pied humain rejeté par la mer. Les premières constatations permettent de croire qu'il s'agit bien d'un pied de jeune fille.

Quelques jours plus tard, on trouve une chaussure de tennis blanche comme en portaient les cousines le soir de leur disparition. Les détectives de la Police provinciale et leurs collègues de la Gendarmerie royale du Canada, qui sont tous là depuis le début de septembre, redoublent d'effort.

Tout le Québec est pris d'indignation : sus aux contre-bandiers sans foi ni loi qui ont fait le coup ! La presse joue l'affaire à la une, parfois sur huit colonnes, quand est repêché dans la baie le cadavre putréfié de Maud. Deux jours plus tard, les soupçons des enquêteurs se précisent et, à la surprise générale, ils se porteraient sur des villageois de Penouille.

Deux jours encore et la nouvelle est confirmée, l'hypo-thèse de l'enlèvement est rejetée. Pis encore, un jeune homme vu en compagnie des cousines, en ce soir fatidique, est détenu comme témoin important à la prison de Percé. Nelson Phillips, un géant de 1,90 m, ami et cousin des jeunes filles, a 19 ans. Il assiste son père qui tient le magasin général du village.

Deux semaines après son arrestation, on parvient à lui arracher de laconiques aveux. À un moment, déclare-t-il, alors qu'il était en compagnie de ses deux cousines, il perdit conscience de ses actes. Puis, soudain, il revint à lui et aperçut leurs cadavres à ses pieds. Il attacha des pierres aux corps de ses deux victimes, les transporta dans sa barque et s'en débarrassa au large. Il ne dit rien d'autre des circons-tances dans lesquelles il a commis son crime, pas plus qu'il n'explique pourquoi, par exemple, on a retrouvé le corps de Maud avec un bâillon dans la bouche.

L'enquête du coroner se tient à Gaspé, Nelson Phillips est tenu criminellement responsable de la mort de Maud Ascah. À son enquête préliminaire, le scénario est à peu près le même. Le président du tribunal permet la lecture de la confession de l'accusé, après avoir rejeté les objections du procureur de la défense. Le procès aura lieu à Percé, en octobre 1934, soit onze mois plus tard.

Les recherches pour retrouver le corps de Marguerite se poursuivent toujours, on drague la baie, on a même mis des scaphandriers à la tâche, on passe la grève au peigne fin tous les jours. La mer finit par rejeter des ossements et des chairs, on repêche le corps de Marguerite par morceaux.

Le ministère public, voulant à la fois hâter les procédures et s'éviter un procès dans le patelin de l'accusé, demande au tribunal un changement de venue qui lui est accordé malgré les objections de la défense. Le procès se tiendra à Québec, le 19 février 1934.

Faut-il préciser qu'il y a foule, ce jour-là, au Palais de justice de la capitale? Tout le monde veut voir le monstre qui a admis cet horrible crime. Les corridors sont encombrés, des policiers provinciaux ont été dépêchés pour faire circuler les trop nombreux curieux. Le tribunal est présidé par le juge Greenshields, Lucien Cannon et Maurice Brasset occupent pour le ministère public, tandis qu'un jeune avocat fougueux de Québec, Guy Hudon, défend l'accusé, conseillé par un confrère gaspésien, Dominique Lévesque, dont l'un des fils, prénommé René, aura le destin que l'on sait. Les douze jurés sont de langue anglaise.

Les premiers témoins de la Couronne établissent que les cousines ont été vues vivantes pour la dernière fois en ce 31 août, vers 21 h 30, alors qu'elles sortaient de chez leur tante Flo Peters. À une question de la défense, la jeune sœur de Maud, Winnifred, répond qu'elle ne croit pas que l'accusé était amoureux de l'une des jeunes filles.

On entre dans le vif du sujet quand deux témoins affirment qu'immédiatement après l'enquête du coroner, alors que l'accusé se tenait dans une pièce à l'écart, son père est entré et lui a demandé: « As-tu réellement tué ces deux jeunes filles? » Le fils aurait répondu: « Oui... et je ne sais pas pourquoi. » À d'autres, il aurait aussi déclaré: « Je vais être soupçonné. J'étais avec elles la veille. »

Son ami James Miller, qui avait été arrêté en même temps que lui mais avait été relâché, est appelé à la barre. Ce soir-là, vers les 20 h, il a croisé l'accusé qui marchait sur la route en compagnie de ses deux cousines. Il se joignit à eux. Les jeunes filles, en entrant chez leur tante Peters, dirent aux deux garçons: « Nous ne serons pas longtemps. »

Il raconte qu'il alla ensuite s'asseoir en compagnie de l'accusé sur le bord de la route, non loin de là. Il fut question du prochain départ de Marguerite pour Québec. Phillips le déplorait car il perdait ainsi « une bonne compagne ». Il déclara ensuite qu'il devait aller à la pointe du village y réparer sa chaloupe. Il était environ 21 h 30. Le témoin s'en alla chez lui, l'accusé prit la direction de la maison de la tante Flo. Ils ne se revirent pas avant le lendemain.

Les Phillips, qui sont marchands, ont une bonne. Elle témoigne qu'elle a vu le fils de la maison quitter vers 20 h et qu'elle l'a entendu rentrer vers 22 h 45.

On arrive ensuite au cœur du débat. La Couronne, avant de produire les aveux de l'accusé, doit démontrer qu'ils furent faits délibérément. Le juge rappelle que ces déclarations ne seront pas mises devant les jurés sans sa permission. Le chef Lemire, de la Police provinciale, le détective Aubin de même qu'un troisième témoin, une demoiselle Lebouthillier, déclarent que l'accusé n'a pas été menacé par qui que ce soit et qu'aucune promesse ne lui a été faite.

À qui donc les a-t-il faits, ces aveux ? Voilà le hic : il s'est ouvert à un certain Arthur Maloney, détective privé de son état, qui jure n'avoir usé d'aucune contrainte.

Interrogé par la défense, il raconte être venu de Montréal et avoir proposé ses services au chef Lemire. Savait-il que les autorités avaient promis une récompense de 1 000 dollars à quiconque mènerait à l'arrestation du ou des auteurs des assassinats ? Il jure qu'il ne le savait pas à cette époque. N'a-t-il pas été renvoyé de la police montréalaise à la suite d'une enquête qui avait révélé qu'il entretenait des relations étroites avec certains truands ? Non, il a démissionné de son propre chef. L'a-t-on laissé seul avec le suspect à la prison de Gaspé ? Oui. A-t-il frappé l'accusé du pied ? Oui. Pour le faire parler ? Pas du tout : «Il voulait se lever et ce n'était pas le temps...» Lui a-t-il offert du brandy ? «Oui. Quand un prisonnier est nerveux, ça lui fait du bien.» Il en a bu ? «Non, il m'a dit ne jamais boire...»

Le tribunal déclare la confession de l'accusé admissible, la Couronne en a fini avec sa preuve. Dans son plaidoyer, le procureur de l'accusé rappelle la bonne réputation dont jouissait Phillips. Il affirme que l'on n'a pas prouvé qu'il avait été le dernier à voir les deux jeunes filles vivantes le soir de leur disparition. Plusieurs villageois l'ont vu vers

10 h et sa conduite ne leur a pas paru étrange. Il n'a pas caché à son ami Miller qu'il se rendait sur la grève. Le plaideur s'attarde ensuite sur les prétendus aveux de son client. Il rappelle la mauvaise réputation du détective Maloney et les circonstances pour le moins douteuses dans lesquelles ils ont été faits. L'accusé a été violenté par son interrogateur, celui-ci lui a offert de l'alcool et, bien plus, Phillips a été été trompé : après avoir signé sa déclaration, il a cru qu'il pouvait enfin rentrer chez lui.

La Couronne, bien sûr, n'est pas de cet avis, pas plus que le juge. En cette dernière journée du procès, les corridors attenant à la salle d'audience sont bloqués. En après-midi, les policiers doivent se porter vers les issues et retenir la foule qui menace de forcer les portes. Le président du tribunal ne cache pas ses sentiments : « On a trouvé des taches de sang sur le banc de la chaloupe de l'accusé. Le lendemain de la disparition des jeunes filles, il a demandé expressément à sa servante de laver la chemise qu'il portait la veille. Elle était tachée de sang. Il invoque qu'il portait souvent des quartiers de viande pour son père, mais enfin... Quant à la question la plus importante de ce procès, celle des aveux, j'ai permis cette preuve parce que je la savais indispensable dans cette cause. [...] Le prisonnier a été mis en garde à plusieurs reprises. Aucune promesse, aucune menace ne lui a été faite. [...] Il n'y a aucune preuve à l'effet que ces aveux lui furent extorqués. »

À dix-huit heures précises, le jury se retire pour rendre quarante minutes plus tard un verdict de culpabilité. Nelson Phillips est condamné à monter sur l'échafaud trois mois plus tard.

Son fougueux avocat fait aussitôt savoir aux journalistes présents qu'il portera la cause de son client en appel. Cet appel reposera sur trois points principaux : le changement de venue, l'admission des aveux et l'adresse du juge.

Trois mois plus tard, le plus haut tribunal de la province rend son jugement : la confession de l'accusé n'aurait pas dû être admise, il ordonne la tenue d'un nouveau procès.

Celui-ci s'instruit au mois de juin suivant. Sa preuve circonstancielle terminée, à peu de chose près semblable à celle qu'elle avait présentée au premier procès, la Couronne passe à la question des aveux. La partie risque d'être plus serrée à la suite du jugement de la Cour d'appel. Et ce qui n'arrange rien, l'accusé a à ses côtés le plus brillant plaideur de sa génération, le criminaliste montréalais Lucien Gendron. Le débat dure trois jours. À sa conclusion, celui-ci argumente trois heures durant.

Le juge Noël Boileau tranche en sa faveur. Dans la mise en garde qu'on fit à l'accusé, déclare-t-il, il était question d'un procès possible. Cette seule mention peut être considérée comme une menace. Quant au détective Maloney, délégué par l'autorité policière, il a interrogé l'accusé de façon illégale, non pour obtenir des informations mais plutôt pour lui soutirer un aveu de culpabilité.

La défense fait ensuite une courte preuve, puis on passe aux plaidoiries. Le jury délibère deux heures durant avant d'acquitter l'accusé devant une foule tout aussi compacte qu'au premier procès et composée d'une majorité de femmes qui applaudissent le verdict. Nelson Phillips est libre.

La Couronne portera à son tour la cause en appel. Les juges de cette haute Cour se diviseront sur la question des aveux : trois d'entre eux maintiendront la décision du juge Boileau, les deux autres exprimeront leur dissidence. Nelson Phillips est libre à jamais...

Dans *Les Fous de Bassan*, on apprend à la fin que les aveux de Stevens ont été rejetés par la Cour parce qu'ils lui avaient été extorqués. Pour une fois, la réalité ne dépasse pas la fiction...

L'affaire Bronfman

Contrebandiers, conspirateurs ou industriels de génie ?

En 1889, Ekiel et Minnie Bronfman, comme des centaines d'autres de leurs coreligionnaires, fuient les inconcevables pogroms russes pour trouver refuge dans l'Ouest canadien. Ils ont déjà trois enfants, il en viendra cinq autres. À la force du poignet, le père parvient à assurer aux siens des conditions de vie respectables.

Au début du siècle, la famille est établie à Brandon, au Manitoba. Les garçons, rendus à l'âge de faire des affaires, se lancent dans l'hôtellerie. Abe achète le Balmoral Hotel de Yorkton, en Saskatchewan, en 1904. Juste à temps pour profiter du boom que vont connaître les Prairies une décennie durant. Son frère Harry le rejoint en 1911 puis Sam, le foudre de guerre, fait de même. On achète un deuxième hôtel, en Ontario, cette fois, puis un troisième, à Winnipeg.

Bientôt, toute la famille met la main à la pâte, la prospérité sonne à sa porte. On se diversifie, toujours dans le commerce : un cinéma puis des magasins divers suivent. À ce rythme, les Bronfman donnent l'impression qu'ils vont finir millionnaires. Le délire prohibitionniste américain va en faire des milliardaires.

En janvier 1919, le XVIIIᵉ amendement à la Constitution est ratifié, il est interdit de fabriquer, de vendre ou d'acheter toute boisson alcoolique sur le territoire américain. Les sociétés de tolérance croient que l'eau-de-vie est la mère de tous les maux de la société, telles la violence domestique, la corruption politique et les injustices sociales. Elles ont gagné une bataille, mais pas la guerre...

La vertueuse Amérique déchante vite. Il y a, pourrait-on dire, loin de la coupe aux lèvres. Les distilleries clandestines poussent comme des champignons, l'alcool de contrebande coule à flots, même les citoyens les plus honnêtes étanchent leur soif dans les bars clandestins.

Pire encore, l'occasion est trop belle pour que les gangsters des grandes villes ne prennent pas le contrôle de tout ce trafic. Les Al Capone de tout le pays font fortune, on corrompt les autorités, on se fait de sanglantes guerres entre clans rivaux.

À la fin des années vingt, on réalise l'ampleur des dégâts. Dans un article intitulé « Horreurs de la prohibition », *La Presse* écrit le 12 mars 1930 : « Pendant dix ans, plus de 1 366 personnes ont été tuées à cause de la prohibition : 151 citoyens ont été tués par les agents de la prohibition et 64 agents ont été tués à leur tour. En l'espace d'un an, il y a eu 77 351 arrestations pour violation de la loi. [...] Pendant la dernière année fiscale, 70 000 causes judiciaires relatives à la prohibition ont été comptées. Depuis cinq ans, la population dans les prisons a augmenté dans une proportion stupéfiante. La corruption, la démoralisation et le mépris de la loi doivent être ajoutés à la situation... »

Au Canada, on n'a pas à se plaindre de la situation. En janvier 1929, toujours dans *La Presse*, on apprend sur huit colonnes à la une qu'en cinq ans, 100 millions de dollars de notre whisky ont pris la route des États-Unis malgré le traité contre la contrebande signé entre les deux pays en 1924.

Le gouvernement canadien fait l'autruche, nos exportateurs d'alcool paient des taxes et contribuent pour beaucoup à la balance commerciale favorable du pays. Au début des années vingt, quand l'exportation est tout à fait légale, elle est même encouragée par les autorités. Les Bronfman, qui connaissent les règles de base du business de l'alcool, étant déjà hôteliers, vont sauter tôt dans le train en marche.

La lune de miel entre gouvernants et distillateurs prend fin en 1930 avec l'accession au pouvoir des conservateurs de l'austère Richard Bennett qui a promis de s'en prendre aux magnats de cet affreux commerce. Malheur à ceux qui sont soupçonnés de sympathies pour le Parti libéral dont ils ont si longtemps garni les coffres! Et s'il faut en plus qu'il soient juifs...

En 1932, l'inspecteur Frank Zaneth, de la GRC, est envoyé à Montréal pour enquêter sur l'industrie de l'alcool. Les historiens James Dubro et Robin Rowland rappellent que son patron, le commissaire James MacBrien, lui a donné un mandat on ne peut plus clair: «Vise les grosses légumes!»

À Montréal, en cette matière, il n'y a pas plus grosses légumes que les Bronfman qui veillent aux destinées de la Distillers Corporation-Seagram's Limited dont l'usine est à Ville Lasalle et les bureaux rue Peel, comme c'est encore le cas aujourd'hui. «Monsieur Sam» et ses frères Abe, Harry et Allan dirigent alors le plus grand empire d'alcool du continent, sinon du monde.

La prohibition américaine est chose du passé mais les contrebandiers, encore sur leur élan, sévissent toujours au pays. Ils s'approvisionnent auprès d'importateurs qui font venir l'alcool anglais ou écossais aux îles Saint-Pierre-et-Miquelon et Terre-Neuve, non soumises aux lois canadiennes, puis le font entrer en douce sur le littoral du Saint-Laurent ou ailleurs au pays sans avoir à payer les lourdes taxes des gouvernements fédéral et provinciaux.

L'inspecteur Zaneth se met sur la piste des Bronfman. Il tisse patiemment sa toile: le voilà à Terre-Neuve et à Saint-Pierre-et-Miquelon qui saisit les livres de commerce des compagnies affiliées à la Seagram's, puis à Halifax et au Québec, à tenter de suivre la route du whisky qui part des îles pour aboutir en province.

Ce n'est pas tout, il faut démêler l'écheveau des liens qui unissent une entreprise à l'autre pour remonter jusqu'aux Bronfman et à leurs associés. À la mi-août 1934, les enquêteurs de la GRC franchissent le Rubicon: des perquisitions sont faites au siège social de la Seagram's puis chez les banquiers de l'entreprise. On passe ensuite aux interrogatoires: en vertu de pouvoirs spéciaux qui leur sont conférés par une disposition de la Loi sur les douanes, les policiers peuvent forcer des témoins à déposer en privé sous peine d'être emprisonnés.

À la mi-décembre 1934, la nouvelle éclate comme une bombe. La GRC annonce que soixante et un citoyens canadiens seront accusés de faire partie du plus grand réseau de contrebande d'alcool jamais mis au jour au pays. Les quatre frères Bronfman sont du nombre, trente-six accusés habitent les provinces maritimes, certains autres des provinces plus lointaines, le reste vit au Québec. La GRC vient d'ouvrir le plus formidable dossier de son histoire...

Cinq accusations sont portées contre les suspects, dont une de contrebande et une autre de conspiration en vue de vendre des liqueurs spiritueuses illégalement importées au Canada pour un montant qui dépasserait cinq millions, sans avoir payé de droits d'accise.

Les frères Bronfman se présentent aux quartiers généraux de la GRC dans les jours qui suivent, on prend leurs empreintes et les photos d'usage. À leur sortie, une meute de journalistes et de photographes les attend. Harry Bronfman a le réflexe de se couvrir le visage de son chapeau. Son frère Sam l'en dissuade aussitôt : on va faire face à la musique la tête haute...

La Couronne, après la comparution des accusés, voudrait sauter l'étape fastidieuse de l'enquête préliminaire et passer directement au procès. Le procureur général de la province n'y consent pas, il faudra suivre la voie habituelle. On n'est pas sorti de l'auberge : ce qui n'est habituellement qu'une affaire de routine va s'étendre sur trois longs mois. Le procès Bronfman n'aura pas lieu ou mieux, il se tiendra en fait à ce stade-ci des procédures...

À l'ouverture des débats, en janvier 1935, le ministère public fait savoir qu'il procédera plus tard dans la cause des accusés des Maritimes et d'ailleurs. Le groupe dit « de Montréal », qui compte les frères Bronfman et cinq de leurs associés, va y passer d'abord.

Ceux-ci, on s'en doute, ont retenu les services d'un véritable aréopage du droit et de l'éloquence. Pas moins de sept avocats assurent leur défense, dont le grand criminaliste de l'heure, Aimé Geoffrion, et un fougueux prétendant au titre, Lucien Gendron. Deux procureurs occupent pour la Couronne, maîtres J. J. Penverne et James Crankshaw, le juge Jules Desmarais préside le tribunal.

Le combat promet d'être rude. Dès l'engagement, Geoffrion reproche à la police fédérale d'avoir cherché à obtenir des aveux de certains témoins par tous les moyens. Puis il enchaîne sur la question du cinquième chef d'accusation, celui de la présumée contrebande d'alcool vers les États-Unis. Comment, demande-t-il, les tribunaux québécois auraient-ils à appliquer les lois américaines? Et de demander son renvoi pur et simple.

Quelques jours plus tard, le juge tranche: «La justice américaine est la seule qui aurait juridiction et conséquemment, la motion de la défense est maintenue.»

La lutte continue de plus belle. Pour le journaliste et historien Peter C. Newman, auteur du best-seller *La Dynastie des Bronfman*, «on constata rapidement la pauvreté du dossier établi par la poursuite...»

La Couronne se plaint que les enquêteurs n'aient pu mettre la main sur les livres d'une entreprise mise en cause et insinue qu'on les a sciemment fait disparaître. Des tonnes de documents sont pourtant produits, on fait entendre des témoins de tous horizons. Comme un certain Alfred Lévesque, contrebandier reconnu, que l'on est allé quérir dans sa prison pour la circonstance. La Couronne compte beaucoup sur sa déposition: ne jure-t-il pas qu'il est même venu à Montréal acheter directement de Abe Bronfman de l'alcool dont il n'a eu ensuite qu'à prendre livraison aux îles?

La défense le contre-interroge ensuite. À un moment, un avocat de la poursuite émet une objection à une question qui lui est posée; le témoin lui adresse aussitôt un clin d'œil de reconnaissance. La défense bondit: «On ne fait pas de ces gestes dans une cour. Vos petites combines avec les procureurs ne nous dérangeront pas.» La Couronne s'indigne à son tour et crie à l'insulte. Bref, on ne se ménage pas.

Les comptables de l'entreprise, ses banquiers et *tutti quanti* défilent tour à tour, on tente de remonter la filière des millions de dollars qu'ont rapportés les agences des îles.

La défense en profite pour faire certaines révélations sensationnelles, comme celle qui a trait à l'existence, pendant près d'un an, d'un cartel de tous les distillateurs canadiens mis sur pied pour exporter de l'alcool aux États-Unis. Pourquoi les Bronfman seraient-ils plus coupables qu'eux tous ?

Quand la poursuite veut déposer des pièces à conviction trouvées dans le coffre-fort d'un des coaccusés, Frank Blair, la défense se dresse sur ses ergots. Elle fait valoir que les agents fédéraux, chez lui et en son absence, ont usé d'intimidation, voire de menaces, auprès de sa femme. Celle-ci vient en témoigner, sa fille aussi, qui fond en larmes dès le début de sa déposition. Les policiers doivent venir les contredire énergiquement, les observateurs ont l'impression que le mal est fait...

Survient un dernier coup de théâtre quand la Couronne fait savoir que sa preuve est close. Elle annonce du même souffle qu'elle ne procédera pas contre les cinquante-deux autres accusés : il appartiendra aux tribunaux de leur province de les juger s'ils l'estiment nécessaire.

Le moment des plaidoiries venu, Lucien Gendron, un as en la matière, parle le premier pour la défense. Il s'attache à démontrer la faiblesse de la preuve : « On a pu voir la cause s'effriter et voir s'écrouler petit à petit l'échafaudage de la Couronne. Un des chefs d'accusation a été renvoyé par le tribunal. Puis celle-ci a décidé de ne plus poursuivre cinquante-deux des accusés. Une des accusées à cette enquête a enfin été acquittée en cours de procédure et deux autres des chefs d'accusation sont tombés à la demande même de la poursuite. [...]

« S'il fallait, selon la prétention de la Couronne, que le fait de vendre de l'alcool à un contrebandier, et le sachant tel, soit une conspiration criminelle, il faudrait mettre en prison tous les distillateurs du pays. » Finalement, rappelle-t-il, « La Couronne a prétendu que les Bronfman avaient ouvert leur succursale de Terre-Neuve dans le but exprès de faire de la contrebande au Canada. Or il ressort des chiffres de la compagnie — et ceci est en preuve — que les affaires canadiennes représentent moins de un pour cent du commerce de cette succursale ! »

Son confrère Philippe Brais renchérit: «La Couronne ne sait même pas de quoi elle nous accuse! Après trois mois de discussions, elle a besoin de reviser et d'améliorer les chefs d'accusation après en avoir elle-même retranché deux. Comment peut-on décemment traîner des individus en procès avec si peu de connaissance du crime dont on les accuse?» La poursuite rétorque: «Nous accusons les Bronfman d'avoir conspiré pour frauder le fisc fédéral et provincial!»

Sans doute... Mais le 14 juin 1935, six mois après qu'eut débuté l'affaire, le président du tribunal renvoie la plainte. La Couronne est déboutée. Certains la jugeront mauvaise joueuse quand ils apprendront que, dès le lendemain, des agents de la GRC ont pu obtenir le mandat de jeter un coup d'œil sur les opérations de banque et le coffret de sûreté du juge Desmarais. Là encore, cependant, elle fait un bide.

Quant aux Bronfman, ils ne tarderont pas, sous la houlette du légendaire Sam, à faire de leur distillerie la plus importante au monde. De là, ils constitueront à une vitesse fulgurante un groupe financier qui a des ramifications partout à l'étranger, mais surtout aux États-Unis, et fait des milliardaires de ses dirigeants.

L'affaire Boyer

Échec au complot communiste pour dominer le monde...

Pas plus en 1945 qu'aujourd'hui, Ottawa n'était reconnue pour un lieu de débauche. Mais enfin, c'était plus rigolo là qu'à Leningrad ou à Moscou. Igor Gouzenko, un jeune diplomate soviétique de 27 ans, affecté depuis deux ans au service du chiffre de l'ambassade de l'URSS, goûte donc dans notre capitale aux plaisirs de la démocratie et du capitalisme.

On peut imaginer sa déception, quelques mois à peine après la fin de la Deuxième Guerre mondiale, quand il apprend qu'il va être rapatrié. Il demande l'asile politique aux autorités canadiennes ; encore lui faut-il prouver qu'il est en danger de mort si on le laisse repartir. À l'appui de sa requête, il a emporté des documents démontrant, prétend-il, que les services de renseignement de son pays ont monté des réseaux d'espionnage au Canada.

Il tombe pile avec ses révélations sur la menace communiste. Les dangers du nazisme écartés, l'Occident peut renouer avec ses vieux démons. Le socialisme ronge depuis plus d'un quart de siècle nos sociétés démocratiques : sa patrie, qui a la haute main sur la moitié de l'Europe, est une menace pour l'ordre mondial. Les Soviétiques, alliés d'hier dans la guerre contre l'Allemagne, ne le sont plus aujourd'hui.

Dans ses papiers, le transfuge a une liste de noms de code d'informateurs qui, selon lui, constituent un vaste réseau d'espionnage. Il n'en connaît aucun, il n'en a jamais vu un seul.

Au début d'octobre, le Conseil des ministres met en vigueur la Loi des mesures de guerre, la même qui sera invoquée par le gouvernement Trudeau vingt-cinq ans plus tard. La police est ainsi autorisée à détenir des suspects indéfiniment, sans porter d'accusation.

Une commision royale d'enquête est mise sur pied. Présidée par les juges R. L. Kellock et Robert Taschereau, de la Cour suprême, elle a pour mission de découvrir les espions et de les traduire en justice. Le 15 février, une douzaine de suspects sont arrêtés. La presse internationale reprend l'affaire, il n'est plus question que de la cinquième colonne russe au Canada.

Six des présumés espions refusent de témoigner devant la commission, s'évitant ainsi d'éventuelles poursuites en justice. Les six autres auront moins de chance, tels Fred Rose et Raymond Boyer qui, croyant n'avoir commis aucun acte contraire à la loi, déposent sans réserve. Le premier est député de Montréal-Cartier aux Communes et un communiste avoué. Le deuxième, un chimiste québécois de réputation internationale, a travaillé dans les laboratoires de l'Université McGill à la conception d'un explosif militaire appelé RDX.

Au début de mars 1946, la commission publie un rapport intérimaire qui fait sensation. Elle y suggère que le réseau d'espionnage établi au Canada n'est que la pointe de l'iceberg. Il ferait partie d'une organisation internationale qui n'est rien de moins qu'une vaste conspiration communiste pour dominer le monde !

Les révélations de Gouzenko déclenchent une gigantesque chasse aux sorcières dans toute l'Amérique du Nord. La guerre froide est lancée. On ne peut plus, dès lors, sous peine d'être accusé de trahison et de connivence avec les communistes, parler de « coexistence pacifique » avec le bloc de l'Est.

En mars toujours, aux États-Unis, le sénateur Joseph McCarthy préside un comité du Congrès qui enquête sur les activités « antiaméricaines » de certains milieux. La communauté scientifique y passe d'abord, viendra ensuite le tour de la presse, des universités, d'Hollywood et de toute l'administration fédérale, qui seront accusés d'être noyautés par les communistes. Le maccarthysme est né.

Des procès que l'on fera aux supposés espions canadiens, deux attireront un maximum d'attention chez nous. Celui de Fred Rose, d'abord, à qui l'on reproche d'avoir, en novembre 1943, transmis à l'attaché militaire de l'ambassade de l'URSS au Canada des renseignements sur l'explosif RDX qu'il tenait du professeur Raymond Boyer.

La presse du monde entier, dans ses comptes rendus sur cette affaire, relie sans cesse le RDX à la bombe atomique, avec laquelle il n'a pourtant rien à voir. Elle laisse entendre que les « espions » canadiens ont contribué aux préparatifs militaires de l'Union soviétique en vue d'une troisième guerre mondiale l'opposant à l'Occident.

D'origine juive, Rose est né en Pologne puis a émigré avec sa famille au Canada quand il avait 13 ans, en 1920. Déjà élu député du Parti ouvrier progressiste à Ottawa en 1943, il a été réélu en 1945. À la suite d'un procès qui ne passera pas à l'histoire comme un exemple d'exercice de la justice, il est condamné à six ans de prison.

Libéré en 1951, on profitera d'un voyage qu'il fera dans sa Pologne natale en 1957 pour révoquer sa citoyenneté canadienne. L'année suivante, on lui refuse la permission d'assister au mariage de sa fille à Montréal. En 1966, David Lewis, chef du NPD, demande au ministre de l'Immigration Jean Marchand d'autoriser Rose à visiter sa fille au Canada. On lui opposera une fin de non-recevoir.

Raymond Boyer est appelé devant ses juges le 10 mars 1947. Il s'agit du dix-huitième procès entendu depuis le début de l'affaire Gouzenko. Dix présumés conspirateurs ont été condamnés. Le savant professeur est accusé d'avoir violé la Loi sur les secrets officiels du Canada et d'avoir conspiré contre la sécurité de l'État.

Deux redoutables procureurs, Philippe Brais et Antoine Rivard, occupent pour le ministère public. Deux grosses pointures aussi assurent la défense de l'accusé : Lucien Gendron est probablement le plus grand plaideur de sa génération, la réputation du Québécois Mark Drouin n'est plus à faire. Quant au tribunal, il est présidé par l'austère Wilfrid Lazure qui était déjà de la partie au procès de Fred Rose.

L'accusé n'est maintenant un inconnu pour personne. Cet élégant fils d'une grande famille montréalaise possède de la fortune, mais ce n'est pas un oisif. Après avoir obtenu des doctorats en philosophie et en chimie organique de l'Université McGill, il a ensuite étudié à Harvard, à Vienne et enfin, à la Sorbonne, à Paris. Dès les débuts de la Deuxième Guerre mondiale, il a offert ses services bénévoles au gouvernement canadien qui l'a versé au projet de recherche sur le fameux explosif RDX. Jamais, tout au long des procédures, il ne perdra son flegme. Tout au plus s'amusera-t-il à l'occasion de la bêtise de certaines questions de la partie adverse.

Dans son exposé des faits au jury, le procureur Brais annonce la couleur : « C'est le plus important procès de toute l'histoire juridique canadienne. [...] La Russie, qui était en apparence notre alliée, a organisé chez nous un service d'espionnage qui, par l'exploitation des idéologies de certains individus et l'idéalisme de certains autres, a fonctionné durant toute la guerre. [...] Des secrets formidables ont été révélés. [...] Il sera de notre devoir de prouver que l'accusé a transmis des secrets de cette nature à la Russie... »

La preuve de la Couronne repose essentiellement sur le témoignage du transfuge Gouzenko. Les premiers témoins viennent rappeler au jury qui il était de même que les circonstances entourant sa défection. Puis, c'est devant une salle pleine à craquer que l'ancien commis au chiffre de l'ambassade soviétique fait son apparition. Le personnage est célèbre mais entouré de mystère. Jusqu'à tout récemment, il apparaissait en public la tête couverte d'une cagoule ou d'un sac de papier. Il a maintenant jeté le masque mais il est interdit de le photographier sous peine des plus graves sanctions.

Il relate d'abord des faits qui n'ont rien à voir avec l'acte d'accusation mais qui ne manqueront pas d'influencer le jury. Il décrit les lieux de travail secrets qui étaient les siens à l'ambassade puis ses fonctions quand, à titre de préposé au chiffre, il codait ou décodait toute la correspondance secrète de l'ambassade.

Malgré les protestations de la défense, le tribunal lui accorde la permission d'exposer les motifs de sa trahison. D'une voix étranglée par l'émotion, il se lance dans une longue tirade : «Le gouvernement soviétique a organisé dans tous les pays démocratiques une cinquième colonne destinée à miner leur puissance en attendant le déclenchement d'une nouvelle guerre mondiale qui permettrait aux chefs du parti communiste d'établir leur dictature dans le monde entier...»

Il est aussi autorisé à lire et à commenter les documents qu'il a subtilisés à l'ambassade. Ils sont constitués de notes du chef du service de renseignements, de divers dossiers sur des individus, de télégrammes échangés entre Ottawa et Moscou et de rapports manuscrits de rencontres avec des contacts canadiens.

Certains passages indiquent que Fred Rose a fait rapport aux Soviétiques d'une conversation avec le professeur Boyer au sujet du RDX. La conclusion s'impose : Rose, qui a été reconnu coupable d'espionnage au profit de l'URSS, a recueilli certaines de ses informations auprès de l'accusé. La boucle est bouclée...

Questionné par la défense sur le sort qui l'aurait attendu s'il était tombé aux mains des siens après sa défection, le témoin perd une fois de plus son calme et ponctue ses propos de gestes éloquents : «La police secrète russe n'hésite pas. C'est l'exécution sans procès ou le camp de concentration à vie...» Pourquoi ne voulait-il pas rentrer chez lui à l'automne 1945? Parce qu'il y vivrait dans la pauvreté, explique-t-il, et n'y jouirait pas de la liberté qui était la sienne au Canada. Finalement, il n'a jamais vu Boyer à l'ambassade russe, il ne le connaissait pas, il l'a vu pour la première fois en cour...

À la défense du professeur, ses avocats, dans un premier temps, démontrent que la formule du RDX avait été trouvée puis publiée à la fin des années trente. Un nouveau procédé, inventé par l'équipe de chercheurs de McGill en novembre 1943, en constituait tout au plus une amélioration. En outre, les ingrédients qui le composaient n'étaient plus secrets après la mise en train de la production à l'usine-pilote de

Shawinigan en 1942. Le ministre canadien des Munitions avait d'ailleurs proposé de renseigner les Soviétiques mais les Américains et les Britanniques s'y étaient opposés.

Appelé à témoigner à sa propre défense, l'accusé confirme que le fameux secret n'en était plus un : « Les renseignements que j'ai transmis à Rose étaient du domaine public. »

Pourquoi l'avoir fait ? Parce qu'il était révolté que l'on n'informe pas les Soviétiques sur un explosif qui leur aurait permis de mieux se défendre de l'invasion des hordes nazies. Il voyait là un exemple de première main de l'hypocrisie alliée.

Aussi se montre-t-il réceptif lorsque Fred Rose, qu'il connaît quelque peu, ayant lu un reportage sur le RDX dans un journal montréalais, l'interroge sur ses travaux. Peu après, quand le professeur Boyer entend dire qu'une mission technique soviétique en visite au Canada a du mal à obtenir des renseignements sur le nouveau procédé, il lui semble qu'elle aurait plus de succès si elle orientait mieux ses recherches. Il en fait alors part à Fred Rose. Il lui énumère la liste des matériaux qui composent le nouveau procédé et décrit le potentiel du RDX afin, dit-il, « que la mission technique sache quoi demander... »

Il n'a nullement l'impression de divulguer un secret. Au laboratoire de chimie de McGill, où il travaille, les mesures de sécurité sont pratiquement nulles. Aucune porte n'est fermée, des douzaines d'étudiants y passent chaque jour. De plus, il juge que l'URSS est défavorisée par ses alliés et que, par conséquent, elle n'est pas aussi efficace qu'elle pourrait l'être.

À cette époque, rappellera-t-il plus tard, la situation semblait désespérée : « Nous perdions sur tous les fronts. Les États-Unis n'étaient pas encore entrés en guerre. L'armée nazie était sur la Volga. » Il va de soi, dans son esprit, que les Soviétiques ont besoin de toute l'aide qu'on peut leur apporter. Le général américain Douglas MacArthur déclare lui-même au même moment : « La situation est grave et l'espoir de la civilisation repose sur la courageuse armée rouge... »

Dans sa plaidoirie, Lucien Gendron choisit d'accabler Fred Rose, déjà condamné : «Raymond Boyer a été trompé par lui!» Quant à la Couronne, elle n'a rien perdu de ses convictions : «Pour tout homme qui travaillait aux munitions de guerre, il existait une obligation morale de ne pas tenter de se substituer à ses dirigeants, pour décider ce qui peut se faire ou ce qui ne peut pas se faire pour la défense du pays...»

Nous sommes en avril 1947, le procès a subi des retards du fait de la maladie de deux jurés. Après quelques heures de délibérations et malgré des explications supplémentaires du juge, le jury se déclare inapte à s'entendre. Il faudra recommencer. En novembre 1947, le professeur Boyer comparaît à nouveau devant ses pairs. Cette fois, il est déclaré coupable et condamné à deux ans de réclusion. Il en appelle aux plus hauts tribunaux du pays, mais en vain.

Son internement ouvre paradoxalement des horizons à cet esprit curieux. La condition de ses compagnons d'infortune à la prison de Saint-Vincent-de-Paul l'amène à s'intéresser à la criminologie, science à laquelle il apportera une remarquable contribution par des recherches et par la publication de nombreux articles et d'une somme intitulée *Les crimes et les châtiments au Canada français du 17ᵉ au 20ᵉ siècle*. Cet homme de cœur et d'action présidera aussi la Ligue des droits des détenus vouée à l'amélioration des conditions de vie des parias de nos prisons.

En 1972, il fait aussi paraître aux Éditions du Jour un compte rendu de ses années de détention sous le titre *Barreaux de fer, hommes de chair*. Raymond Boyer aura pris une éclatante revanche sur la bêtise de ses contemporains.

L'affaire Poliquin

« La police à Duplessis » au banc des accusés

Nous sommes en 1950, dans un Québec qui a parfois des allures de république de bananes. Maurice Duplessis et son parti de l'Union nationale ont la main haute sur une province prise d'assaut, à les entendre, par les communistes, les Témoins de Jéhovah et les racketteurs de tout acabit. Le seul rempart qui se dresse devant ces fauteurs de troubles, c'est la Police provinciale que les opposants au régime appellent « la police à Duplessis ».

On peut imaginer l'ampleur du scandale quand, en juillet 1950, le lieutenant-détective Patenaude, le sergent-détective Archambault et le détective Hervieux, tous trois de la PP, sont accusés de conspiration et d'incitation au crime, à la suite d'une dénonciation faite auprès du procureur général de la province par des enquêteurs de compagnies d'assurances.

L'accusation est suffisamment fondée pour que les trois policiers soient immédiatement congédiés puis emprisonnés. L'occasion est trop belle, la minorité dissidente monte aussitôt aux barricades et dénonce l'affaire qui lui paraît symptomatique de l'état des choses et des institutions dans notre pauvre coin de pays.

Moins de deux semaines après leur arrestation, les accusés sont cités à procès : on n'accusera pas les autorités de se traîner les pieds... Le 18 juillet, devant une salle archicomble, le juge en chef Édouard Archambault lui-même instruit l'affaire.

Le ministère public, pour bien montrer qu'il ne ménagera aucun effort pour faire toute la lumière sur la question, a dépêché le redoutable Dollard Dansereau, le plus connu et le plus savant substitut montréalais du procureur général de la province.

Mais il aura affaire à forte partie. Les trois accusés ont retenu les services de Lucien Gendron, le fameux ténor du Barreau. Comme on l'a vu, peu de grands drames judiciaires de l'époque se sont joués sans qu'il ne soit de la distribution. À 60 ans passés, il va plaider la cause la plus retentissante du temps et réussir une formidable sortie de scène.

D'entrée de jeu, Dansereau fait entendre le principal témoin à charge, celui-là même qui est à l'origine de toute l'affaire. Charles-Émile Poliquin a 25 ans, c'est un jeune homme bien mis, éduqué, éloquent et doté d'un sacré toupet. Sa spécialité, si l'on en croit les autorités policières, c'est le vol à main armée des petites succursales bancaires de province où, avec un peu de chance et un minimum de risques, on se tire avec des butins appréciables de quelques milliers de dollars.

Le témoin raconte qu'arrêté au mois de novembre précédent, dans les jours qui ont suivi l'attaque d'une caisse populaire de Saint-Batiscan, il avait été emmené aux bureaux montréalais de la PP et remis aux mains des trois policiers provinciaux assis dans le box des accusés.

Ces trois membres de la brigade des vols à main armée lui auraient alors proposé de le tirer de ce mauvais pas contre le paiement d'un pot-de-vin de 5 000 dollars répartis comme suit: 1 000 dollars à chacun des trois hommes et le double au directeur adjoint Hilaire Beauregard! Le garçon n'ayant que 2 000 dollars, l'un des membres du trio lui aurait rétorqué: «Ne t'inquiète pas. On te donne sept jours de délai [...]. Mieux encore, on va te montrer où trouver l'argent...»

Poliquin passe chez lui prendre son magot, revient dans le bureau où l'attendent les trois présumés ripoux et leur remet ce premier versement. On sort ensuite une bouteille de scotch et on arrose ça. Quelques jours après qu'on l'eut effectivement relâché, l'un des policiers l'aurait conduit en face d'une banque, à Saint-Paul-l'Ermite, et lui aurait déclaré : « Fais-moi péter ça pour 8 000 piastres ! Le gérant est un peureux. Je le sais pour avoir fait enquête dans une cause où il était mêlé... »

Plus loin dans sa déposition, le témoin raconte avoir frayé avec les accusés des semaines durant et s'en être fait des amis. C'est à ce moment de sa déposition que Dollard Dansereau choisit de lui faire lâcher le gros morceau : il a enregistré sur magnétophone plusieurs de ses conversations les plus compromettantes avec les accusés... Des murmures d'indignation fusent de l'auditoire et des places réservées aux chroniqueurs judiciaires.

Lucien Gendron cuisine ensuite brièvement le témoin, se réservant le droit d'y revenir, avant que le juge lève la séance en annonçant qu'il procédera à l'audition des enregistrements dès le lendemain. Mais il y a un hic : la production de telles pièces à conviction est une première dans nos cours. Aussi le magistrat a-t-il décidé de les entendre à huis clos, sous toute réserve, en compagnie des seuls témoins capables d'identifier les voix. Les journalistes auront beau faire des représentations, ils ne seront pas admis.

Le lendemain matin, on fait d'abord déposer la jolie concubine de Poliquin qui témoigne avoir vu son ami remettre des enveloppes contenant des billets de banque aux trois accusés. Un complice du même, condamné depuis pour l'affaire du vol de Batiscan, raconte avoir donné à l'époque 1 000 dollars à Poliquin pour qu'il les remette aux accusés qui avaient promis de le sortir du pétrin.

En après-midi, le président du tribunal suspend les débats pour écouter les fameux enregistrements. Il ne soufflera pas mot de ce qu'il a entendu mais on en a une bonne idée quand, dès l'ouverture de la séance du lendemain, il met fin à la libération conditionnelle des accusés tout en annonçant qu'il ne se prononcera sur l'admissibilité en preuve des bandes magnétiques qu'à la fin du procès.

Bien des observateurs ne donneraient pas cher de la peau des accusés. Mais c'était sans compter avec leur défenseur qui s'apprête à combattre pied à pied.

La poursuite fait déposer Léon Pronovost, un ancien détective de la PP, maintenant enquêteur pour le compte de compagnies qui assurent les banques contre les vols à main armée. C'est ce témoin et son patron, un certain Léo Leclerc, qui sont à l'origine de toute l'affaire. Ils ont mené leur enquête sur le hold-up de Batiscan et ont été d'abord intrigués par le peu d'empressement de la brigade des vols à main armée de la PP dans ce dossier.

Pronovost, à lui seul, a finalement mis la main sur Poliquin qui a déballé son sac et lui a tout raconté de son association avec les policiers en question. C'est finalement Leclerc qui a déposé une plainte privée auprès du procureur général de la province. Pronovost connaît bien les accusés pour avoir travaillé deux ans à leurs côtés et a reconnu leurs voix sur les enregistrements.

«J'ai déjà donné à la PP le nom et l'adresse d'un voleur d'obligations, de renchérir le témoin, et je n'en ai jamais entendu parler. Ce qui ne veut pas dire qu'il n'y a pas, dans ce corps de police, des hommes à qui l'on peut faire confiance...»

Ce témoin entendu, Lucien Gendron, qui a laissé jusque-là à la Couronne l'initiative du débat, passe à la contre-attaque. Tout d'abord, à la surprise générale, il demande à faire entendre les fameux enregistrements par trois experts en «imitation des voix», les comédiens Marcel Gamache, Alain Gravel et Ovila Légaré, tous trois des stars du music-hall et de la radio.

Puis, aux propriétaires et à la femme de chambre d'un hôtel des Trois-Rivières, qui viennent déposer qu'ils ont bien vu les trois accusés en compagnie de Poliquin un certain soir de novembre où ils avaient réservé quelques chambres et fait la noce, il demande s'ils ont remarqué que l'on avait percé des trous dans les murs, suffisamment grands pour pouvoir y glisser des fils. Tous trois de répondre par la négative. Or il se trouve que Poliquin a affirmé qu'il avait dû trouer les murs pour installer son magnétophone et enregistrer à leur insu ses conversations avec les trois accusés...

Plus tard, Gendron fera témoigner des agents de la PP et de la police des Trois-Rivières qui ont visité les lieux et n'ont pas vu ni les fameux trous ni aucune trace d'obturation.

De même, il fait ensuite déposer les trois imitateurs. Ovila Légaré, qui jure « parler avec sa conscience », témoigne qu'il est possible qu'un ou deux imitateurs aient personnifié les trois accusés aux fins de l'enregistrement. À son avis, les gens entendus disent « des choses assez graves mais sur un ton qui manque de conviction... ». Marcel Gamache opine dans le même sens, il donne même en cour une imitation de la voix de Dollard Dansereau qui fait s'esclaffer l'auditoire.

On a l'impression que le vent tourne : Gendron a-t-il semé le doute dans l'esprit du président du tribunal ? Celui-ci, en tout cas, fait une sortie contre certains journaux montréalais « qui émettent des commentaires tendancieux dont le seul et unique but semble d'empoisonner l'opinion contre les accusés à la barre ».

Le chef du Parti libéral de la province n'est pas de cet avis. Il réclame une enquête royale sur la PP : « Quelle que soit l'issue du procès, il est urgent qu'une telle enquête soit tenue, et ce précisément à cause des révélations sensationnelles faites à ce procès. » Antoine Rivard, le solliciteur général, profite d'un discours où il fait l'éloge de la « classe agricole » pour émettre son désaccord : « J'affirme que la Police provinciale est un corps policier honnête, respectable et respecté. [...] Évidemment, les criminels ne l'aiment pas. Mais la province de Québec est l'endroit du pays où la paix, l'ordre, la propriété et la vie des gens sont le mieux respectés. »

Au cours du contre-interrogatoire d'un témoin à charge de la Couronne, Gendron parvient à lui faire sous-entendre que si Poliquin n'a pas été arrêté pour le hold-up de Batiscan, c'est qu'il avait « donné » ses deux complices, en échange de quoi il n'avait pas été inquiété. De plus, petit à petit, bribe par bribe, l'avocat laisse entrevoir la possibilité que l'on se livre une lutte intestine dans les rangs de la PP. Bien plus, le tout serait doublé d'une guerre des polices entre la PP, la Gendarmerie royale du Canada et la Sûreté montréalaise.

Le grand coup, il le porte à la suite de la déposition d'un officier de la GRC qui jure que Poliquin a déjà été un indicateur à la solde de la police fédérale, ce que le principal intéressé avait fortement nié dans son témoignage. Là-dessus, dans un geste on ne peut plus théâtral, Gendron réclame que l'on arrête Poliquin sur-le-champ et qu'on l'accuse de parjure. Ce à quoi consent immédiatement le juge Archambault.

Gendron ne lâche pas sa proie. Il fait déposer Poliquin et le cuisine sur ce qu'il a fait des enregistrements avant de les refiler aux enquêteurs des compagnies d'assurances. Le témoin finit par avouer qu'il les a proposés à un journal montréalais en échange d'une somme d'argent.

Et où s'était-il donc procuré le magnétophone en question et pendant combien de temps l'a-t-il eu en sa possession ? Selon Poliquin, c'est le détective Laurent Sauvé, de la Sûreté montréalaise, qui le lui aurait prêté cinq semaines durant. Ce policier témoigne ensuite qu'il ne l'a prêté que trois jours.

Le matin du 8 août 1950, trois semaines après le début des procédures, Lucien Gendron prononce son plaidoyer. Ses premiers mots sont pour le principal témoin de la Couronne : « Parjure, maître chanteur et comédien de grande classe, Charles-Émile Poliquin est un être qui méprise tout, même les choses les plus sacrées. [...] Cette cause dépasse la personnalité des trois accusés, elle attaque l'ordre social à sa base même et dans des temps où ce qui est encore stable devrait plus que jamais être protégé... »

Il parle pendant plus de cinq heures et conclut par ces mots : « L'affaire de l'enregistrement des conversations est une illustration du truquage non seulement des bobines mais aussi de toute la preuve placée devant nous... »

Dollard Dansereau sera beaucoup plus bref : « Poliquin est un témoin non intéressé qui n'a pas été contredit sur les points essentiels. [...] On ne peut trouver quel intérêt il aurait eu à accabler trois hommes qui étaient ses amis — cela est en preuve — alors qu'il aurait pu faire porter sa vengeance, par exemple, sur les officiers de la PP qui l'ont fait jeter en prison... »

Là-dessus, le président du tribunal annonce qu'il rendra sa décision le 5 septembre suivant. À la date prévue, dans un jugement qui ne compte pas moins de cent pages, Édouard Archambault rejette la preuve des enregistrements, qu'il juge avoir été contrefaits, et insiste sur le fait que les témoins de la Couronne se sont contredits. Il pose la question: «Ne s'agirait-il plutôt d'une conspiration pour discréditer injustement toute la police?» Là-dessus, il acquitte les trois accusés.

Poliquin ne se tient pas pour battu pour autant. À son procès pour l'affaire du vol de Batiscan, il change son fusil d'épaule et crée une véritable commotion au Palais de justice des Trois-Rivières quand, appelé à témoigner, il déclare que les accusations portées par lui contre les trois policiers étaient une machination du Parti libéral pour renverser le gouvernement de l'Union nationale!

L'affaire fait un léger tintouin dans le Landerneau politique. Poliquin n'en écope pas moins deux ans de prison pour vol à main armée et six autres mois pour parjure. Quatre ans après cette formidable affaire, on apprend qu'il croupit dans une prison américaine après en avoir pris pour dix ans à la suite d'un hold-up.

Entre-temps, en avril 1953, Dollard Dansereau a abandonné son poste de substitut du procureur général pour s'adonner à la pratique privée et se joindre au bureau de... Lucien Gendron. Quant à ce dernier, quelques mois plus tard, il accédait à la magistrature. Il y siégera six ans avant de s'éteindre à la suite d'une longue maladie.

L'affaire Coffin

Trois Américains meurent dans la forêt gaspésienne

En ce printemps de l'année 1953, Eugene Lindsey, citoyen de la ville de Hollidaysburg, en Pennsylvanie, est tout à la joie de revenir chasser l'ours chez nous, lui qui compte déjà trois expéditions fructueuses à son actif.

Le 5 juin, l'Américain de 47 ans part avec armes et bagages en compagnie de son fils Richard, 17 ans, et de Frederick Claar, 20 ans, un ami de la famille. Quatre jours plus tard, le trio s'enfonce dans la forêt gaspésienne où les attend leur destin.

La partie de chasse devait durer une quinzaine. Les familles des chasseurs s'inquiètent à leur troisième semaine d'absence et communiquent avec les autorités policières québécoises. Le 5 juillet, on part à la recherche des disparus.

Un certain Tom Miller, cuisinier de son état, qui a déjà été au service de Lindsey lors d'une expédition antérieure et qui connaît ses aires de chasse de prédilection, trouve sa camionnette abandonnée le 11 juillet suivant.

Quatre jours plus tard, non loin de là, les chercheurs découvrent des restes humains et des lambeaux de vêtements que les bêtes ont dispersés sur deux milles carrés. Le père de Frederick Claar, qui a entre-temps gagné la Gaspésie, identifie sans peine les vêtements de son ami Eugene. Il faut se rendre à l'évidence, la partie de chasse a mal tourné...

La presse, tant américaine que canadienne, s'interroge. Un accident est-il survenu ou bien est-on en présence d'un triple assassinat? Interviewée, la veuve Lindsey dit tout haut ce que déjà plusieurs pensent tout bas: «Je ne peux croire que des ours aient tué trois chasseurs expérimentés et bien armés...» Qui plus est, il semble bien que tout le matériel du trio ait été volé et l'on n'a pas retrouvé les 700 dollars américains dans les poches du pantalon de Lindsey père.

Les enquêteurs se font dire qu'un prospecteur de la région a été vu en compagnie du jeune Lindsey peu après que les trois chasseurs se furent engagés dans la forêt.

On prend cette piste et l'on apprend bientôt que la camionnette des Américains est tombée en panne une première fois près du gué trop profond de la rivière Saint-Jean. Ils ont fini par repartir mais une deuxième avarie est survenue. Cette fois, un certain Wilbert Coffin — notre prospecteur mentionné plus haut —, en route pour sa concession minière, leur a porté secours.

La pompe à essence était défectueuse, il a emmené le jeune Lindsey à Gaspé pour qu'il s'en procure une. Il aurait ensuite ramené le jeune homme à la camionnette. Quelques jours plus tard, le même Coffin partait en direction de Montréal.

Fort de ces renseignements, on lance un mandat d'amener dans le but, précise-t-on, de l'interroger sur ses allées et venues. Dès le lendemain, il se présente aux policiers, s'explique puis se joint aux recherches.

Déjà, en haut lieu, on pressent l'ampleur que prendra cette histoire. Aussi, le 23 juillet, la Sûreté provinciale dépêche de Québec le capitaine Alphonse Matte, considéré comme un policier d'élite. De jour en jour, à mesure que les découvertes d'ossements se multiplient, les pièces du puzzle s'ordonnent.

À l'enquête du coroner, instruite le 27 juillet, on apprend qu'il y a bien eu meurtre: les vêtements troués par les balles et tachés de sang ne laissent aucun doute dans les cas de deux des chasseurs. Quant à Eugene Lindsey, les choses sont moins claires: la tête et une grande partie du tronc manquent.

Appelé à témoigner, Wilbert Coffin répète ce que l'on sait déjà à propos du camion en panne mais ajoute un élément nouveau : deux autres chasseurs américains accompagnaient les trois victimes. Il ne se souvient pas des noms mais affirme qu'ils conduisaient une jeep.

Deux semaines plus tard, Wilbert Coffin est mis sous les verrous. Le 28 août, il subit son enquête préliminaire puis est envoyé à procès.

Il faudra attendre plus d'un an avant que le prévenu soit cité devant le tribunal. Durant ces longs mois d'attente, alors que Coffin est incarcéré à la prison de Québec, divers événements alimentent la chronique. La cour de Percé ne siège qu'une fois l'an, on veut accélérer la procédure, le cabinet provincial ordonne qu'une séance spéciale soit ouverte le 22 juin. Un jour, cette intervention sera sévèrement jugée...

Dans un même ordre d'idée, à la veille de l'instruction du procès, un haut fonctionnaire fait une déclaration lourde de conséquences. Gaspé est envahi par une foule de curieux, dont une vingtaine de reporters du Canada et des États-Unis. Le mandarin déplore alors publiquement le tort que l'affaire risque de faire « à la réputation de la province en matière de tourisme ». De là à conclure que nos gouvernants tiennent à tout prix à ce que l'on trouve un coupable, il n'y a qu'un pas que des critiques franchiront bientôt.

Enfin, un certain Jean-Guy Hamel, qui a été condamné plusieurs fois pour des crimes mineurs et a reçu des soins psychiatriques, fait aussi parler de lui. On apprend le 25 mai 1954 que ce jeune délinquant, qui était jadis à l'emploi de Raymond Maher, le défenseur de Coffin, aurait révélé au policier Matte avoir fait disparaître l'arme dont se serait servi Coffin. Il faudra attendre le début du procès de celui-ci pour connaître le fin mot de cette histoire.

Le 6 juillet 1954, le procès de Wilbert Coffin, accusé du meurtre de Richard Lindsey, s'instruit enfin. Treize jours plus tard, après bien des tergiversations, le jury est enfin constitué. Les procureurs Paul Miquelon, Noël Dorion et Georges-Étienne Blanchard occupent pour le ministère public. Aucun d'eux, bien sûr, ne peut savoir combien on leur en tiendra rigueur... François Gravel, Louis Dorion et Raymond Maher assurent la défense de l'accusé.

La poursuite fait entendre quelques témoins, dont un certain John Eagle, qui jure avoir prêté à Coffin en mai 1953 une carabine qu'il n'a jamais revue depuis.

Puis l'affaire Hamel refait surface. Confronté à ses aveux au policier Matte, le jeune homme nie tout. Cet épisode s'est déroulé en l'absence du jury, le juge Gérard Lacroix se rend aux arguments de la défense et décrète qu'aucune déclaration de Jean-Guy Hamel ne sera produite en cour. Le témoin, estime-t-il, était motivé par le seul « désir de vengeance qui l'animait ». Hamel sera par la suite accusé de parjure et écopera cinq années de réclusion.

La Couronne fait ensuite la description de l'odyssée de Coffin, de Percé à Montréal, dans les jours qui ont suivi sa rencontre des chasseurs américains. Le 12 juin 1953, vers 21 h, Coffin se munit d'un permis de conduire. Puis, aux dires de sa sœur Rhoda, il se rend à la maison familiale, à York, se change puis repart. Il rend ensuite visite à un certain Earl Tuzo, lui remet les 10 dollars qu'il lui doit depuis un mois et reprend le revolver qu'il avait laissé en gage. À 9 h, le 13 juin, Coffin est à Gaspé-Harbor, chez l'hôtelier White à qui il règle une vieille dette, achète de la bière et paie avec un billet américain de 20 dollars. Il exhibe aussi un magnifique couteau de chasse qui lui aurait été donné par un « chasseur américain ».

Le même jour, manifestement en état d'ébriété, il a deux accidents à Sid Cove. Anzil Clément aide un conducteur à sortir son véhicule du fossé, il ne peut jurer qu'il s'agissait de Coffin mais en tout cas, l'inconnu le récompense avec un billet de 10 dollars américains. À Caplan, nouveau dérapage. Coffin descend du camion emprunté à un dénommé Baker, de Gaspé, ivre et chantant. Jérôme Babin assiste à la scène et reconnaît Coffin. Tout le contenu du camion a été déversé, on remet tout en place et le voyage de continuer.

Le 14 juin, nouvelle embardée, à Rivière-du-Loup cette fois. Eugène Chouinard lui porte secours et demande deux dollars pour sa peine. Coffin lui donne un généreux pourboire de trois dollars en sus. Et ainsi de suite, jusqu'à son arrivée à destination. Charles-Eugène Ross, de Saint-Michel de Bellechasse, et Bernard Castonguay, de Montréal, se souviennent de ce client bien particulier, ivre et prodigue.

Arrivé à destination, Coffin passe dix jours chez Marion Petrie, la Montréalaise qu'il fréquente depuis près de huit ans et dont il a eu un enfant.

Il prend ensuite la route de Val-d'Or où il propose à William Arthur Hastie la vente de gîtes minéraux dont il exhibe un échantillon à très forte teneur en cuivre. Hastie et son associé Kyle décident d'aller constater l'affaire *de visu*. Ils atteignent Gaspé en compagnie de Coffin le 21 juillet. Celui-ci s'absente pour revenir le lendemain expliquer aux deux hommes qu'il doit prendre part à des recherches pour retrouver des chasseurs disparus. Les deux autres en seront quittes pour leur peine.

Deux témoignages capitaux suivent. Le chimiste Bernard Péclet, expert médico-légal, explique que la plupart des projectiles de carabine laissent des particules de plomb, de cuivre et de nitrate de potassium sur les vêtements et les chairs qu'ils transpercent. Une exception à cette règle, le calibre .32-.40 qui ne laisse aucune trace de nitrate de potassium. C'est le cas autour des trous des vêtements du jeune Lindsey. Or la carabine prêtée par John Eagle à Coffin, que l'on n'a jamais retrouvée, était une Marlin de calibre .32-.40...

Le témoignage de Marion Petrie, auquel la défense oppose une objection, s'avère également fort accablant. Elle identifie plusieurs articles — amenés par Coffin à Montréal — qui appartenaient aux trois victimes. Parmi eux, la fameuse pompe à essence achetée par le fils Lindsey. De toute évidence, elle n'a jamais été installée sur le camion en panne des chasseurs.

Enfin, la Couronne rappelle le cri de défi lancé par Coffin lors de son arrestation en août 1953 : «Ils ne sont pas assez hommes pour m'ébranler», de même que la réponse de son père : «Tiens bon, mon garçon !» Paroles que la défense tente en vain de faire exclure des débats.

Le 3 août 1954, l'instruction du procès tire à sa fin. Roger Champoux, de *La Presse*, qualifie de « puissante » la preuve de la Couronne.

Les procureurs de la défense choisissent de ne produire aucun témoin, pas même Coffin qui aurait peut-être pu expliquer certaines coïncidences étonnantes. Aujourd'hui, on s'entend pour dire que cette stratégie n'était pas la bonne...

L'heure des plaidoyers venue, le redoutable Paul Miquelon y va d'une envolée à l'emporte-pièce : « S'il est jamais question dans votre for intérieur de sympathie, n'oubliez pas d'en avoir également pour les victimes et leurs familles qui les pleurent. » Sa démonstration est impitoyable : il y a eu meurtre, le vol en était le mobile, Coffin est le coupable.

Noël Dorion prend la relève et résume les diverses dépositions des témoins à charge. Il revient sur la carabine de calibre .32-.40 prêtée par un ami à l'accusé et jamais retrouvée, sur les 700 dollars américains disparus et l'argent que ce dernier a dépensé sans compter, sur les objets volés aux disparus que l'on a retrouvés en sa possession, puis sur sa fuite à Montréal.

Et que dire de cette allégation de la défense selon laquelle deux autres chasseurs américains se trouvaient en compagnie des victimes ? Les enquêteurs n'en ont trouvé aucune trace. Il y a bien eu deux chasseurs américains dans les bois de Gaspé ce printemps-là. Mais Gordon Burkett et Charles Ford ont quitté la région le 5 juin 1953, le jour même où les Lindsey partaient de Hollidaysburg...

Il s'agit là de preuves circonstancielles, bien sûr, mais Paul Miquelon de prétendre : « Sauf dans le cas d'un aveu, c'est toujours ainsi, et en droit, j'affirme qu'une preuve circonstancielle est aussi puissante et aussi irréfutable qu'aucune autre, surtout quand plus de quatre-vingts personnes sous serment viennent raconter des faits tissant autour d'une personne un filet étrangement solide, tissé par la logique. »

Dans son adresse au jury que Roger Champoux qualifie de « remarquable de sérénité et de concision », le juge Lacroix rappelle aux jurés que leur verdict doit être basé sur une certitude exempte de tout doute. Il évoque de même la possibilité d'un verdict d'homicide involontaire si on évalue que l'accusé a pu tuer dans un moment d'ivresse.

Après seulement trente minutes de délibérations, le jury rend un verdict de culpabilité. Marion Petrie et la sœur de l'accusé poussent des cris de désespoir. Le président du tribunal, livide, condamne Coffin à monter sur la potence le 26 novembre suivant. La cour se vide. «Dehors, lit-on dans *La Presse*, tombe une pluie fine et froide. La foule regagne les hôtels. Parmi elle, un homme courbé, un vieillard, marche seul... C'est le père de Wilbert Coffin.»

Il en coulera de l'eau sous les ponts avant que la sentence de mort prononcée le 6 août 1954 ne soit exécutée. La Cour d'appel du Québec puis la Cour suprême ne se rendent pas aux arguments de la défense et maintiennent le jugement de première instance.

Désespéré, Wilbert Coffin tente l'impossible en septembre 1955: il s'évade de la prison de Québec et se réfugie chez l'avocat Raymond Maher. Il lui aurait déclaré: «Je veux simplement vous dire que je ne suis pas méchant et que je n'ai pas tué Lindsey.» Sur les conseils de son défenseur, il retourne docilement à sa prison.

Le 8 février 1956, Marion Petrie demande une nouvelle fois la permission d'épouser le père de son enfant. Le premier ministre Duplessis, dans un geste d'une rare mesquinerie, s'y oppose personnellement. Voilà qui en dit long sur l'homme et sur son époque...

Coffin avait bénéficié de sept sursis, sa chance allait s'arrêter là. Le 10 février 1956, il monte sur l'échafaud non sans clamer encore son innocence. Sa triste fin crée de l'agitation. Excédé, Duplessis déclare deux mois plus tard: «Le cas Coffin est clos.» Il se trompait, en cela comme en bien d'autres choses. L'affaire Coffin ne faisait que commencer.

Jamais une exécution n'eut un pareil retentissement au pays. Le débat de société qui s'ensuivit rappela à certains la fameuse affaire Dreyfus qui avait divisé la France au tournant du siècle et inspiré à Zola sa fameuse lettre ouverte intitulée *J'accuse*.

Jacques Hébert l'imitera soixante ans plus tard en publiant un pamphlet qu'il intitulera *J'accuse les assassins de Coffin*. Il ne fera pas moins de bruit que son illustre prédécesseur...

C'est à John Edward Belliveau qu'il revient de faire entrer dans l'histoire ce qui n'est encore qu'un fait divers. Le chroniqueur judiciaire du *Toronto Daily Star* a suivi le procès de Coffin à Gaspé, il en fait paraître un compte rendu dans les mois qui suivent la mort du prospecteur. Son livre, *The Coffin Murder Case*, raconte aussi les grandes étapes de l'enquête policière, en souligne certaines lacunes et soulève des interrogations sur la culpabilité de l'accusé.

Belliveau n'est pas seul dans son camp, l'hebdomadaire montréalais *Vrai* a aussi pris fait et cause pour Coffin. Ce journal de combat a été fondé en 1954 par un jeune homme d'à peine 30 ans qui appartient à cette génération d'intellectuels qui, selon le politologue Léon Dion, « préconisait la transformation de la société par l'analyse et la critique ». Diplômé des HEC, grand voyageur devant l'Éternel, Jacques Hébert débarque dans la presse à une époque charnière pour le Québec. Les esprits éclairés ruent dans les brancards duplessistes, le juge Caron vient de déposer son rapport sur la corruption policière à Montréal, une odeur de fin de règne embaume le Québec.

Le 23 octobre 1955, *Vrai* avait ouvert ses colonnes à l'affaire. Ce jour-là, le journal avait titré : « La justice triomphe, Coffin en appel ». C'était le premier d'une vingtaine d'articles sur le sujet que publiera l'hebdomadaire, jusqu'à sa disparition en mai 1959.

On y fait feu de tout bois. La mort par infarctus de William Baker, un important témoin à charge au procès, est jugée mystérieuse : on demande l'exhumation de son cadavre. Il est question d'une note disparue qui prouverait que les trois victimes supposées de Coffin étaient encore vivantes au moment où celui-ci n'était plus à Gaspé. L'une d'elles n'avait pas 700 dollars en poche, comme il avait été dit au procès, mais bien 6 000 qu'elle destinait à l'achat de gîtes minéraux. L'arme du crime aurait été un revolver plutôt qu'une carabine. Un des procureurs de la Couronne aurait fait disparaître certaines pièces à conviction, et ainsi de suite.

Le fondateur de l'hebdomadaire et ses fidèles ne s'en tiennent pas à la seule dénonciation, ils mettent sur pied un «Comité de réhabilitation de Wilbert Coffin».

En septembre 1956, on lance un appel aux lecteurs dans l'espoir que l'un d'eux fasse une quelconque révélation. On titre : «Des renseignements fournis par un lecteur de *Vrai* éclairciront peut-être le mystère». En novembre 1958, quand un Amérindien du nom de Francis Thompson s'accuse à Miami des assassinats imputés à Coffin, *Vrai* crie victoire.

Il lâche son os à regret, l'affaire se révélant un canular : Thompson, ne voulant pas être jugé aux États-Unis pour quelques délits mineurs, a cru bon faire ces révélations pour être rapatrié en terre canadienne...

La même année, Jacques Hébert publie à douze mille exemplaires *Coffin était innocent*, un ouvrage inspiré des articles parus dans son journal et du livre de John Belliveau.

Deux ans plus tard, le Québec rompt le joug de l'Union nationale, la Révolution tranquille est lancée. Quand un régime autoritaire tombe, c'est bien connu, sa police est aussitôt remise en question. En août 1961, on parle d'une enquête en profondeur sur la Sûreté provinciale.

C'est le moment que choisit Henri Doyon pour se manifester, lui qui, à titre de membre de cette police honnie, a participé à l'enquête qui a mené à l'arrestation de Coffin. Il déclare à la presse : «Je sais que la police n'aime pas ouvrir ses vieux dossiers mais celui de Wilbert Coffin n'en sera pas moins ouvert»...

Il faut savoir que Doyon a été renvoyé quelque temps plus tôt de la Sûreté provinciale et qu'il poursuit en justice ses anciens patrons. Son procureur est nul autre que François Gravel, l'un des défenseurs malheureux de Coffin.

La brèche est néanmoins ouverte, le réseau anglais de Radio-Canada se penche sur l'affaire. Des personnes mêlées de près ou de loin aux événements témoignent au petit écran. La mère de Coffin et Marion Petrie, la mère de son enfant, tentent de réhabiliter sa mémoire. Jacques Hébert, quant à lui, affirme : «Je suis absolument convaincu de son innocence.»

Le 4 décembre 1963, notre pamphlétaire lance un nouveau pavé. Dans *J'accuse les assassins de Coffin*, il tire à boulets rouges sur Maurice Duplessis, Antoine Rivard, Noël Dorion, Paul Miquelon, Georges-Étienne Blanchard, Alphonse Matte, ces policiers, procureurs ou gouvernants alors en poste au moment du procès.

Jacques Hébert ne ménage donc personne, il dresse aussi le bilan des interrogations, rumeurs et suppositions qui circulent depuis le début de l'affaire. Son verdict est on ne peut plus clair, il y a bel et bien eu complot contre Coffin.

Ses contradicteurs, fussent-ils de bonne foi, n'ont pas la partie belle. C'est que l'auteur est aussi un adversaire de la peine de mort : s'opposer à lui, c'est d'une certaine façon s'en prendre à sa position fort méritoire sur le sujet. Il faut se rappeler qu'à cette époque la peine capitale a mauvaise presse auprès des esprits tant soit peu éclairés.

La fameuse affaire Christie avait éclaté en Angleterre quelques années plus tôt : Timothy John Evans avait été pendu en 1950 pour le meurtre de sa femme, mais trois ans plus tard, le véritable assassin, John Reginald Christie, avait été démasqué. L'affaire avait fait scandale et entraîné l'abolition de la peine de mort en Angleterre, cause pour laquelle de grands intellectuels européens, dont Arthur Koestler et Albert Camus, avaient fait campagne et fortement influencé notre intelligentsia.

De même, par une sorte d'association des idées, s'opposer à la thèse d'Hébert, c'est en quelque sorte souscrire au défunt régime de Duplessis, responsable entre autres maux de la mort de Coffin.

Le brûlot d'Hébert provoque des remous jusqu'aux Communes. Deux députés, Reid Scott du NPD et Gilles Grégoire du Crédit social, exigent du ministre de la Justice une enquête sur certaines allégations qui y sont contenues.

Les centrales syndicales de la FTQ et de la CSN, par la voix de leurs présidents, Roger Provost et Jean Marchand, emboîtent le pas, bientôt suivis par les étudiants en droit des diverses universités québécoises.

La Ligue des droits de l'homme exhorte bientôt les autorités à « tenir sans délai une enquête objective, impartiale et publique », tout en exprimant certaines réserves : « Si l'enquête révèle que les affirmations de M. Hébert ne sont pas véridiques, qu'il réponde lui-même de ses actions devant la justice... »

Le principal intéressé, quant à lui, ne semble pas tenir mordicus à la tenue d'une enquête publique : dans son édition du 14 décembre 1963, *La Presse* rapporte qu'en publiant *J'accuse les assassins de Coffin*, l'auteur « visait plus à susciter une enquête sur l'administration de la justice au Québec qu'à la réouverture du procès Coffin ».

Mais déjà, la machine administrative est en marche. René Hamel, le procureur général du Québec, annonce le 8 janvier 1964 la formation d'une commission royale d'enquête « pour éclaircir certains points de l'affaire Coffin ». Selon l'arrêté ministériel, on enquêtera « sur les agissements des officiers, des agents de police et de toute autre personne ayant participé directement ou indirectement à la préparation et à l'exposé de la preuve qui a servi dans toutes les procédures qui ont abouti à l'exécution de Wilbert Coffin ».

Le premier ministre Jean Lesage précise que « les investigations pourront s'étendre à tout le terrain dont Jacques Hébert parle dans son livre ». Une telle démarche crée un précédent dans l'histoire judiciaire du pays.

On confie la présidence de la commission au juge Roger Brossard, de la Cour supérieure de Montréal. Ce spécialiste du droit du travail, boursier Rhodes ayant fréquenté la prestigieuse université d'Oxford, est considéré comme « un juriste québécois des plus clairvoyants ». On lui adjoint un autre sujet brillant, le procureur Jules Deschênes, qui fera la brillante carrière que l'on sait.

Les auditions débutent le 24 février 1964. Jacques Hébert reconnaît tout de go qu'il n'a pas assisté aux audiences du procès Coffin, pas plus qu'il n'a lu en entier les transcriptions des notes sténographiques. Ce qui fait dire au juge Brossard, à l'issue de cette première journée : « Les trois quarts de ce qui a été dit aujourd'hui consiste pour le moment en ouï-dire. Je prends pour acquis que des témoins viendront plus tard corroborer ou contredire les affirmations de M. Hébert. »

La commission tient 144 séances publiques, entend 214 témoins, produit 436 pièces à conviction et fait ouvrir une soixantaine d'enquêtes par divers corps policiers de la Colombie-Britannique, de l'Ontario et du Québec.

Le 14 novembre suivant, le juge Brossard dépose ses conclusions : « L'ensemble de la preuve soumise tend à confirmer et non à contredire le verdict d'un jury qui, il y a dix ans, déclarait Wilbert Coffin coupable de meurtre. » Et de poursuivre : « Les accusations venimeuses portées par l'écrivain Jacques Hébert contre des personnes en autorité étaient pour la plupart sans fondement. »

Le magistrat croit que si Coffin n'a pas témoigné à son procès, c'était de son plein gré, car il aurait craint de se contredire. Il aurait aussi menti sur la somme d'argent qu'il avait en poche à son départ de Gaspé, de même que sur sa provenance. Ce fut sur ses instructions que la carabine prêtée par Jack Eagle aurait disparu.

D'autre part, c'est à tort qu'on aurait cru que les autorités du temps avaient subi des pressions de l'étranger et que des critères de nature malveillante étaient intervenus dans le choix des policiers affectés au dossier ou des procureurs de la Couronne.

On reconnaît cependant qu'Hébert a eu raison de relever certaines lacunes dans la démarche des enquêteurs et de dénoncer l'attitude du ministère public qui n'avait pas dévoilé à la défense tous les éléments de sa preuve.

Certains des personnages auxquels s'est frotté notre polémiste ne lui pardonnent pas ses emportements. Quelques mois après la publication des conclusions de la commission Brossard, trois acteurs du drame intentent une action en diffamation contre lui.

Ses ennuis ne s'arrêtent pas là. Claude Wagner, le procureur général du temps, se pose depuis le début de son impressionnante carrière en défenseur de la loi et de l'ordre. On devine que la démarche d'Hébert n'avait rien pour lui plaire. Aussi finit-il par ordonner que celui-ci réponde d'une accusation de mépris de cour pour les propos émis à l'endroit du magistrat et des trois procureurs de la Couronne qui avaient agi lors du procès Coffin.

En vertu d'une procédure dite « sommaire », le juge Challies ordonne à l'accusé de comparaître à Québec le 23 février 1965. Celui-ci refuse d'obtempérer, on émet un mandat d'amener.

L'affaire fait un boucan de tous les diables, Jacques Hébert est désormais un homme public. Quand il finit par se présenter devant son juge avec, à ses côtés, un brillant juriste du nom de Pierre Elliott Trudeau, des représentants de la presse de tout le pays sont au rendez-vous. Tout ce tintouin ne freine pas le bras séculier de la justice, on le condamne à 3 000 dollars d'amende et à un mois de prison.

Ses procureurs portent sa cause en appel. Après trois jours de réclusion dans la prison de Québec, d'où Coffin s'était jadis échappé, Hébert est libéré sous caution. Ses procureurs font valoir que la fameuse procédure dite « sommaire » était injustifiable dans le cas d'un outrage à magistrat commis à la suite d'un procès.

En février 1966, le plus haut tribunal de la province se rend à cet argument. Les magistrats Tremblay, Casey et Owen rejettent la requête du ministère public et cassent le jugement de première instance.

Le juge Tremblay fait part de ses réflexions sur l'affaire : « Jacques Hébert s'oppose à la peine de mort et il désire faire partager son opinion par ses concitoyens. Au lieu de s'adresser à leur raison dans son livre *J'accuse les assassins de Coffin*, il s'est adressé à leurs passions. À propos d'un cas particulier, celui du malheureux Coffin, il échafaude des théories et distribue les injures, les invectives et il adopte le style violent, hyperbolique. Mais ce style porte en lui-même son correctif. Le lecteur adoucit le sens des termes et les ramène à un diapason moins élevé et plus raisonnable. On ne juge pas du règne de Napoléon III par les *Châtiments*, ni du menu peuple parisien au début du siècle par *Mort à crédit*, ni de l'administration de la justice française par les caricatures de Daumier... »

Les esprits finirent par se calmer, on passa à autre chose. Jacques Hébert épousa quelques autres grandes causes puis, au terme d'une tapageuse carrière, échoua sur les bancs moelleux du Sénat canadien.

D'autres eurent moins de chance que lui. L'ex-policier Henri Doyon, par exemple, dont les révélations avaient beaucoup servi à l'auteur de *J'accuse les assassins de Coffin*, aboutit dans l'aile psychiatrique de l'hôpital Saint-Michel-Archange de Québec. Il y résidait depuis plusieurs années quand, en juillet 1970, on apprenait qu'il s'était adressé aux tribunaux pour qu'on l'en sorte...

En guise d'épilogue à toute l'affaire, on serait tenté de citer Georges Duhamel: « La pure justice n'est pas charitable, la grande charité n'est pas juste. »

L'affaire Courval

Les méchants ont raison des bons

Au tournant du demi-siècle, l'élite montréalaise en a soupé de la mauvaise réputation de sa ville, qui passe pour la capitale nord-américaine du jeu, de la prostitution et de la corruption. Sous cette pression, les autorités de la ville bombardent Pax Plante, directeur de la police des mœurs au mois d'août 1946. Cet avocat attaché à la Cour du Recorder attendait son heure, il ne la ratera pas.

Les raids dans les tripots et les bordels se multiplient, la presse montréalaise épouse la cause des réformateurs, bref, on dérange bien du monde. Dont le chef de la police, Albert Langlois, qui ne goûte guère les manières tapageuses de Pax. Le torchon brûle bientôt entre les deux hommes, le conflit éclate au grand jour en mars 1948.

Trois policiers des mœurs auraient été vus, soûls comme des ânes, en compagnie de prostituées. Langlois somme le directeur adjoint de la brigade, Armand Courval, de sévir contre ses hommes. Celui-ci, estimant que ces plaintes ne sont pas fondées, prend leur défense.

Le chef le réprimande publiquement, l'accuse d'un manque à la discipline et somme Pax de sévir. Ce dernier refuse. Langlois ne fait ni une ni deux : il congédie Pax et rétrograde Courval au rang de simple agent.

Mais on n'arrête pas la marche de l'histoire. Deux ans plus tard, on institue la fameuse enquête du juge Caron sur la moralité des Montréalais ; Pax Plante et Jean Drapeau en sont les avocats-requérants. Le rapport du magistrat stigmatise les autorités municipales, le chef Langlois et le «milieu».

Le 25 octobre 1954, Jean Drapeau est élu maire de Montréal. L'heure de la revanche a sonné pour Pax et Courval qui reprennent leurs titres et fonctions un an plus tard. Pis encore, la rumeur circule que le premier pourrait être nommé à la direction du service de la police. Ce serait la fin des haricots, les pontes du crime organisé tremblent à cette horrible idée. Il leur faut faire quelque chose...

La première salve éclate en septembre 1955 dans les pages de *Nouvelles et Potins,* un hebdomadaire dont le titre est tout le programme. Dans un article vitriolique intitulé «Pax Plante mis à nu», un échotier du nom de Jacques Sauriol, qui a été candidat à la mairie aux élections précédentes, s'en prend à la conduite même de Plante et de Courval.

Le sang de ce dernier ne fait qu'un tour, il porte une accusation de libelle contre Sauriol et intente une action en dommages et intérêts de 50 000 dollars contre le journaliste et son éditeur. Les choses n'en restent pas là. Sauriol, agissant en sa qualité de simple citoyen, obtient le 25 octobre 1955 que l'on émette un mandat d'arrêt contre Courval qui aurait conspiré pour que soit pratiqué un avortement et aurait séduit une mineure. La nouvelle, on s'en doute, a l'effet d'une bombe...

Un parfum de scandale flotte dans l'air, le bruit se répand bientôt dans le public que des personnes «en très haute autorité» seraient éclaboussées. Mais une semaine après son déclenchement, l'affaire prend des allures de pétard mouillé.

Le 4 novembre, Courval est cité à son enquête préliminaire devant le juge Henri Masson-Loranger. Le citoyen Sauriol voudrait reporter l'audience, son avocat se retire du dossier. Dollard Dansereau, l'éminent procureur du prévenu, s'y oppose: «Le policier au banc des accusés a assez souffert de dommages qu'il n'est pas osé de qualifier d'irréparables», clame-t-il.

Le magistrat se range à son avis et prend l'instruction en main. Il cite à la barre des témoins les deux prétendues victimes des menées de Courval qui nient du tout au tout les allégués des plaintes. Le prévenu est «honorablement acquitté» sur-le-champ.

Les autorités municipales respirent d'aise, il règne une atmosphère de fête à l'hôtel de ville tandis que Pax renouvelle la confiance qu'il avait placée en son bras droit : « On a essayé à maintes reprises de nous désorganiser, de nous décourager. Les attaques dépassent maintenant les menaces, on essaie tout simplement de nous faire chanter... »

Nos champions de la vertu ne sont pourtant pas au bout de leurs peines. Un mois plus tard, l'affaire connaît un nouveau rebondissement. Le même Sauriol n'a pas lâché son os : il se présente devant le tribunal pour obtenir cette fois que l'on arrête une des jeunes filles dont le témoignage a mené à l'acquittement de Courval et qu'on l'accuse de parjure. Aussitôt dit, aussitôt fait. La jolie accusée, pâle et secouée de sanglots, est libérée moyennant une caution de 100 dollars.

Il n'en faut pas plus pour que le moulin à rumeurs reparte de plus belle. L'enquête préliminaire s'instruit le 14 décembre suivant. Devant une salle pleine à craquer, une jeune fille de 19 ans reconnaît qu'elle s'est elle-même parjurée six semaines plus tôt.

La prévenue, qui est sa cousine et sa colocataire, l'aurait incitée à faire de fausses déclarations : « Si Courval gagne sa cause, lui aurait-elle dit, ça nous vaudra 1 000 dollars chacune. [...] Ne dis pas qu'il est venu à la maison, dis que tu m'as vue une seule fois avec lui au restaurant où nous travaillons toutes les deux... »

La cause est reportée au 12 janvier, le temps de prendre une ampleur à peu près sans précédent. Dès neuf heures le matin, des centaines de curieux se pressent dans le hall du Palais de justice, d'autres font même le pied de grue rue Notre-Dame.

Tout ce beau monde se sera déplacé pour bien peu. Un seul témoin est entendu, le tribunal décrète que la jeune fille devra subir son examen volontaire un mois plus tard. L'accusée pique une crise de nerfs à sa sortie de la cour, la foule s'émeut, les agents de faction doivent intervenir rapidement avant que l'agitation ne tourne mal.

Accompagnée du troisième avocat qu'elle avait choisi en trois semaines, la jeune serveuse reconnaît sa culpabilité le 13 février suivant. Sa volte-face crée une véritable commotion, une question est maintenant sur toutes les lèvres : va-t-on accuser de nouveau l'inspecteur Courval ? Celui-ci reste introuvable, on le dit fort ébranlé par les événements des dernières semaines, au point que sa santé en a été affectée et qu'il a dû être hospitalisé. Il serait maintenant en convalescence dans les Laurentides.

La suite des événements n'atténuera pas le suspense. Car entre-temps, le moment est venu d'instruire la cause de diffamation contre *Nouvelles et Potins*.

Le 22 février, le principal témoin que Sauriol et son éditeur font entendre à leur défense, c'est Courval lui-même. Dans l'article en question, on l'accusait, lui et certains de ses hommes, de dévergondage et de viols de prostituées. Pis encore, le chef de la police des mœurs aurait remis des condoms à certains de ses hommes pour qu'ils « aient des relations avec des filles et puissent ensuite loger des accusations contre elles ».

Cuisiné une heure durant par les procureurs de la partie adverse, Courval nie tout. Énergiquement. Son accusateur, Jacques Sauriol, qui parle d'une voix tonitruante, hurlant même par moments, maintient ses accusations : « Ce n'est pas Courval que je visais, mais Plante. Si j'ai accroché l'autre en passant, je le regrette. Lorsqu'on va à la chasse au lion, on ne s'occupe pas des rats. » Puis : « Comme citoyen, je ne pouvais manquer d'être scandalisé par la conduite de ces gens-là. Comme journaliste, j'avais un devoir à remplir à l'égard de la société et j'ai tenté de le remplir. »

Le tribunal remet sa décision à plus tard ; les observateurs s'entendent pour dire que les carottes de Sauriol et compagnie sont cuites.

Celui-ci ne se tient pas pour battu. Dans un dernier sursaut, la bête donne un coup de griffe. Le 7 mars, coup de théâtre : Sauriol accuse Courval de s'être parjuré lors de son témoignage du 22 février précédent !

On a tiré un trait sur l'affaire de l'avortement et du détournement de mineure, mais revoilà le policier devant le tribunal qui le relâche sous un cautionnement de 500 dollars en attendant l'instruction de sa cause. La semaine suivante, à sa comparution, deux témoins à charge jurent que les allégations de Sauriol étaient bel et bien fondées. Le premier est un ancien policier renvoyé, le deuxième est encore actif mais il a été depuis longtemps muté dans un autre service. Il n'en faut pas plus pour que le tribunal envoie le prévenu à son examen volontaire.

Le coup porte, Pax n'a pas d'autre choix que de suspendre son ami. Seule consolation qui s'offre à eux, en attendant que passe l'orage : Sauriol et son éditeur sont déclarés coupables de diffamation et écopent d'amendes de 500 et 1 000 dollars. «Les écrits reprochés sont mensongers, injurieux et de nature à nuire à la réputation de l'inspecteur Courval», tranche le tribunal qui y va d'autres considérations : « *Nouvelles et Potins* ne doit son existence qu'à la cupidité de ses propriétaires qui, en s'instituant journalistes, ternissent la réputation de cette belle profession... »

Le bien a gagné une bataille, il n'a pas gagné la guerre... Courval est envoyé aux Assises, son procès débute le 20 avril suivant. Le Tout-Montréal est au rendez-vous, y compris Sauriol qui, accompagné de trois amis, ne manque rien des débats. Les mêmes témoins à charge qu'à la comparution déposent, des policiers des mœurs viennent les contredire, mais en vain.

Le verdict de culpabilité du juge Willie Proulx tombe comme la foudre : Courval est frappé de stupeur, son cœur défaille, il s'effondre. De nombreux policiers se portent à son secours et parviennent à le ranimer après quelques minutes. C'est dans un état lamentable, la cravate dénouée, le col ouvert et les yeux égarés qu'il entend le tribunal le condamner à une journée de prison et à une amende de 500 dollars pour parjure.

La Cour d'appel confirmera le verdict de la première instance et la Cour suprême refusera d'entendre la cause d'Armand Courval, dont on a proclamé la déchéance. Son ami Pax ne lui survivra pas bien longtemps ; il devra quitter ses fonctions en 1958. Le premier regagne l'anonymat, fait cent petits métiers pour subvenir aux besoins de sa famille et multiplie les démarches de toutes sortes pour qu'on lui fasse enfin justice.

Quinze ans plus tard, en septembre 1971, par une procédure extraordinaire, le gouverneur général du pays, à la suite du jugement rendu par une commission indépendante, déclare Courval innocent des accusations portées contre lui en 1955 et lui accorde un pardon « absolu ».

C'est Pax Plante, sorti de sa retraite mexicaine pour un bref passage à Montréal, qui a mis les reporters au parfum. Son ami Courval, maintenant dans la soixantaine, dégoûté du traitement que les médias lui ont fait subir à l'époque, refuse de parler aux journalistes : « C'est bien compréhensible, de déclarer Pax. Courval a été victime d'un dénigrement systématique. De plus, pendant de nombreuses années, lui et sa famille ont été les proies de mauvais plaisantins qui ne cessaient pas de leur proférer des menaces... »

Trois mois plus tard, l'Assemblée nationale donne à l'unanimité le feu vert aux autorités montréalaises pour qu'elles indemnisent le policier « suspendu de ses fonctions à la suite d'une injuste condamnation pour parjure ».

Il manque pourtant un dernier chapitre à cette histoire. Les tireurs de ficelles, qui étaient-ils donc ? Allait-on jamais connaître le fin fond de cette affaire ? Oui, mais à condition de patienter trois autres années.

En mars 1973, Jimmy Soccio, une figure bien connue du milieu montréalais, comparaît devant la Commission d'enquête sur le crime organisé. On le presse de s'expliquer sur la présence des noms de deux caïds de la maffia dans un calepin saisi chez lui par la police en 1961, noms aux côtés desquels apparaissaient les montants de 500 et 1 200 dollars. Le témoin de répondre alors que les deux hommes avaient souscrit ces sommes pour monter la conjuration contre Armand Courval...

Un an plus tard, devant la même Commission, le cabaretier Armand Raymond admet qu'il a contribué de son temps et de son argent pour que l'on se débarrasse de Courval : « J'ai appris que le journaliste Sauriol et Soccio montaient quelque chose de pas catholique contre Courval et j'ai décidé de collaborer avec eux. »

Le 23 avril 1956, le monde d'Armand Courval s'est écroulé. Sa carrière prenait abruptement fin, son avenir était dorénavant derrière lui et son nom flétri. Il aura fallu près de vingt ans pour que son honneur soit réparé...

L'affaire Rufiange

L'énigme de Shawinigan

Il est minuit, ou presque, en ce 23 juin 1961. L'usine de la Du Pont Chemical de Shawinigan, en Mauricie, tourne rond, vingt-quatre heures sur vingt-quatre. Les ouvriers du quart d'après-midi rentrent chez eux. Benoît Massicotte est du groupe. C'est un homme sans histoire de 36 ans, marié et père de jumeaux de cinq ans, qui est à l'emploi de cette entreprise depuis onze ans déjà.

Il est accompagné de Wellie Beaulieu. Les deux se séparent dans le stationnement, l'auto de Massicotte est à deux cents mètres de là. Quelques minutes plus tard, un compagnon de travail qui s'amène dans les parages manque d'être renversé par une voiture qui a démarré brusquement avant de quitter les lieux sur les chapeaux de roues.

À peine remis de ses émotions, il entend des gémissements de douleur, fait quelques pas puis aperçoit Massicotte qui gît sur le pavé, à côté de sa Buick, la tête ensanglantée. Il expirera avant d'arriver à l'hôpital. L'autopsie pratiquée le lendemain révèle qu'il a été atteint à la tête d'une balle de revolver .38 dont la trajectoire indique qu'il se penchait pour mettre la clé dans la serrure de la portière quand on a tiré.

Les policiers chargés de l'affaire sont dans le noir absolu. Le défunt jouissait d'une réputation sans tache, on ne lui connaissait aucun ennemi. A-t-il été victime d'une balle perdue ? C'est à peu près impossible. Y a-t-il eu erreur sur la personne ? Voilà qui ne simplifiera pas les choses.

Sa jeune veuve n'y voit pas plus clair. Elle confirme l'opinion des compagnons de travail de son mari : Benoît était un homme renfermé qui s'occupait de ses seules affaires. L'unique explication qu'elle se permet d'avancer, si tant est qu'il y en ait une, est que son mari, bien que n'étant pas riche lui-même, avait la générosité de prêter de l'argent à des amis dans un plus grand embarras que lui. Mais il s'agissait de bien petites sommes. Est-il possible qu'un de ses débiteurs ait voulu effacer ainsi sa dette ?

On ne s'entretue guère dans la quiète Mauricie, aussi l'affaire fait-elle jaser. Les semaines passent, le mystère plane ; pour tous les journaux de la province, il n'est plus question que de « l'énigme de Shawinigan ».

Le 26 novembre suivant, coup de théâtre : les enquêteurs procèdent à trois arrestations simultanées. À vingt heures précises, Bertrand Métivier, propriétaire d'un bowling de Shawinigan, son beau-frère, André Rufiange, 36 ans, qui en est le gérant, et la veuve de Benoît Massicotte sont conduits au quartier général montréalais de la Police provinciale.

Le premier est relâché douze heures plus tard, la dernière devra attendre douze heures encore. André Rufiange, lui, est gardé à vue. Deux jours passent avant que les autorités fassent savoir qu'elles croient tenir l'assassin de Benoît Massicotte. Elles ne le relâcheront pas de sitôt...

L'instruction du procès de Rufiange débute presque un an plus tard, le 20 novembre 1962, au Palais de justice de Trois-Rivières. La première journée, on mène les affaires rondement, dix-huit témoins appelés par la Couronne viennent expliquer les circonstances du drame. À ce rythme-là, croient les reporters présents, on en aura pour à peine cinq jours d'audience. Il en faudra presque le double.

Les choses se gâtent dès le deuxième jour. Le procureur de la Couronne veut mettre en preuve deux confessions faites par l'accusé aux policiers. La défense proteste, elle exige que la Couronne fasse la preuve « qu'elles ont été faites volontairement, librement, sans promesses ni menaces ».

Trois jours durant, tous les policiers qui ont été en contact avec l'accusé, depuis son arrestation jusqu'à la signature de sa deuxième confession, défilent à la barre et jurent que les aveux de l'accusé n'ont pas été faits sous la contrainte. L'accusé, lui, témoigne du contraire.

Qu'aurait-il donc avoué? Dans sa première déclaration, il dit en substance s'être procuré un revolver .38 par l'entremise d'un certain Hamelin et d'avoir plus tard déclaré à celui-ci et à deux de ses frères : « C'est moi qui ai tué Massicotte parce qu'il voulait faire du trouble à mon beau-frère, Métivier, qui sortait avec sa femme. J'ai ensuite jeté mon gun dans la Saint-Maurice... »

À cela l'accusé rétorque que ses propos n'ont pas tous été entièrement couchés sur le papier et que les policiers n'en ont conservé que les passages incriminants : « On m'avait volé mon revolver. Je n'ai pas avoué aux policiers avoir tué Massicotte. J'ai simplement raconté que j'avais fait croire aux frères Hamelin que j'avais tué Massicotte dans le but de savoir si c'était eux qui avaient pris mon revolver. Je croyais qu'ils réagiraient, qu'ils me traiteraient de menteur et m'avoueraient avoir pris mon revolver. J'ai signé ma déclaration sans la lire. »

Dans sa deuxième confession, qu'il soutient être fabriquée de toutes pièces et avoir signée sous la menace, il déclare : « J'ai rencontré la femme de Massicotte à deux reprises. Au début de juin, elle m'a téléphoné, m'a parlé de nos sorties et m'a dit que son mari avait tout découvert et qu'il la battait et la martyrisait. [...] Si ça continuait, elle serait obligée de donner tous les noms des garçons avec lesquels elle était sortie, dont celui de mon beau-frère, Métivier. J'ai parlé de son mari à mon beau-frère, il m'a dit que c'était un drôle de toqué. [...] Je ne pouvais pas le battre, il était trop fort pour moi. [...] J'ai pris la résolution de le descendre le premier, de le tirer. C'est là que j'ai demandé à Hamelin de me trouver un revolver. [...] Le 23 juin au soir, peu avant minuit, j'ai avalé deux scotches pour me donner du cran et je suis allé me parker à six ou sept pieds de l'auto de Massicotte. Je l'ai visé dans le dos, vis-à-vis du cœur mais ma main a hésité et le coup est parti... »

Le débat est enfin clos, le président du tribunal estime que les aveux de l'accusé sont admissibles, le jury pourra les entendre. La Couronne n'aura plus ensuite qu'à faire témoigner les frères Hamelin. L'un d'eux a bel et bien procuré à l'accusé l'arme achetée chez une de ses connaissances. Bien plus, celui-ci, après lui avoir dit qu'il avait «une job à faire à quelqu'un», lui avait demandé s'il consentirait à aller faire le guet à la sortie d'une usine de la région. Les trois frères confirment à tour de rôle que l'accusé leur a dit être l'auteur du crime.

Une lourde tâche attend la défense mais, comme on pourra le voir, elle n'est pas à court d'arguments. L'avocat Jean-Paul Massicotte fait d'abord témoigner la sœur de l'accusé, mariée au Métivier dont il a été question précédemment. C'est une femme occupée mais bien organisée qui note systématiquement ses rendez-vous, ses occupations et ses engagements dans son agenda qu'elle produit en cour. Elle y a consigné que les 23 et 24 juin 1961, elle avait emprunté à son frère son auto et ses clés, pour déménager certains des effets de sa famille à leur chalet. Il n'a donc pu se rendre dans le parking de la Du Pont avec son auto le 23 au soir...

Son mari vient ensuite corroborer ses dires. Dans un deuxième souffle, il raconte aux jurés avoir porté des vêtements de rechange à son beau-frère alors détenu au poste de la PP à Shawinigan. Celui-ci s'est plaint d'une «faiblesse intestinale passagère» découlant de mauvais traitements reçus depuis trois jours. Il lui a aussi remis une chemise tachée de sang à l'épaule gauche et, ajoute le mari, «mon beau-frère avait une égratignure au-dessus de l'oreille gauche». Enfin, il rapporte avoir assisté à une discussion entre l'accusé et un policier qui aurait dit: «C'est pas trois ou quatre claques sur la gueule qui vont faire mourir un homme...»

Le suit à la barre la jeune épouse de Rufiange qui était sa fiancée à l'époque du drame. Le 23 juin 1961, jure-t-elle, son travail terminé, elle l'a rejoint chez lui et a passé la soirée en sa compagnie jusque tard dans la nuit. Ils ont même mangé une pizza, passé minuit, en compagnie d'un des frères Hamelin, qui habitait cet été-là avec l'accusé.

Vient ensuite le tour de la veuve de la victime. Elle sanglote à l'évocation de sa détention par la Police provinciale et nie avoir eu quelque relation avec l'accusé ou son beau-frère. Elle reconnaît toutefois que ce dernier lui a déjà fait des avances qu'elle a repoussées. «Je suis convaincue, ajoute-t-elle, que monsieur Rufiange n'a pas tué mon mari. Ce sont des gens qui lui devaient de l'argent qui ont fait le coup...»

Enfin, l'accusé va déposer. Son témoignage dure quatre heures. L'homme, selon un journal de l'époque, «est intelligent, éloquent, disert. Sa culture est hétéroclite, superficielle mais fort étendue. Il manifeste certaines connaissances inusitées de la procédure devant les tribunaux criminels. [...] Le juge commente même qu'il a sans doute beaucoup lu les aventures de Perry Mason...»

Il répète que ses aveux ont été dénaturés ou forcés, qu'il les a faits pour se soustraire aux coups et aux menaces des policiers, qu'il a passé la soirée du 23 juin en compagnie de sa fiancée et de l'un des frères Hamelin, qui a admis avoir couché tous les soirs de cet été-là chez lui mais ne peut se rappeler s'il y a passé toute la soirée du 23 juin. Pourquoi a-t-il acheté un revolver? «Pour aider un ancien compagnon d'armée, un certain Boudreau de Montréal qui en voulait un et était prêt à payer 100 dollars. Je n'ai pu le retracer par la suite et j'ai gardé l'arme pour moi...»

Dans sa charge, le procureur de la Couronne s'attaque au témoignage de la femme de l'accusé: «Je n'ai jamais vu une épouse témoigner contre son mari sauf dans les actions en séparation de corps...» Pour lui, «l'âme dirigeante de toute cette affaire», c'est le beau-frère. Sa femme, qui est aussi la soeur de Rufiange, ne trouve pas non plus grâce à ses yeux: «Elle a fort bien pu ajouter dans son agenda des détails corroborants après le fait...» Enfin, l'épouse de la victime écope aussi: «Elle a fait un témoignage fantastique. Je vous rappelle, messieurs les jurés, qu'elle a touché 30 000 dollars à la mort de son mari!»

Le jury se retire pour délibérer. Après quarante minutes, il revient en cour pour annoncer qu'il est en désaccord et ne pourra arriver à un verdict unanime. Le président du tribunal s'insurge: en moins d'une heure, ils ne peuvent avoir scruté à fond la preuve de la Couronne et celle de la défense. Le jury convient alors de retourner à ses discussions.

Trois heures plus tard, il rend un verdict de culpabilité. André Rufiange est condamné à la détention perpétuelle.

Son avocat porte sa cause en appel. Neuf mois après sa condamnation, en septembre 1963, cinq juges du plus haut tribunal de la province font savoir qu'ils sont d'opinion qu'au moins une partie de ses aveux n'a pas été libre et volontaire et qu'un nouveau procès s'impose.

L'instruction de celui-ci débute à la fin de novembre 1963. La preuve du ministère public est à peu près la même, à une exception près : il n'est fait aucune mention de la deuxième confession. Les souvenirs des témoins sont un peu moins précis, leurs réponses parfois plus évasives. Les événements se sont passés il y a déjà près de deux ans et demi...

La preuve repose pour beaucoup sur les témoignages des frères Hamelin, qui répètent que Rufiange leur a dit avoir tué la victime pour protéger son beau-frère Métivier. On apprend aussi qu'il aurait assorti ses aveux de menaces de mort, au cas où il leur viendrait à l'esprit d'en parler à qui que ce soit. C'est ce qui explique qu'ils se soient tenus cois jusqu'à ce que les enquêteurs les cuisinent.

Pour une deuxième fois, l'accusé est reconnu coupable et condamné à l'emprisonnement à vie.

Il était défendu cette fois par l'avocat Yves Duhaime, qui porte sa cause en appel. Le 15 juin 1965, des cinq juges qui ont à trancher, trois sont d'avis que sa déclaration incriminante a été illégalement admise et ordonnent un nouveau procès. Selon eux, ce n'est qu'à la suite d'une incarcération pénible, pendant laquelle on l'a laissé au secret, qu'il a consenti à signer. La version de l'accusé leur paraît préférable à celle des policiers qui serait vague, incomplète et, sur certains points, contradictoire. En supprimant cette déclaration, croient-ils, il n'est pas possible de dire que le verdict eût nécessairement été le même...

On s'y reprend donc une troisième fois, en février 1966. Un jeune avocat de Trois-Rivières, Raymond Landry, s'est joint à Yves Duhaime. L'affaire se termine en queue de poisson, par un désaccord du jury qui, cette fois, ne peut être résolu. Il devra donc y avoir un quatrième procès.

Tout le monde se retrouve cette fois à Shawinigan en juin 1966. Raymond Landry occupe une fois de plus pour l'accusé. Bénévolement, bien sûr, son client étant sans le sou. Le temps de l'aide juridique n'est pas encore venu : dans de pareils cas, le bâtonnier fait appel à la bonne volonté d'un de ses confrères...

Le jeune avocat trifluvien n'a pas vraiment eu le choix, on l'a entraîné dans une drôle de galère ! Il n'y est pas seul, son confrère Guy Germain est à ses côtés. Leur talent et leur bonne volonté ne suffiront pas. Jean-Marc Rufiange est une fois de plus trouvé coupable !

Mais ils jugent avoir de bons motifs d'en appeler du verdict ; les voilà de nouveau devant le plus haut tribunal qui rend un jugement ciselé et catégorique. Selon les juges, « l'unique preuve de nature à incriminer l'appelant fut celle de renseignements fournis par les trois frères Hamelin... » Or, à la lecture des dépositions, « les contradictions et les divergences entre leurs premiers témoignages et ceux qu'ils firent au quatrième procès [...] soulèvent un doute sérieux sur leur véracité ». C'est ce que la défense a tenté de faire en contre-interrogatoire, mais les interventions du juge, estiment-ils, ont influencé le jury « d'une façon extrêmement préjudiciable à l'accusé et illégalement... » Les juges ordonnent donc un nouveau procès, le ministère public tente de s'y opposer en faisant appel à la Cour suprême. Ce sera peine perdue, il y aura un cinquième procès ! Ce record ne sera jamais battu.

À la demande de la Couronne, on se retrouve à Montréal, en mai 1968. Cette fois-là est la bonne, l'accusé, qui lutte pied à pied depuis six ans, est acquitté. Sa femme se jette dans ses bras, c'est la première fois depuis plus de six ans qu'il n'y a pas de barreaux entre eux. Dans quelques heures, il va serrer contre lui l'enfant qui est né quelques mois après son arrestation et qu'il n'a jamais vu qu'au parloir de la prison.

Jean-Marc Rufiange n'était pas né sous une bonne étoile : moins d'un an après sa libération, il meurt dans un accident de la route.

L'énigme de Shawinigan ne serait jamais résolue.

L'affaire Marcotte

Le père Noël est un assassin

En ce 14 décembre 1962, à une dizaine de jours de la Noël, dans un établissement de la Banque de commerce, à Ville Saint-Laurent, tout le monde est à son train-train.

À onze heures et quelques minutes, les employés et la dizaine de clients sont tout amusés de voir le père Noël faire son entrée. Leur bonne humeur sera de courte durée: celui-ci a tôt fait de brandir une mitraillette! Deux complices masqués et armés apparaissent à ses côtés.

Le trio intime l'ordre à tout le monde de se coucher face contre terre et de ne pas bouger un cil. Le père Noël reste à la porte de la banque, les deux autres s'activent. Le bandit armé d'un revolver a bondi par-dessus le comptoir et fait le tour des caisses qu'il vide de leur contenu pendant que l'autre tient les employés en respect. Il n'a cependant pas pu se rendre compte que l'un d'eux a donné l'alarme...

Les autorités du poste de police le plus proche dépêchent deux voitures. Les agents Brabant et Marineau se trouvent par hasard non loin de là, ils communiquent aussitôt avec le poste pour annoncer qu'ils seront sur place dans moins de deux minutes...

Le braqueur armé d'une carabine franchit la porte de la banque, quelques secondes s'écoulent puis des coups de feu éclatent. Voilà soudain le bandit qui fait à nouveau irruption dans l'établissement, lance des cris aux deux autres puis se dirige vers une fenêtre qu'il fracasse de la crosse de sa carabine avant de plonger et d'atterrir indemne sur le sol. Il détale ensuite dans les champs avoisinants.

En moins de deux, le père Noël est dehors, aux portes de la banque, armé de sa mitraillette. Les deux policiers qui viennent d'échanger des coups de feu avec son complice descendent à peine de voiture, le revolver au poing, que le truand fonce sur eux, son arme crachant le feu. Les policiers, touchés, s'écroulent. L'un d'eux, étendu sur le sol, donne des signes de vie. Le père Noël s'en approche puis l'achève d'une décharge.

Son complice a entre-temps pris le volant de la voiture dans laquelle ils sont venus, le père Noël monte à son tour, l'Oldsmobile démarre en trombe.

Dans les secondes qui suivent, les clients, les employés de la banque et divers témoins de la scène se portent au secours des policiers. L'un a rendu l'âme, l'autre ne vaut guère mieux. Les premiers secours arrivent, un confrère se penche sur le blessé pour le réconforter et lui dire qu'on va le transporter tout de suite à l'hôpital. Celui-ci trouve la force de murmurer : « Fais ça vite, ça fait très mal... » Il mourra dans l'heure.

La nouvelle de la tuerie sème la consternation. Les sûretés provinciale et montréalaise, de même que toutes les polices de la région métropolitaine, partent en chasse. En après-midi, on retrouve l'automobile des fuyards, trouée de deux balles. Sur la banquette arrière traînait, parmi des débris de vitre, le costume du « père Noël à la mitraillette ».

Le lendemain matin, le Québec entier pleure les deux agents disparus. Claude Marineau était à l'emploi du service de police de Saint-Laurent depuis quinze ans. Outre son épouse, Édith, il laisse dans le deuil trois enfants : Micheline, âgée de 14 ans, Lise, qui célèbre ce jour-là ses 10 ans, et Alain, âgé de trois ans.

Son ami Denis Brabant comptait huit années de service. Lui survivent trois enfants : Pierre, âgé de huit ans, est né d'un premier lit et vit avec sa grand-mère depuis la mort de sa mère survenue sept ans plus tôt ; Marie-Claude, âgée de six ans, et Chantal, âgée de trois ans, sont nées d'un second mariage.

Leurs confrères encore sous le choc viendront jurer sur leurs dépouilles de venger leur mort. Le soir même, le public, en émoi, réclame la peine de mort aux tribunes téléphoniques.

Ce même dimanche, l'Association des banquiers canadiens fait savoir qu'une récompense de 25 000 dollars est offerte à quiconque fournira des renseignements susceptibles de conduire à l'arrestation des coupables.

On apprend que la somme volée à la Banque canadienne impériale de commerce par le « père Noël » et ses acolytes s'établit à 126 500 dollars, dont 64 000 en valeurs négociables retrouvées dans la voiture des bandits. Ces derniers auraient en main 6 500 dollars en argent et 56 000 dollars en chèques de voyage.

Le lundi suivant, on apprend que la police a arrêté un certain Jean-Paul Fournel, âgé de 39 ans, un braqueur de carrière qui avait été condamné à vingt-quatre ans de bagne en 1951 et avait obtenu sa libération conditionnelle en août 1960.

Son arrestation entraîne celles de Jules Reeves et de Georges Marcotte, deux récidivistes en liberté depuis quelques mois.

L'enquête du coroner est instruite aussitôt. Jean-Paul Fournel vide son sac et raconte le drame par le menu détail. L'auto louée par Marcotte, l'achat des armes rue Bleury, le costume de père Noël endossé en riant par le même Marcotte, l'arrivée des policiers Brabant et Marineau, la fuite des trois, la sienne dans l'Ouest canadien, et son arrestation. Il identifie le « père Noël » Marcotte et la cour du coroner se déplace à l'hôpital Notre-Dame pour l'identification de Jules Reeves qui a été victime d'une embolie cérébrale.

Le lendemain, une rumeur persistante veut que Fournel refuse de passer aux aveux à l'enquête préliminaire. Or son témoignage, hormis le dépôt de quelques pièces à conviction et les rapports d'autopsie, constitue l'essence même de la preuve du ministère public...

Les autorités, pressées d'en finir avec ces meurtriers dont le public réclame la tête à hauts cris, peuvent respirer :

à l'enquête préliminaire, Fournel se remet à table et laisse entendre qu'un certain André Crafcenko, un ancien compagnon d'armes, l'a trahi.

Le « père Noël » Marcotte est cité à procès pour le 18 février, soit moins de huit semaines après le double meurtre des agents Brabant et Marineau.

Quand s'ouvre son procès, le drame est encore bien présent à la mémoire des Montréalais. Il y a plus de dix ans qu'une cause a attiré l'attention d'autant de journalistes et de curieux.

Dès neuf heures, une foule dense se presse devant la grande salle d'audience du Palais de justice de Montréal. Le juge Roger Ouimet préside le tribunal. Le redoutable Claude Wagner occupe pour la poursuite, Yves Mayrand, assisté de Trajan Constantin, pour la défense.

L'assistance s'étonne à la vue de l'accusé : il porte des verres épais comme des loupes mais il est plutôt beau garçon. Il est vêtu d'un élégant complet gris clair, avec pochette blanche.

Son procureur demande en vain de remettre le procès, car il n'a pas eu le temps de s'y préparer. Le juge rejette sa demande et donne la parole à la Couronne : « Nous brosserons un tableau des événements, lance au jury l'avocat à charge. Ce tableau sera signé : Georges Marcotte. »

Lorenzo Marineau, le premier témoin, est de la Police provinciale et le frère de la victime. Le suivent à la barre le médecin légiste, l'ingénieur Luc Gagnon, qui ouvre un plan illustrant le lieu et les circonstances du crime, puis le sergent Jacques Côté qui produit une série de photos qu'on fait circuler parmi les jurés qui les examinent, l'air grave.

Vient le tour du principal témoin à charge. Bel homme lui aussi, vif et s'exprimant avec aisance, Fournel, qui se dit vendeur de robes de maternité, raconte ce qui s'est passé le 14 décembre 1962.

« Nous devions faire un coup la veille, le 13, dans une autre banque. Ça n'a pas marché parce que Marcotte est arrivé en retard. Le 14, nous nous sommes rencontrés au *Coffee Pot* pour préparer le hold-up de la banque du chemin Côte-de-Liesse. Nous avons transféré nos armes dans une

Oldsmobile que nous avions volée plus tôt. J'ai pris le volant. Reeves s'est assis devant avec moi, Marcotte derrière. En route, il a revêtu son costume. Et, à ma grande surprise, il a ouvert une bouteille de rhum et nous a offert un coup. Arrivés à la banque, Reeves est entré le premier. Il devait faire les caisses, armé de son revolver. Moi, je devais ramasser le personnel et le gérant. Marcotte, avec sa mitraillette, devait garder la porte d'entrée et surveiller les clients. Le hold-up devait durer une minute et demie, pas plus.

« Il y a eu un pépin ?

— Oui, j'ai vu Marcotte s'éloigner de la porte. Il voulait faire la voûte.

— Et alors ?

— J'ai fait signe à Reeves de tenir les clients en respect et je suis allé parler à Marcotte. J'ai pris la poche du père Noël, qui était pleine d'argent, de chèques et d'obligations, et j'ai couru à la voiture. J'ai posé la poche sur la banquette arrière. Puis j'ai aperçu par le rétroviseur une voiture de police, qui s'est arrêtée derrière la nôtre. J'ai épaulé ma carabine et j'ai tiré.

— Combien de balles avez-vous tirées ?

— Deux, peut-être trois. J'ai couru vers la banque. Je suis entré et j'ai cherché une porte arrière pour m'échapper. Je n'en ai pas trouvé. J'ai brisé la vitre d'une fenêtre avec la crosse de mon fusil et j'ai sauté.

— Et les deux autres ?

— Je savais pas. J'ai couru dans la neige, en me débarrassant de ma cagoule, de ma casquette et de mon fusil. J'ai retrouvé les deux autres dans mon appartement trois quarts d'heure plus tard.

— Avez-vous été surpris ?

— Oui, je les pensais morts. J'ai été plus surpris encore quand Marcotte m'a dit que les deux policiers étaient morts. Il m'a dit, fier de lui : « C'est moi qui les ai tués. »

— Et après ?

— Après, on a partagé le magot, à peu près 6 000 piastres. Marcotte était soûl et il m'a répété qu'il avait tué les flics... »

Le ministère public en a terminé avec lui, le témoin appartient à la défense qui n'a que le temps de l'interroger sur son passé de braqueur avant que la séance ne soit levée.

Le lendemain matin, avant l'audience, le juge Ouimet donne instruction de fouiller les personnes de l'assistance et il annonce qu'on prendra cette précaution au début de chaque séance.

Personne n'échappe à l'ordonnance, même les reporters affectés à la cour : le bruit circule que des truands ont menacé d'abattre le traître Fournel au Palais de justice même. C'est dans une atmosphère de suspense que le témoin reprend place dans le box.

Le procureur de la défense poursuit sur sa lancée de la veille.

« De mai à octobre 1962, vous avez organisé et exécuté trois hold-up à la même banque du chemin Côte-de-Liesse ?

— Oui, le premier à la fin de mai ou au début de juin.

— Et le deuxième ? »

Coup de théâtre ! Sans sourciller, Fournel lance : « Le deuxième en septembre, à l'instigation de maître Constantin, un ami d'André Crafcenko. Crafcenko était dans le coup avec moi. »

Trajan Constantin, assis à la table de la défense, pâlit. L'affaire Marcotte se double maintenant d'une autre, l'« affaire Constantin ». Yves Mayrand fait semblant de n'y pas porter attention tandis que le témoin vide son sac.

Il en a fini avec Fournel mais le procureur de la Couronne retient le témoin pour un nouvel interrogatoire.

« Vous avez dit que maître Trajan Constantin avait été l'instigateur d'un de vos crimes ?

— Oui, j'ai fait la banque de Côte-de-Liesse une première fois en mai ou en juin. C'était une idée d'André Crafcenko.

— Et qui était Crafcenko ?

— Un ami à moi et à maître Constantin. Après le hold-up, Constantin, sachant que nous avions de l'argent, nous a proposé d'acheter le restaurant Monticello, qui était en faillite. Il nous a offert chacun 1 000 dollars pour racheter l'affaire des mains du syndic.

— L'avez-vous achetée?

— Peut-être qu'André a marché, mais moi j'étais pas intéressé. Deux ou trois semaines plus tard, Constantin nous a suggéré de refaire main basse sur la banque pour financer le restaurant.

— Vous l'avez fait?

— Oui, mais nous n'en avons pas tiré assez d'argent et le projet est tombé à l'eau.»

Trajan Constantin bondit de son siège et demande au tribunal d'interroger Fournel.

«Comptez-vous vous faire entendre comme témoin dans cette cause? lui demande le juge.

— Oui, votre Seigneurie, répond l'avocat.

— Dans ce cas, vous ne pouvez interroger le témoin», tranche le juge.

À l'ouverture de la séance suivante, Trajan Constantin, un énorme dossier sous le bras, demande encore une fois au juge la permission d'interroger le témoin Fournel pour se disculper.

Le magistrat lui suggère plutôt de se retirer du dossier. L'avocat décline l'invitation. Les débats peuvent reprendre.

La belle-sœur de Jean-Paul Fournel, appelée à la barre des témoins, raconte qu'à midi, le 14 décembre, elle a vu l'accusé à l'appartement de Fournel: «Quand je suis arrivée, c'est Jules Reeves qui m'a ouvert. J'ai été surprise parce que je ne le connaissais pas. Et j'ai vu Marcotte qui m'a dit: "Je suis sur les nerfs, je viens de descendre deux flics..." »

L'«affaire Constantin» rebondit. À la porte de la salle d'audience, l'avocat annonce qu'il entend poursuivre le juge Ouimet, Claude Wagner et le témoin Fournel pour «injures personnelles». Quelques heures plus tard, il inscrit une poursuite en dommages-intérêts de 100 000 dollars contre eux.

En attendant, le procès suit son cours.

Appelé à la barre, Jeffery Wiessler, commis au magasin International Firearms, se rappelle avoir vendu deux fusils-mitrailleurs FN-308 en décembre 1962.

Mme Édouard Vogel, réceptionniste au *Town & Country Motel*, a été témoin de la fuite de Jean-Paul Fournel après le hold-up.

Raymond Dubé, livreur de café, lui succède : « J'ai accepté de conduire Fournel au rond-point de Dorval », raconte-t-il.

Le sergent-détective Douglas Stone, de Saint-Laurent, relate les circonstances dans lesquelles on a retrouvé la voiture des fugitifs le soir du crime.

Un ingénieur du nom de Garland Sheridan a été témoin du vol, tout comme Randy Young.

Suit une série de témoignages destinés à relier Jules Reeves au crime. Sept jours après le vol, il a fait une embolie et a été transporté à l'hôpital Notre-Dame. En le déshabillant, on a trouvé dans les poches de son pantalon 1 297 dollars, dont 13 billets d'un dollar de la même série. Alertée, la police a vite établi que l'argent provenait de la banque de Saint-Laurent.

Il ne reste alors plus à l'accusation qu'à régler les derniers détails.

Le procureur de la Couronne annonce enfin qu'il a terminé sa preuve. La parole est à la défense qui va tenter d'établir un alibi.

D'abord, Harold Green, truand détenu à la prison de Bordeaux, raconte avoir passé la matinée du 14 décembre au restaurant *Coffee Pot*. Il a pris le petit déjeuner avec Jules Reeves, mais n'a pas vu Georges Marcotte.

Dorothée Pincince, serveuse au *Coffee Pot* et amie de Reeves, corrobore ses propos.

Georges Marcotte père, chauffeur de taxi âgé de 59 ans, est ensuite appelé à la barre. Il affirme que son fils était avec lui le matin du 14 décembre, de 10 h jusque vers 11 h 30.

« Vous êtes sûr de la date ? insiste l'avocat de la défense.

— Absolument, parce que nous avons écouté à la radio la cérémonie où des policiers ont été décorés pour leur courage lors du hold-up de Sainte-Scholastique. Et mon fils m'a dit : "Les frères Lamarche [auteurs du crime] ont été chanceux de pas se faire tuer dans cette affaire-là." »

La défense poursuit sa preuve d'alibi. Un peu après quinze heures, elle appelle enfin l'accusé à témoigner.

Georges Marcotte dit être âgé de 32 ans et avoir fait la connaissance de Fournel dix ans auparavant au pénitencier de Saint-Vincent-de-Paul. Il rappelle que Fournel lui a donné rendez-vous chez lui, Place Meilleur, le vendredi 14 décembre, à l'heure du déjeuner.

« Je me suis levé vers 9 h et j'ai quitté la maison vers 11 h 20. Mon père m'a conduit dans son taxi au coin des rues Saint-Laurent et Saint-Viateur. Quand je suis arrivé chez Fournel, il n'y avait personne. Je suis entré et j'ai pris un verre. Ça a sonné. C'était Jules Reeves. Il m'a dit : "J'attends Jean-Paul." Et il s'est assis. Réal Fournel, le frère de Jean-Paul, est arrivé avec une valise et un gros sac à poignée. Il était sur les nerfs. J'ai appelé sa "blonde", Paqueline. Elle aussi est arrivée sur les nerfs.

« Êtes-vous allé au *Coffee Pot* ce jour-là ? lui demande l'avocat de la défense.

— Non, je n'y ai pas mis les pieds.

— Êtes-vous allé à la Banque de commerce du chemin Côte-de-Liesse ?

— Non, jamais. Je n'y suis jamais allé.

— Étiez-vous le père Noël du hold-up ?

— Non, je n'étais pas le père Noël du hold-up.

— Pourquoi Fournel vous en accuse-t-il ?

— Parce qu'il essaie de sauver sa peau et celle de son frère. Ça me dégoûte. »

En contre-interrogatoire, Claude Wagner passe en revue le casier judiciaire de l'accusé. Il est chargé : Marcotte a des démêlés avec la justice depuis l'âge de 16 ans.

Marcotte est épuisé ; il témoigne depuis plus de deux heures. Il s'en plaint au juge, qui décide de lever la séance. Il est bientôt de retour dans le box des témoins, reposé et sûr de lui.

Le procureur de la Couronne cherche à établir l'emploi de son temps, à la minute près, la veille, le jour et le lendemain du hold-up du 14 décembre.

« C'est loin tout ça, proteste l'accusé. Je ne peux pas me souvenir de ce que j'ai fait il y a deux mois...

— Vous vous souvenez pourtant clairement de ce que vous faisiez le 14, à dix heures et demie... »

Après le contre-interrogatoire de Marcotte, l'avocat de la Couronne rappelle à la barre les témoins à décharge pour tenter de les mettre en contradiction ou les discréditer. Il termine avec le père de Georges Marcotte, qui répète qu'à 11 h ou à peu près, le matin du crime, il conduisait son fils dans son taxi au coin des rues Saint-Laurent et Saint-Viateur.

Le seul témoignage de la défense qui gêne l'accusation est celui du père de l'accusé. Il a juré qu'à l'heure où les policiers de Saint-Laurent étaient abattus, il écoutait à la radio avec son fils le compte rendu d'une cérémonie en l'honneur des policiers qui avaient fait échouer le hold-up de Sainte-Scholastique en mai 1962. Or cette cérémonie avait bel et bien eu lieu le jour du crime de Saint-Laurent.

Pour en avoir le cœur net, le procureur de la Couronne a assigné des représentants des stations de radio de Montréal. Une seule station, se révèle-t-il, a diffusé cette information avant midi; c'est CJAD, une station de langue anglaise, et elle a donné peu de détails de la cérémonie.

L'accusation s'attache ensuite à réfuter la thèse de la défense suggérant qu'un autre individu — peut-être Réal Fournel, le frère du principal témoin à charge — se cachait sous le déguisement du père Noël.

Réal Fournel est cité à comparaître et il a un alibi solide pour le 14 décembre.

Dans son réquisitoire, Claude Wagner fait la somme des témoignages de l'accusation et réfute ceux de la défense. «Georges Marcotte se prétend innocent, dit-il. Je sais qu'il ment. Son père a fourni un alibi qui ne tient pas. Le père a une excellente raison de forger un alibi: il veut sauver son fils. C'est humain. Dans la même situation, je ne sais pas jusqu'où j'irais moi-même.»

Au bout d'une heure, il conclut en réclamant un verdict de meurtre qualifié, passible de la pendaison.

Yves Mayrand tente pendant près de deux heures de semer le doute dans l'esprit des jurés. «Aucun témoin n'a clairement identifié Georges Marcotte dans l'habit du père Noël, argue-t-il. La description qu'on a faite du père Noël, sa taille, son timbre de voix, son accent ressemblent bien davantage à Réal Fournel. L'affaire a été machinée par Jean-Paul Fournel. Coincé, il a conçu ce plan machiavélique auquel les membres de sa famille ont souscrit.»

Le jury se retire pour délibérer. Au bout d'une heure cinquante, le jury est d'accord.

«Nous jugeons l'accusé coupable de meurtre qualifié», annonce le président du jury. Le verdict est unanime.

Le juge rappelle aux jurés qu'ils peuvent recommander l'accusé à la clémence du tribunal et leur demande d'y réfléchir. Quinze minutes plus tard, les jurés donnent leur réponse: «Non.»

«Accusé, levez-vous, ordonne le président du tribunal. Avez-vous quelque chose à dire avant votre sentence?»

Marcotte ajuste ses lunettes d'une main distraite et déclare fermement: «Je suis innocent.»

Ganté de noir, le juge Roger Ouimet déclare d'un ton solennel: «Georges Marcotte, douze de vos pairs ont délibéré sur votre sort. Votre avocat a mis tout son cœur à vous défendre. Vous avez été jugé impartialement. La loi m'oblige à vous imposer la peine de mort. Dieu ait pitié de votre âme! J'ordonne qu'on vous détienne à la prison commune de Montréal jusqu'au 31 mai, jour où vous serez pendu par le cou jusqu'à ce que mort s'ensuive.»

Il est minuit trente-cinq, le samedi 2 mars 1963. Georges Marcotte tourne les talons et prend le chemin des cellules. On lui a donné rendez-vous avec la mort.

On aurait pu croire que cette affaire tomberait dans l'oubli. Il n'en fut rien: tour à tour, chacun des tristes héros de ce fait divers sanglant allait défrayer la chronique des années durant.

Si, au début de l'année 1973, on croit le sort du principal acteur du drame réglé, il reste à statuer sur celui de ses deux complices, Jules Reeves et Jean-Paul Fournel.

Pour le premier, il faudra attendre: l'embolie cérébrale dont il a été victime l'a laissé quasi muet et il souffre d'une paralysie partielle du bras gauche. À l'automne 1973, il rend l'âme derrière les barreaux, sans avoir jamais subi son procès.

Quant au deuxième, sa collaboration ne saurait lui éviter d'avoir à répondre de sa participation au hold-up et de sa complicité dans le meurtre des policiers.

Il est d'abord gardé à demeure dans les cellules du Palais de justice. Il sera éventuellement condamné à l'emprisonnement à vie. Il prend alors le chemin du pénitencier de Stony Mountain, au Manitoba : on ne donnerait pas cher de sa peau dans un pénitencier québécois...

C'était sans compter avec la solidarité du monde des détenus : deux mois à peine après son arrivée là-bas, il est poignardé à deux reprises et échappe de justesse à la mort. On le transfère alors dans une prison de la Colombie-Britannique. Plus tard, on apprendra qu'il a bénéficié d'une libération conditionnelle et a refait sa vie dans ce coin de pays.

Georges Marcotte portera sa cause en appel jusqu'à la Cour suprême et obtiendra ainsi de nombreux sursis à son exécution.

En septembre 1963, le célèbre procureur de la Couronne Claude Wagner accède à la magistrature. Il sera juge à la Cour des sessions de la paix avant de passer bientôt à la politique et d'être nommé ministre de la Justice.

Son adversaire dans l'affaire Marcotte, Yves Mayrand, sera aussi nommé juge quelques années plus tard. Il sera éventuellement juge en chef de cette même Cour des sessions avant de passer à la Cour supérieure.

En décembre 1964, la décision sur le sort de Marcotte échoit au premier ministre Pearson qui met la question aux voix auprès de son cabinet. Le résultat ne surprend personne, la peine est commuée en emprisonnement à vie. C'est qu'à Ottawa les adversaires de la peine de mort sont de plus en plus nombreux. Ce n'est qu'une question de temps avant qu'on l'abolisse officiellement...

En juillet 1981, des entrefilets dans certains journaux québécois mentionnent que Marcotte a finalement bénéficié d'une libération conditionnelle. Il ne peut mettre les pieds au Québec sans la permission des autorités et il n'a pas droit de boire d'alcool.

Il s'est établi à Hamilton, en Ontario, où il a trouvé femme et travail. Il s'appelle désormais Georges Duviver. Trois ans plus tard, il est renvoyé derrière les barreaux : il aurait eu une violente escarmouche avec son patron...

À la mi-janvier 1989, vingt-sept ans après le hold-up de la Côte-de-Liesse, il fait à nouveau les manchettes. Remis en liberté quelques années plus tôt, il a été arrêté en compagnie de deux complices à la suite d'un hold-up commis dans les bureaux d'une société de fiducie torontoise. L'affaire leur a à peine rapporté 2 600 dollars, elle coûtera deux ans de taule à Georges Marcotte. Le rideau peut enfin tomber : il a aujourd'hui 64 ans, l'âge de la retraite a sonné...

L'avocat Trajan Constantin, la vedette surprise de l'affaire Marcotte, n'en est pas le personnage le moins trouble. Éventuellement reconnu coupable d'outrage à magistrat, il lui reste à comparaître devant le comité de discipline du Barreau. À la date fixée, en juin 1963, il brille par son absence et demeure introuvable. Les pires rumeurs se mettent alors à circuler... Aurait-il été liquidé par la pègre locale ? Aurait-il quitté le pays à jamais ?

C'est par hasard qu'un touriste québécois tombera sur lui à Paris, à l'été 1964. Trajan Constantin, sans le sou, est devenu peintre en bâtiment... Un de ses amis et compatriote raconte à notre touriste : «À Montréal, les Canadiens ont été bien méchants avec lui. Ils l'ont persécuté parce qu'il était l'instigateur d'un mouvement révolutionnaire, le FLQ. Il a été obligé de fuir et d'abandonner toutes ses affaires florissantes, aussi bien son bureau d'avocat que son entreprise de pompes funèbres.»

A beau mentir qui vient de loin... C'est sur cette note tragi-comique que Constantin disparaissait à jamais dans l'anonymat.

L'affaire Pearson

L'agent double n'était pas de taille

À l'aube des années soixante, le Québec craque partout aux coutures. Une violente secousse va bientôt l'agiter de la tête aux pieds. Même le « milieu » va vivre sa révolution, cependant moins tranquille que l'autre. Sur fond de guerre de gangs et de guerre de polices, l'affaire Pearson survient comme un signe des temps : les choses ne seront plus jamais pareilles. La poussée de la relève est irrésistible, les mœurs d'antan n'auront plus cours. Les « big boss » vont avoir la vie moins facile : le despotisme est passé de mode, même dans le monde interlope.

Mais l'esprit de la démocratie manque encore de souffle. Le 3 juillet 1961, par exemple, alors qu'éclate l'affaire Pearson, on tient des élections dans Rivière-des-Prairies, petite municipalité de l'est de Montréal, annexée depuis.

Ça s'annonce plutôt mal ! Le maire et les deux « présidents » d'élections, qui auraient commis des irrégularités, comparaissent en cour. La ville est littéralement fermée, l'accès en est contrôlé par la police municipale. On craint l'arrivée en masse de fiers-à-bras qui vont venir saccager certains bureaux de vote, intimider les électeurs et les forcer ainsi à rester chez eux...

Il n'y a pas que des élections à Rivière-des-Prairies, on vote aussi à Brossardville. On y arrête vingt-deux soi-disant électeurs qui se sont « illégalement » présentés aux bureaux de scrutin. Il y a dans le groupe des citoyens de Joliette, de la Beauce, de Malartic et même... d'Écosse. En fait, ils ont été recrutés le matin même, dans les tavernes du boulevard Saint-Laurent.

Les gangs spécialisés dans ces diverses opérations « électorales » sévissent partout à Montréal et autour. L'expert en la matière, c'est Keith « Rocky » Pearson, une armoire à glace dans la trentaine, qui fait 1,80 m, pèse plus de 110 kilos et dirige avec une poigne de fer une redoutable bande qui a pignon sur rue à Ville Jacques-Cartier, autre patrie d'une certaine démocratie.

Rocky est connu comme le loup blanc. Cet ancien boxeur a fait le tour des prisons canadiennes pour des délits allant du vol à des voies de fait graves. Entre deux élections, ce polyvalent d'envergure fait dans les loteries clandestines et la fausse monnaie.

La rumeur court dans les salles de rédaction montréalaises, mais la Police provinciale se refuse à tout commentaire : Mme Pearson aurait signalé la disparition de son mari.

Le 10 juillet, le directeur de la Police provinciale, Josaphat Brunet lui-même, annonce que le cadavre du disparu a bel et bien été retrouvé cinq jours plus tôt dans une grange abandonnée des environs de Varennes.

Le lendemain, à Tracy, devant une salle comble, le coroner ouvre son enquête. La police détient deux témoins importants, Raymond Caza et Donald Côté, tous deux impliqués dans la récente élection à Rivière-des-Prairies. La procédure est cependant reportée à une date ultérieure : la chasse aux « témoins » n'est pas terminée.

Le 14 juillet, la police publie les avis de recherche de trois autres associés de Pearson : Armand Larose, Georges Aird et Rosaire Daoust. Elle fait aussi savoir qu'elle a mis la main au collet d'Eddy Callaghan, un citoyen américain renvoyé chez lui quelques mois auparavant.

Cet ami intime de Pearson, qui sera bientôt relâché, avait connu la gloire lors des élections fédérales de 1958, après qu'on l'eut arrêté pour assaut sur la personne du président de l'élection dans le comté montréalais de Laurier et fondateur de la Ligue de moralité publique, le docteur

Ruben Lévesque. Callaghan l'avait battu à coups de bâton de baseball et lui avait fracturé la jambe droite.

Le 19 juillet, *La Presse* titre, à la une, «Guerre à mort au banditisme» et apprend à ses lecteurs que le gouvernement provincial entend sévir contre «le banditisme électoral». Vincent Prince y signe un éditorial intitulé «La pègre et les élections»: «Les contrats de construction d'écoles, de fournitures scolaires, de voirie, la spéculation sur les terrains, et bien d'autres manigances possibles demeureront toujours une invitation aux gens sans scrupule de recourir aux méthodes les moins orthodoxes pour fausser le sens des élections.»

Quelques jours plus tard, la police annonce l'arrestation à Toronto du chauffeur et garde du corps de Pearson, un dénommé Frank Watson.

L'enquête du coroner reprend le 21 juillet. On y apprend que la police a découvert le cadavre de Pearson à la suite d'un appel anonyme. Il est mort des suites de neuf coups de marteau portés à la tête, dans son bureau même de Ville Jacques-Cartier.

Les témoins Côté, Caza et Watson sont entendus avant d'être libérés. Son chauffeur a été le dernier à le voir vivant. Vers 5 h de l'après-midi, raconte-t-il, le patron a reçu un appel qui l'a profondément troublé. Il a demandé à être conduit à une taverne du coin. Le témoin est ensuite retourné au bureau et ne l'a plus jamais revu. Le coroner demande à la police de poursuivre son enquête...

Vingt-cinq mois plus tard, fin juillet 1963, la nouvelle éclate comme une bombe: Raymond Caza, Rosaire Daoust et Armand Larose seront accusés du meurtre de Pearson. Georges Aird et Donald Côté devront répondre d'une accusation de complicité après le fait.

Pourtant, le 16 mai précédent, le procureur général du Québec avait déclaré que l'identité des meurtriers de Pearson était connue mais qu'on manquait de preuves pour les traduire en justice. Que s'est-il donc passé depuis? Une question est sur toutes les lèvres dans les corridors du Palais du justice: «Qui a parlé?»

On ne tardera pas à le savoir. À l'enquête préliminaire, la salle archicomble apprend avec stupéfaction que la

Couronne entend étayer sa preuve sur le témoignage de Frank Watson ! Le chauffeur de Pearson était un « agent double », un indicateur à la solde de la Gendarmerie royale du Canada : pour 100 dollars par semaine, il avait été chargé d'infiltrer la bande que l'on savait très active dans le trafic de fausse monnaie.

La conduite de la GRC dans l'affaire, qui a choisi de taire longtemps certains faits à la Police provinciale, soulève un tollé de protestations. Watson s'est donc parjuré à l'enquête du coroner deux ans plus tôt ? On dénonce le corps de police fédéral, certains proposent même « qu'on interdise le Québec à la GRC ! »

Caza, Daoust et Larose seront jugés ensemble, le tour de Aird et Côté, les présumés complices après le fait, viendra ensuite. Trois des ex-membres de la bande Pearson sont mal en point. Armand Larose marche à l'aide de béquilles : quelques mois plus tôt, une charge de dynamite, cachée sous le capot de sa voiture, a explosé quand il a pressé le démarreur. On a dû lui amputer une partie de la jambe.

Donald Côté a été touché, deux semaines plus tôt, de plusieurs balles de revolver, à sa sortie de l'hôpital Maisonneuve où sa femme venait d'accoucher.

Quant à Frank Watson, on l'a retrouvé voilà un an, plus mort que vif, dans un ravin des environs d'Ottawa. Il avait été battu à coups de bâton de baseball.

Le 17 mars 1964, Caza, Daoust et Larose prennent place dans le box des accusés. La Couronne est représentée par le redoutable Gabriel Lapointe. Dans le coin opposé de l'arène, trois plaideurs pas piqués des vers : Raymond Daoust, Léo-René Maranda et Maurice Hébert. Le spectacle promet, la foule se presse aux portes du Palais.

Les premiers témoins ne font pas de vagues. Le médecin légiste confirme ce qu'on savait déjà, des policiers racontent les circonstances dans lesquelles ils ont retrouvé le cadavre de la victime, le propriétaire des bureaux de Pearson confirme que les trois inculpés y travaillaient avec lui.

Le moment tant attendu ne saurait tarder. Deux jours après le début des hostilités, Frank Watson prend place à la barre des témoins. Des mesures de sécurité extraordinaires ont été prises, toutes les personnes admises dans la salle sont au préalable fouillées, à l'exception des avocats et des chroniqueurs judiciaires.

Le témoin raconte que dans l'après-midi du 26 juin, vers les 16 h, il a laissé les trois accusés avec Rocky Pearson, pour aller leur chercher des hot-dogs et des frites. À son retour, Daoust l'attend à la porte du bureau, revolver à la main. Il le fait entrer. Larose aussi pointe une arme dans sa direction. Il croit alors que sa couverture a sauté et que l'on sait qu'il est à la solde de la GRC.

Ils le font asseoir contre un mur: «J'ai vu des pieds qui dépassaient de la porte ouverte de la salle de bains. J'ai reconnu les souliers de Rocky. J'entendais des coups, comme si on frappait de la viande. J'ai cru que j'allais connaître le même sort. Puis Larose m'a dit "Finis-le." Je lui ai demandé son arme, il m'a répliqué: "Pas avec ça, prends le marteau." C'est ce que j'ai fait, mais après avoir enlevé mon pantalon, qui était de couleur claire. J'ai frappé Pearson deux ou trois fois sur la tête. Il y avait un demi-pouce de sang sur le plancher. De toute apparence, il était déjà mort. Il avait la tête défoncée...»

Son panier vidé, Watson doit affronter Raymond Daoust, le pourfendeur de témoins, le criminaliste le plus réputé de sa génération, qui s'attaque tout de go à sa crédibilité. Le témoin admet que sur les 45 ans qu'il a vécu à ce jour, il en a passé vingt en taule. Il est ensuite mis en contradiction avec certaines de ses déclarations à l'enquête préliminaire de juillet 1963 et enfin, il admet ne pouvoir jurer que Pearson était bien mort quand il l'a frappé.

Questionné sur les supposés mobiles des conspirateurs, il explique qu'ils reprochaient à la victime de les avoir spoliés de milliers de dollars et que l'un d'entre eux croyait que Pearson avait l'intention de le supprimer.

La défense interrompt le contre-interrogatoire pour faire part à la Cour d'un incident où, cette fois, ce sont les polices provinciale et municipale qui s'affrontent. Les procureurs de la défense ont réclamé une machine à écrire sur laquelle, veulent-ils prouver, Watson aurait écrit de sa cellule, au quartier général de la Police provinciale, à un ami emprisonné à Kingston, en Ontario. Il aurait signé la lettre du nom de l'épouse du destinataire, lequel devait peut-être être appelé à témoigner dans l'affaire.

Un détective de la Sûreté municipale, muni d'un mandat, se présente chez la Police provinciale avec l'intention d'emporter la machine. Il lui faut faire le pied de grue deux heures durant pour finalement se faire dire qu'elle est introuvable...

À un certain moment, Jacques Bellemare, le procureur qui assiste maintenant Gabriel Lapointe, oppose une objection à une question de Raymond Daoust : « On ne fait pas le procès de la Police provinciale... » L'autre lui réplique du tac au tac : « On va laisser ça à l'enquête Coffin... »

Le mot n'a pas l'heur de plaire au président du tribunal qui semonce vertement Daoust : la magistrature québécoise a l'épiderme particulièrement sensible en ce qui a trait à cette affaire...

Revenu à ses moutons, Raymond Daoust demande à Watson pourquoi il a attendu deux ans avant de donner sa version des faits. L'autre répond que trois jours après le drame, il a tout raconté à son officier de liaison de la GRC. On lui a alors recommandé de se taire et d'attendre la suite des événements. Il s'est donc parjuré devant le coroner dans les jours qui ont suivi ? Il ne fallait pas qu'il dévoile son secret, il aurait perdu son job : « On m'a laissé entendre que je ne serais plus d'aucune utilité si je révélais que j'étais un indicateur de police... »

Jeudi 27 mars. Tout au long de sa prestation, le témoin ne s'est pas départi une seule fois de son impassibilité. À Raymond Daoust qui lui annonce que le contre-interrogatoire tire à sa fin, il rétorque : « Je suis là depuis sept jours. Cinq minutes de plus ne me feront pas de mal... »

L'avocat hausse le ton : « Vous niez avoir assassiné Pearson, dans son bureau, après le départ de Larose, Daoust et Caza, dans la soirée du 26 juin 1961 ? Et que vous étiez alors avec deux étrangers de Toronto ? »

Watson ne se démonte pas : « Absolument ! J'aurais pu le tuer en tout temps [...]. J'étais son garde du corps, je couchais dans la même chambre que lui. Mais je ne l'ai pas fait. »

L'autre insiste : « Le seul but de vos déclarations à la GRC, deux jours après, n'était-il pas de couvrir l'acte que vous aviez commis ? » « Non ! » répond Watson. La passe d'armes est terminée.

Là-dessus, le juge, qui s'apprête à lever la séance, a de mauvaises nouvelles pour les jurés. Le long congé de Pâques approche, la Cour ne siégera pas les quatre prochains jours, mais ils doivent rester malgré tout séquestrés. La loi, c'est la loi...

À la reprise des audiences, le mardi matin suivant, une surprise de taille attend tout le monde : les jurés se sont pris de querelle entre eux, on raconte même que certains en sont venus aux coups. Le juge entend la matinée durant les doléances et les critiques de la plupart des jurés qui dénoncent les pénibles conditions qui leur sont faites.

La mésentente s'est installée pour de bon, le magistrat n'a pas le choix : il les renvoie chez eux et met ainsi fin au procès ! De mémoire d'homme, on n'a jamais vu ça, c'est une première dans les annales judiciaires canadiennes. Il faut tout recommencer.

On va se reprendre quatorze mois plus tard, le 3 mai 1965. Trois jours à peine après l'ouverture des débats, le procès passe bien près de finir de façon aussi abrupte que le premier. Un témoin de la Couronne laisse entendre par mégarde que les accusés ont des casiers judiciaires. Léo-René Maranda bondit de son siège et réclame que l'on mette fin aux procédures : « Les jurés ont été empoisonnés par la déclaration préjudiciable du témoin. » Le juge André Sabourin refuse, les avocats déclarent « être obligés de se retirer du dossier ». Le magistrat leur ordonne de demeurer auprès de leurs clients.

Le combat s'annonce épique, on se dispute les places dans la salle du tribunal. Quand vient le moment de contre-interroger Watson, c'est Léo-René Maranda qui officie. Il ne bénéficiera pas de la marge de manœuvre de son confrère lors du premier procès : dans un geste rarement vu dans nos cours de justice, le magistrat met fin au long témoignage de Watson : « Les questions que vous multipliez à l'adresse du témoin ne conduisent nulle part, bon nombre d'entre elles ne sont même pas pertinentes. Le témoin peut se retirer.» La défense pousse de hauts cris, rien n'y fait.

Le procès tourne court. Léo-René Maranda, outré, déclare ne pas avoir de défense à présenter. On passe aux plaidoiries, le jury se retire ensuite.

Les délibérations durent dix-huit heures, on acquitte finalement les accusés. Une des plus célèbres affaires criminelles de ce demi-siècle prend ainsi fin. Que s'est-il passé dans les bureaux de Rocky Pearson en ce 26 juillet 1961? On ne le saura jamais.

L'affaire Fortin

Gardons-nous de la force de l'évidence!

Il est minuit cinq minutes en ce 10 octobre 1963. L'hippodrome de la ville de Jonquière, au Saguenay–Lac-Saint-Jean, s'est vidé de ses parieurs voilà une demi-heure. Seuls y sont encore le propriétaire, Richard Savard, son fils Ghislain, le comptable Constant Bergeron et le gérant Réal Coderre qui comptent les recettes de la soirée sous la protection d'un policier de la Sûreté municipale, un certain Côté.

Tous s'affairent dans le bureau de la comptabilité, situé tout près de la salle du pari mutuel. Des coups lourds retentissent à la porte verrouillée. Un coup de feu éclate : on a tiré dans la porte, des gangsters ordonnent qu'on leur ouvre. Un autre coup de feu, tout le monde a compris, ils tentent de faire sauter la serrure. Le fils Savard, qui veut éviter le pire, s'amène pour leur ouvrir. Une troisième balle rate la serrure et perce la porte de part en part, le jeune homme s'écroule, touché à l'abdomen.

La serrure finit par céder, trois bandits masqués de cagoules font irruption dans la pièce. «Tout le monde couché!» commandent-ils aussitôt. L'agent Côté porte la main à son arme, on lui saute dessus et on lui envoie une volée de coups.

Ghislain Savard se tord de douleur, un flot de sang s'échappe de sa plaie : «J'ai une balle dans le ventre, je vais mourir», gémit-il. Le comptable Bergeron s'est couché à ses côtés, il l'implore de se taire pour ne pas indisposer davantage leurs assaillants...

Ceux-ci ont vite fait de mettre la main sur les sacs d'argent qui se trouvent sur la table ; ils repartent aussitôt avec un maigre butin de quelque 3 000 dollars. On apprendra bien plus tard qu'ils comptaient mettre la main sur vingt fois plus !

Une fois dehors, les bandits s'engouffrent dans une Pontiac rouge de modèle récent. Un témoin a le temps de noter le numéro d'immatriculation. La police est aussitôt prévenue, le jeune Savard et le policier Côté sont amenés en vitesse à l'hôpital. Le premier, au bout de son sang, rend l'âme deux heures plus tard. Il venait de fêter ses 21 ans. Il aura droit à la une du *Soleil* aux côtés d'Édith Piaf et de Jean Cocteau qui se sont éteints la veille à Paris.

Côté, vite remis de ses blessures à la tête et au bras et qui connaît bien tous les petits truands de la région, apprend à ses confrères qu'il a reconnu un des cagoulards. Il s'agit de Marc-André Fortin, qu'il a déjà arrêté et à qui ses yeux légèrement bridés et son teint olivâtre ont valu le sobriquet de « Chinois ». Le jeune homme de 27 ans, en plus d'être fort courbé, a les jambes torses et arquées, ce qui rend sa démarche reconnaissable entre toutes : le policier ne s'y est pas trompé. Qui plus est, il a des goûts vestimentaires particuliers : « J'ai reconnu ses souliers noirs de cuir verni, son pantalon étroit de la même couleur, sans rebord et fendu sur les côtés, qu'il porte toujours. »

Toute la maréchaussée des parages part en chasse. Moins d'une heure plus tard, une demi-douzaine de policiers descendent à l'hôtel Capri de Kénogami. Plus de cent vingt clients s'y trouvent, on fête l'ouverture du bar, on boit à l'œil. Marc-André Fortin, attablé dans un coin avec quelques amis, est emmené sur-le-champ.

Il est bel et bien vêtu tel que l'a décrit son dénonciateur et l'on va retrouver, dans les heures qui suivent, tout près de l'hôtel, la Pontiac volée qui a servi aux bandits dans leur fuite. « Chinois » est perdu.

D'enquête du coroner en enquête préliminaire, le Jonquiérois est finalement cité à procès. Le 1er juin 1964, les curieux se pressent aux portes du Palais de justice de Chicoutimi. Les causes de cette envergure ne sont pas monnaie courante. Pourtant, pour tout ce beau monde, l'affaire apparaît comme une simple formalité tant sont lourdes les présomptions qui pèsent sur l'accusé dont la tête est en jeu.

Les avocats Roger Chouinard et Richard Dufour soutiennent l'accusation. Marc-André Bédard et Lawrence Corriveau assurent la défense de l'accusé: le premier est un jeune avocat du pays (il sera ministre de la Justice du gouvernement Lévesque douze ans plus tard). Il a appelé en renfort le second, un ténor du barreau de la Vieille Capitale. La présidence du tribunal a été confiée au juge Paul Miquelon, un homme cassant, spirituel et caustique qu'on ne pourra jamais accuser d'excès d'indulgence pour les fautes d'autrui et qui a fait une brillante carrière de procureur de la Couronne.

Aucune surprise dans les dépositions de la vingtaine de témoins qui viennent d'abord raconter les circonstances du drame et de l'arrestation de l'accusé. C'est au troisième jour des audiences que la Couronne choisit de faire entendre son témoin pivot.

Auparavant, un ami de l'accusé, Raymond Turcotte, a juré lui avoir prêté, un mois avant le drame, un pistolet de calibre 9 mm. Or, selon le médecin légiste entendu au premier jour du procès, la victime a été tuée d'une balle de même calibre.

Le policier Côté est un homme maître de lui et raisonneur qu'on n'ébranle pas facilement. Les quatre heures que dure son témoignage, il reste de marbre. Il est formel sur tous les points de sa déposition. Il n'a pas reconnu l'accusé par sa démarche et par ses vêtements seulement, mais encore par sa voix. Une semaine après le hold-up, il s'est rendu aux cellules du poste de police: « Là, j'ai taquiné Fortin quelque peu. Il s'est fâché. J'ai reconnu la voix de celui qui m'avait dit, le soir du meurtre, "Bouge pas ou je tire!" » Le ton est tranchant, la démonstration limpide.

À la demande du jury, en après-midi, juge, jurés, accusé, avocats et curieux se rendent sur les lieux du crime, où l'on procède à sa reconstitution. Monté sur la première des deux marches de l'escalier qui mène dans le bureau, Lawrence Corriveau, l'arme au poing, personnifie l'un des apaches. Le policier Côté, devant lui, démontre comment il a pu remarquer les souliers et les pantalons de l'accusé et surtout, le nombre de pas qu'il lui a vu faire dans sa fuite. «Deux dans le bureau et six ou sept dans le corridor», spécifie-t-il.

L'avocat Corriveau revient sur ce dernier point lors du contre-interrogatoire: «À l'enquête préliminaire, vous avez déclaré que vous aviez vu l'accusé faire deux pas dans le bureau. Vous n'aviez pas parlé de ses pas dans le corridor. Pourquoi?

— On ne me l'a pas demandé.

— Vous avez déclaré que vous étiez convaincu que c'était l'accusé qui vous tenait en joue après avoir vu ses souliers de cuir verni et ses pantalons d'une coupe bien spéciale. Vous n'aviez donc pas besoin de voir sa démarche pour vous convaincre?

— Ça m'a rassuré. Même sans pantalon et sans souliers, je l'aurais reconnu à sa démarche.

— Vous en êtes certain?

— Je ne suis pas infaillible...»

Sur ces mots, Lawrence Corriveau annonce qu'il en a terminé avec le témoin.

Le juge Miquelon, qui aime que les choses soient claires, choisit d'intervenir: «Êtes-vous positif que l'accusé était présent à la piste de courses de Jonquière lors du meurtre de Ghislain Savard, le 10 octobre 1963?»

— Je n'ai aucun doute. J'ai bien vu que c'était Fortin. Il marchait les genoux collés et les pieds en dedans. Je le connais depuis cinq ans, je connais sa démarche.»

La Couronne n'est pas à bout d'arguments. Au policier Côté succède le sergent d'état-major André Courtemanche qui a eu l'accusé sous ses ordres en Allemagne, un an durant, en 1958: «Il a un défaut physique aux jambes qui l'empêche d'avoir les deux talons ensemble lorsqu'il est à l'attention. À l'attention, un soldat doit avoir une ouverture des pieds de trente degrés. Cet angle, Fortin ne peut l'obtenir. Dans les défilés, j'ai toujours trouvé qu'il traînait le pied gauche. Je l'ai vu marcher presque tous les jours pendant un an...»

Le témoin tient cependant à rendre hommage à son ancien subordonné: «Quand il le voulait, il avait des bottines reluisantes. Il avait la bonne manière de les faire reluire. C'est très difficile et très long. Il faut de l'eau, ou encore de la salive. Là, on en jette sur la cire tout en frottant et en tournant. Fortin était un cireur fantastique... »

Dernier témoin de la poursuite, une jeune fille de 19 ans, qui s'est rendue à la chambre qu'occupaient l'accusé et un ami dans un hôtel de la région, un mois avant le hold-up. Sur un bureau, elle a aperçu un revolver. Était-il semblable à celui que lui exhibe le procureur? «Je ne peux pas dire, je ne connais pas ça.» Le juge Miquelon s'impatiente: «Voyons, vous ne connaissez pas ça, un revolver... — Celui que j'ai vu avait un canon plus mince», lui répond-elle en fondant en larmes...

Son tour venu, la défense fait entendre trois témoins qui jurent avoir passé toute la soirée avec l'accusé. Waldo Gagnon est formel: «Je suis arrivé à l'hôtel Capri vers 23 h 30. Fortin était déjà là, je me suis attablé avec lui et quatre autres personnes. Je suis resté au moins une heure, il n'a pas quitté l'hôtel... »

Même son de cloche chez Lisette Lepage: «J'ai dansé quelques fois avec l'accusé. Puis, à un moment donné, je suis allée aux toilettes. Quand j'en suis sortie, j'ai regardé l'heure, il était 23 h. Mon ami, Frank Gagnon, avait son voyage. J'ai pensé m'en aller avec lui, mais on n'a pas quitté avant minuit quinze. Fortin a été assis avec nous tout le temps... »

Le dernier témoin de la défense, mais non le moindre, prend place dans le box. Tout au long de son procès, Marc-André Fortin est resté impassible; il affiche le même calme lors de sa déposition de trois heures. Il ne démord pas: «Je n'ai rien à voir avec le vol commis ce soir-là. Je suis arrivé à l'hôtel Capri vers 22 h 30, j'ai quitté avec les policiers vers 1 h 15... »

À la demande de son avocat, il marche devant les jurés: son pas est régulier. Puis il se place à l'attention, comme l'a fait le sergent Courtemanche la veille. Lawrence Corriveau note: «À l'attention, vous avez bien les talons collés... » Le juge l'interrompt aussitôt: «Ce n'est pas à vous de passer vos remarques. Les jurés apprécieront... »

En contre-interrogatoire, on lui fait d'abord admettre les condamnations qu'il a subies au cours des quatre dernières années. Le procureur revient sur sa démonstration devant les jurés :

« Monsieur Fortin, n'est-il pas vrai que ce n'est pas votre démarche habituelle ?

— C'est ma démarche habituelle.

— N'est-il pas vrai que vous avez pratiqué une démarche particulière au cours de la semaine, en bas, où sont situées les cellules de la Sûreté ?

— Non.

— Dans les corridors ?

— Non. Je suis dans une cellule de six pieds carrés.

— Avez-vous pratiqué cette démarche devant quelqu'un ?

— Oui, une fois, devant maître Corriveau... »

Enfin, l'accusé ne nie pas avoir avoir emprunté une arme à Raymond Turcotte : « Une connaissance commune, Larry McLemen, savait que Turcotte avait cette arme. Il en avait besoin. Comme j'étais plus ami que lui avec Turcotte, McLemen m'a demandé de l'emprunter... »

La défense plaide la première. Lawrence Corriveau s'attarde sur le témoignage du policier Côté : « Je ne mets pas en doute l'honnêteté du témoin, mais je dis qu'il est porté à l'exagération. Il n'a vu les souliers et les pantalons de l'accusé que quelques secondes, et il est convaincu que ce sont ceux de l'accusé. [...] Il y a des contradictions dans ses témoignages à l'enquête préliminaire et au procès. Il a d'abord été question de deux pas puis de sept. [...] Ne trouvez-vous pas curieux, si Côté est certain d'avoir reconnu Fortin par ses souliers et ses pantalons, qu'il se soit vu dans l'obligation de le regarder marcher ? Il en est de même pour sa voix. S'il était si certain d'avoir reconnu la voix, pourquoi a-t-il fait parler Fortin dans les cellules quelques jours après ? Côté n'est pas certain d'avoir reconnu Fortin. Messieurs les jurés, le doute doit jouer pour l'accusé... »

Ce n'est pas l'avis, on s'en doute, de la poursuite : « L'agent Côté ne peut se tromper. En plus de cette preuve d'identification, il y a une preuve de circonstances fondée sur l'automobile qui a été retrouvée à proximité de l'hôtel Capri, sur la présence de l'accusé à cet hôtel et, enfin, sur l'arme empruntée à Raymond Turcotte quelques jours avant le crime. La défense d'alibi de l'accusé? Le vol s'est fait en trois minutes. Il est fort plausible qu'en quinze minutes, on puisse se rendre à la piste de courses et revenir à l'hôtel Capri. Lorsqu'il y a cent vingt personnes dans une salle, est-ce qu'on remarque quelqu'un qui s'est absenté pour si peu de temps? »

Le président du tribunal, avant que les jurés ne se retirent pour délibérer, leur livre une longue adresse. Son opinion est faite: «Il ne vous viendra pas à l'esprit que le témoin Côté est malhonnête. Je ne vois pas dans quel intérêt il voudrait l'être. Il vous a dit qu'il n'était pas infaillible mais quand il s'est expliqué sur le sens de cette réponse, on voit bien que, dans son esprit, il ne fait aucun doute qu'il a reconnu l'accusé. [...] Vous aurez aussi remarqué que plusieurs témoins de la défense, sauf deux, ont des casiers judiciaires. [...] Il faut bien se mettre dans la tête que, de nos jours tout spécialement, le crime est organisé. On conçoit que ceux qui s'y livrent prennent des précautions au cas où quelque chose ne tournerait pas rond. [...] Enfin, si, au cours de mes remarques, vous croyez déceler une opinion sur les faits de la cause, vous n'êtes pas liés. Au contraire, vous devez passer outre si telle n'est pas votre façon de voir...»

Vingt minutes à peine après avoir entamé ses délibérations, le jury est prêt à rendre son verdict. «Non coupable», clame son président. Le juge se tourne alors vers l'accusé: «Fortin, vous êtes acquitté sur le bénéfice du doute. J'espère que la leçon vous portera fruit...»

Pour la première fois depuis le début de son procès, Marc-André Fortin sourit. L'assistance applaudit, on s'avance vers les jurés pour les féliciter. Des centaines de curieux s'attardent, chacun y allant de son commentaire. L'affaire n'a pas fini de faire jaser.

Fortin ne recouvre pas aussitôt sa liberté. On a quelques autres affaires, dont deux hold-up, à lui reprocher. Cette fois, il aura moins de chance: il devra passer plus de deux ans en prison. Le temps que l'affaire connaisse enfin son dénouement.

En effet, quelque temps après le procès, un certain Raymond Thériault, de Jonquière, est arrêté au volant de sa voiture. Sous le tableau de bord, la police découvre une liasse de billets de banque dont certains, marqués, proviennent du vol de l'hippodrome.

Le lascar se met à table, il dénonce ses trois complices, tous de Montréal. Bien plus, il soutient qu'un officier de la police de Jonquière était de mèche avec eux, de même que le policier Côté lui-même...

La bande avait tout manigancé pour que les apparences accablent «Chinois» Fortin, un petit truand arrogant qui n'était pas en odeur de sainteté auprès de Côté. Entre autres menées, on avait laissé l'automobile volée près de l'hôtel Capri où l'on savait que se trouvait Fortin.

Tous les auteurs du hold-up écopèrent, à l'exception de Côté qui fut acquitté à l'issue de son procès.

Il ne restait plus qu'à tirer de cette affaire l'enseignement qui s'impose, à savoir qu'on ne doit pas se fier aux apparences, surtout quand on est juré dans un procès où se joue la vie d'un homme...

L'affaire Lalonde

La fin d'un monde

Avril 1964. John Fitzgerald Kennedy a été assassiné quelques mois plus tôt, le Québec est sorti de la Grande Noirceur, les *baby-boomers* n'ont pas vingt ans et se proposent déjà de changer la vie, voire le monde. Le fossé entre les pères et les fils se creuse petit à petit, on vit à l'heure du conflit des générations Une cause célèbre vient en quelque sorte représenter d'une manière obscure et détournée le climat de l'époque.

Toute la péninsule, de Sainte-Flavie à Gaspé, ne parle que de ça. Un meurtre dans une institution religieuse ! C'est que le 20 du mois, au Collège de Matane, on a découvert dans son lit le cadavre du frère Oscar Lalonde, la tête fracassée d'une dizaine de coups d'une masse de maçon. On a retrouvé l'arme sur les lieux du crime ; on croit qu'elle provient du chantier où deux cents hommes travaillent à la construction d'une nouvelle aile.

Cette maison d'enseignement secondaire, que fréquentent quelque quatre cents jeunes gens, a été fondée sept ans plus tôt par les clercs de Saint-Viateur.

Le mobile du crime, selon les premières constatations, ne fait pas de doute. La chambre du religieux donne sur les bureaux de la comptabilité, là où l'on garde la caisse. La porte a été forcée, mais en vain. Les suspects ne manquent pas : plusieurs centaines d'ouvriers sont passés sur le chantier au cours des dernières années, tous connaissaient les lieux et le frère Lalonde, qui était portier et tenait une petite cantine où les ouvriers s'approvisionnaient à l'heure du goûter.

Six mois plus tard, en novembre 1964, la Gaspésie est frappée de consternation : la police écroue trois pensionnaires, les jeunes Allaire, Lussier et Poisson.

L'affaire fait du boucan et pas que dans la région. Deux des garçons appartiennent à des familles en vue de Québec, le scandale gagne la capitale, il devient national. Un journal montréalais écrit : « Les circonstances de ce meurtre sont certainement les plus insolites, les plus scabreuses et les plus ignobles de toute l'histoire criminelle du Québec, sinon du Canada... »

À l'enquête du coroner puis à l'enquête préliminaire, la Couronne a peint un tableau fort sombre des mœurs des trois jeunes gens. Ils ont commis quelques vols au collège avant le meurtre, ils se sont livrés à des farces estudiantines du pire goût, ils affichaient un comportement d'anarchistes, leurs jeunes cervelles intoxiquées par des lectures mal comprises. Ils ont aussi commis des indiscrétions et se sont vantés à quelques amis d'avoir commis le terrible forfait.

Le 10 mai 1965, au Palais de justice de Rimouski, on instruit d'abord le procès de Poisson ; celui de Lussier suivra. Quant à Allaire, on ne l'accuse plus que de tentative de vol. Toute la presse québécoise est là, la canadienne aussi, dont l'austère *Toronto Star*. La table est mise pour un procès intéressant, la présence de deux brillants plaideurs va en faire une cause célèbre.

Le ministère de la Justice a envoyé son plus redoutable procureur, Jean Bienvenue. Pour tout accusé, c'est une mauvaise nouvelle. À environ 35 ans, ce Brummell du Barreau québécois, pénétré de la grandeur de sa mission, n'est pas partisan de la guerre en dentelle. Le verbe inquisiteur, il sait traquer sa proie, c'est un félin qui vous bouffe en un coup de dents un adversaire timoré.

Il va trouver sur son chemin René Letarte, le défenseur de l'accusé, un rival à sa mesure. Québécois lui aussi, ce professeur de droit criminel à l'Université Laval est un orateur né, courageux et racé, un homme de panache qui parle une langue riche. L'arbitre du débat, le juge Georges Pelletier, en est à son premier procès pour meurtre. Tout un baptême de feu...

L'accusé, grand, robuste, bien mis, affiche un sérieux de circonstance. La salle est remplie à pleine capacité, surtout par des jeunes gens aux allures d'étudiants. Le procès de Poisson n'est-il pas, pour une certaine jeunesse, le procès d'une génération?

Le frère Michaud, la quarantaine passée, plutôt corpulent, le sourire facile, semble nerveux. Il n'est plus au Collège de Matane, il est directeur des élèves dans un collège de Havre-Saint-Pierre. Il occupait une chambre contiguë à celle du frère Lalonde, leurs chambres étant les deux seules au rez-de-chaussée du collège. Il a vu le frère Lalonde pour la dernière fois vers 21 h, il s'est couché une demi-heure plus tard, a passé une bonne nuit, s'est levé vers 5 h 30, puis a vaqué à ses occupations. De retour à sa chambre vers 9 h 30, il constate que son voisin n'a pas encore donné signe de vie, il passe le réveiller et le trouve mort. Le procureur prend bien soin de l'interroger sur l'état de ses relations avec la victime: «Nous étions en excellents termes. Nous nous rencontrions souvent, il m'a rendu d'immenses services...»

La Couronne n'a pas amené ce point par hasard, elle sait depuis l'enquête préliminaire que ce n'est pas du tout l'avis de la défense. Le frère Michaud ne prête-t-il pas au soupçon? Quand vient le tour de Letarte d'interroger le témoin, l'attitude de ce dernier change, il semble sûr de lui, voire arrogant.

L'avocat relève certaines contradictions, sur des détails, entre ce qu'il déclare au procès et son témoignage à l'enquête préliminaire. Là, il avait affirmé avoir vu du sang sur le plancher dès qu'il avait pénétré chez le frère Lalonde, aujourd'hui il affirme n'en pas avoir remarqué. De même, à l'entendre, les nerfs lui auraient lâché dès qu'il a réalisé qu'il s'agissait d'un assassinat; or il avait affirmé plus tôt qu'il avait craqué le surlendemain.

Le ton de l'avocat se fait plus pressant, plus soupçonneux. Il rappelle au témoin qu'il a dit le matin même au sergent Bussières « C'est peut-être moi cette nuit qui ai fait ça, étant somnambule... » Le religieux s'explique : « J'ai dit ça sur le coup de l'énervement. Ma chambre était voisine de la sienne, elle mène aussi à la comptabilité. Ç'aurait pu être moi plutôt que le frère Lalonde. J'étais secoué... »

En deux questions rapides, qui soulèvent immédiatement une objection de la Couronne, il admet avoir été le dernier à voir la victime vivante et le premier à l'avoir vue morte... « Mis à part l'assassin », sera-t-il autorisé à reprendre après l'intervention du procureur...

La Couronne dépose ensuite une lettre inachevée de l'accusé, trouvée dans sa chambre une douzaine de jours après le drame. Selon Jean Bienvenue, il l'a laissée là à dessein de lancer les enquêteurs sur une fausse piste. Ceux-ci ne connaissent pas le vrai mobile du crime, écrit-il en substance : « Ce n'est pas le vol, c'est la volonté d'initiative. C'est quelqu'un qui en avait assez de se faire dire qu'il vivait dans un collège monotone. » Or, soutient la Couronne, il savait qu'on apprendrait tôt ou tard qu'il avait déjà commis des vols au collège. Si le vol restait le mobile du crime, les soupçons finiraient par se porter sur lui. Mais des détails de la lettre, toujours selon le procureur, le trahissent : seul l'assassin pouvait les connaître.

Un codétenu de l'accusé, à la prison de Québec, témoigne ensuite que celui-ci lui a fait des confidences : « Il m'a dit qu'il avait tué le frère Lalonde. Il lui a donné deux coups de marteau dans sa chambre, au premier étage. Le sang pissait, il était tombé à genoux et il n'était pas mort encore... »

Les observateurs relèvent certaines discordances : la chambre de la victime était au rez-de-chaussée, elle a reçu au moins dix coups à la tête et elle a été retrouvée dans son lit, étendue sur le ventre, la tête enfoncée dans ses oreillers...

En contre-interrogatoire, le témoin admet avoir la réputation d'être un informateur de police ; on le surnomme « le stool ». Il a déjà fait un séjour à l'hôpital psychiatrique de Saint-Michel-Archange et il reconnaît qu'à sa sortie de prison, quelques mois auparavant, un inspecteur de police lui a remis 10 dollars. Un autre lui aurait dit: «Si tu connais Poisson, tu pourrais peut-être nous aider.»

Une ravissante jeune fille, dans un élégant *trench-coat* bleu assorti d'un fichu de la même couleur, toute frêle dans la boîte aux témoins, raconte ce qui s'est passé le week-end du 9 mai 1964.

L'accusé, qui est son ami de cœur, est à Québec, on fête une «prise de ruban» au collège des Jésuites et on donne un bal. Il l'appelle en après-midi: «Il m'a dit que le soir, il me dirait quelque chose qui me prouverait qu'on ne pouvait s'entendre, que je ne pouvais le comprendre et qu'il me montrerait notre désaccord au point de vue des idées... Le soir, pour faire rire les copains réunis autour d'une table, il a dit avoir frappé le frère et que ça avait sonné comme une noix de coco...»

On s'esclaffe dans la salle, Jean Bienvenue est debout, il s'insurge: «C'est si drôle...» Les rieurs, penauds, se contiennent, le témoin peut continuer: «Plus tard, en dansant, il m'a dit que c'était lui qui avait tué le frère Lalonde...»

L'heure la plus intense du procès a sonné. Allaire, l'ami des deux autres, qu'on n'a finalement pas accusé de meurtre, est à la barre des témoins. La partie qui s'engage est capitale, elle s'étend sur deux longues journées. Dans une première déclaration aux policiers de la Sûreté, qu'il a signée sous serment, il accuse ni plus ni moins ses deux amis.

Les autorités n'en ont pas cru leurs oreilles. Des policiers de Québec sont venus prêter main-forte à ceux de Matane. Interrogés par ceux-là, Allaire a renié sa première déclaration. Les policiers, selon la Couronne, ont commis alors une bévue en reconnaissant d'une certaine façon cette deuxième déclaration: ils ont porté une accusation de méfait public contre lui pour les avoir mis sur une fausse piste.

Bienvenue demande à la Cour que ce témoin de la Couronne soit déclaré hostile, ce qui lui permet d'agir comme si c'était un témoin de la partie adverse et le mettre ainsi en contradiction avec lui-même. S'ensuit une argumentation épique entre les deux avocats. Le juge s'en émeut: «Il est malheureux que le débat se soit engagé sur des sujets où sont concernées les hautes autorités du ministère de la Justice et de la police. On est allé très loin.»

La Couronne emporte le point, elle va pouvoir presser le témoin. Dans sa première déclaration, celui-ci avouait avoir fait le guet devant la chambre du frère Lalonde pendant que ses deux amis devaient essayer de se rendre à la comptabilité. Il l'a bel et bien signée? On lui a bien dit qu'il la signait sous serment? «Oui, mais j'étais à bout de nerfs, explique-t-il. Je voulais en finir au plus vite.» Il persiste à nier son contenu. «On m'avait indiqué ce que je devais répondre. J'étais fatigué et je voulais en finir...»

La tension est à son comble, le jeune homme va et vient entre sa première et sa deuxième déclaration, tant et si bien qu'à la fin de son témoignage, le juge le condamne à six jours de prison pour mépris de cour. Allaire repart brisé, les larmes aux yeux.

Enfin, le directeur spirituel de l'accusé, le père Audette, est à la barre des témoins. La défense s'oppose à son témoignage, elle prétend, droit canon à l'appui, que la direction spirituelle, tout comme la confession, est une communication privilégiée et ne peut être admise en preuve.

Elle n'a pas gain de cause, le religieux peut raconter que l'accusé lui a dit, sur le ton de la confidence, que Lussier avait assassiné la victime. D'autre part, le lendemain matin, l'accusé n'a pas servi la messe de son directeur spirituel comme d'ordinaire. À midi, il s'est excusé en lui disant qu'il croyait qu'il n'était pas de retour d'une excursion de ski.

Là-dessus, la Couronne déclare sa preuve close. Le tour de la défense est venu. Son premier témoin, un novice de la communauté qui garde un des dortoirs, affirme que, la veille du meurtre, il avait dit à l'accusé qu'il était possible que le père Audette, dont il servait la messe, ne soit pas de retour le lendemain matin.

Il est suivi à la barre par un ami et confident de l'accusé, un novice lui aussi, mais de la Compagnie de Jésus. Le jeune homme, en soutane, rappelle qu'il assistait à la «prise de ruban». Il a supplié l'accusé de cesser de dire qu'il était l'assassin du frère Lalonde. L'autre lui a répondu: «Je peux dire n'importe quoi, il n'y a pas de danger. Je n'ai rien à voir là-dedans. »

Il est également bien au fait de l'aveu de culpabilité de l'accusé à sa petite amie, il savait que celui-ci voulait rompre avec elle depuis quelque temps, il lui a reproché d'avoir eu recours à un tel procédé. L'autre lui a répondu : « Je voulais la dégoûter de moi, j'ai pris ce moyen-là. » Il lui a aussi longuement parlé de l'affaire : « Il m'a dit que le mobile pouvait être le vol mais que lui et quelques copains avaient fait leur propre enquête et qu'ils soupçonnaient un frère... »

Jean Bienvenue est debout : « Je m'oppose à ce que le témoin fasse part du verdict de Poisson et ses amis... » René Letarte s'explique et son argument porte : « Le témoin rapporte une déclaration de l'accusé, tout comme celle qu'il a faite au père Audette et que la Couronne a mise en preuve... » Le juge lui donne raison, le témoin peut continuer : « Il a dit que le mobile pouvait être l'homosexualité... Il a parlé d'un frère qui avait sa chambre à côté de celle du frère Lalonde. » On entend alors les murmures de la salle...

Un ex-détenu à la prison de Québec prend alors place à la barre des témoins. Il a connu l'accusé, avec qui il partageait le même « bloc » cellulaire. Il n'a jamais entendu Poisson lui déclarer qu'il avait tué le frère Lalonde : « Il a toujours nié avoir eu quelque chose à faire là-dedans... » La défense annonce la chute prochaine du rideau : elle n'a fait entendre que quelques témoins mais déclare sa preuve close.

Le moment des plaidoyers est venu, la foule se presse dans l'enceinte, elle a envahi les places réservées aux journalistes et aux avocats. René Letarte va parler le premier, trois heures durant. Le procès dure déjà depuis plus de deux semaines. « Aujourd'hui, parce qu'on n'a pas d'indices matériels, on prend des mots... » Baguette d'instituteur à la main et plan du rez-de-chaussée du collège posé sur un chevalet, il soulève plusieurs hypothèses de trajets qu'aurait pu emprunter le meurtrier. « Est-il possible que le frère Lalonde soit mort pour un autre motif que le vol ? » Il invoque le doute raisonnable et termine par ces mots : « Le sang du frère Lalonde ne demande que justice et non pas un coupable quel qu'il soit... »

Jean Bienvenue sera à peine plus bref et non moins éloquent. Les dés sont jetés. Après deux heures de délibérations, le 1er juin 1965, l'accusé est acquitté, son ami Lussier ne sera pas poursuivi en justice. L'assassin du frère Lalonde demeurera à jamais inconnu.

L'affaire Dossman

Un cadavre flotte sur une eau trouble

Cette histoire, qui n'a connu son dénouement qu'après quatre ans de rebondissements, commence comme un roman d'espionnage et finit en roman noir, celui d'un homme que sa cupidité, son arrogance et son bagout ont perdu.

Eût-il été un peu moins sûr de lui et donc plus minutieux dans l'exécution de son crime, il n'aurait jamais été pris. On aurait aussi pu faire de sa machination sur fond d'amitié trahie une comédie de mœurs, s'il n'y avait eu mort d'homme. On devra se contenter d'un conte moral...

Les bonnes nouvelles ne manquent pas en ce commencement d'août 1968. Aux États-Unis, Richard Nixon est choisi candidat républicain aux élections présidentielles de novembre, Spiro Agnew sera son colistier : les deux vont faire la paire, comme on dit.

Bobby Orr, l'as défenseur des Bruins de Boston, a signé un faramineux contrat qui lui garantit un salaire de base de 50 000 dollars par année pendant huit ans... On croit rêver, aujourd'hui, un joueur vingt fois moins talentueux est payé vingt fois plus ! Enfin, un scoop fait la une de *La Presse* : c'est le stade Jarry qui accueillera l'été suivant notre premier club de baseball des ligues majeures. Les payeurs de taxes peuvent dormir en paix, le Stade olympique, ce n'est pas pour tout de suite.

Voilà pour la grande histoire. Dans un monde plus prosaïque, il s'en passe aussi des choses. Ainsi, le 7 août de cette année-là, des matelots du paquebot *Northern Venture*, qui s'approche sur le Saint-Laurent de l'écluse de Sainte-Catherine d'Alexandrie, au sud de Montréal, voient ce qui semble être un corps humain, enroulé dans une couverture, flotter à la dérive. Ils communiquent aussitôt avec les autorités.

Vers dix-sept heures, le cadavre, dans un état de décomposition avancée, est déposé sur la berge. D'après les premières constatations, il aurait séjourné dans l'eau deux mois au moins.

Les employés de la morgue ont vu que des chaînes réunies par un cadenas le ceinturait. Selon les policiers qui se trouvent là, il semble que le corps ait été jeté au fond de l'eau, attaché à une ancre quelconque et que le temps et les forts courants aidant, les liens se soient rompus. Bref, l'affaire a toutes les apparences d'un règlement de comptes entre gens du milieu.

Moins de vingt-quatre heures plus tard, l'autopsie permet aux enquêteurs d'être plus précis. Le cadavre est celui d'un homme d'une quarantaine d'années, mesurant environ 1,65 m et pesant 80 kilos, qui a été atteint à la tête de deux balles de revolver de calibre .32. Sa mort remonterait à environ six semaines. Ce délai rend son identification difficile; on n'est pas parvenu à relever ses empreintes digitales.

La justice a de la chance, un quotidien à sensation montréalais joue l'affaire à la une avec des photos fort explicites, comme il était de mise à l'époque. Une jeune femme croit reconnaître une de ses connaissances à certains détails des vêtements du noyé. Il s'agirait du financier André Dossman, un Français débarqué au Québec voilà sept ans à peine.

À l'enquête du coroner, le 20 septembre, on en apprend davantage. De graves présomptions pèsent sur Pierre Ginoux, 32 ans, collègue du disparu dans une agence de vente de fonds mutuels et son associé dans une affaire de reproduction d'œuvres de grands maîtres, le Centre national de l'art. Ce témoin «important», comme il convient de l'appeler à ce stade-ci des procédures, est également

Français et Québécois d'adoption depuis quelques années seulement. Sa prestance, son élégance et son éloquence le distinguent de la faune habituelle des assises criminelles.

On s'attache d'abord à identifier le cadavre puis on passe aux circonstances qui relient l'assassinat de Dossman à Ginoux. Un des témoins fait sensation quand, interrogé par l'avocat représentant Ginoux, il est question de la DST, la Défense et Sécurité du Territoire français, l'organisme qui a, entre autres responsabilités, celle de veiller sur le chef de l'État. Six ans à peine après la fin de la guerre d'Algérie et l'attentat à Petit-Clamart sur la personne du général de Gaulle, les services secrets de l'Hexagone sont un sujet explosif, même de ce côté-ci de l'Atlantique.

Guy Marcenay, qui connaissait Dossman depuis peu mais Ginoux depuis cinq bonnes années, raconte qu'un an plus tôt, à la veille de la célèbre visite du général en terre québécoise, il a reçu la visite de Ginoux qui lui a fait signer un document par lequel il s'engageait à ne pas dévoiler de secret militaire.

Un peu plus tard, la compagne de Ginoux, qui vit avec lui depuis près de trois ans, raconte qu'il lui a dit appartenir à la DST et avoir reçu l'ordre de tenir à l'œil Dossman, « un anti-gaulliste, un Allemand et un communiste », toutes choses pas très bien vues de nos cousins français à cette époque...

La presse s'interroge : avons-nous affaire à un crime crapuleux, comme le prétend la police, ou nageons-nous dans une affaire d'espionnage ? André Dossman a-t-il été tué parce qu'il avait 37 000 dollars dans ses goussets ou bien a-t-il été victime d'un crime politique ?

Le 20 janvier 1970 : le procès, on s'en doute, est fort couru, l'affaire, avec son relent d'intrigues politiques, promettant d'être fort juteuse. Mais d'espionnage il ne sera plus question, c'était un pétard mouillé.

La démarche de la Couronne, représentée par Paul Bélanger, est la même qu'à l'enquête du coroner ; il lui faut d'abord prouver que le cadavre repêché dans le Saint-Laurent est bien celui de Dossman. Ensuite, elle passe à l'exposé des circonstances incriminant Ginoux.

Dans un geste qui a eu peu de précédents dans nos cours, on dépose devant le juge Roger Ouimet le crâne de la victime... Un lourd silence s'abat sur la salle, les cœurs sensibles détournent les yeux. Le dentiste de la victime expose ensuite aux jurés les raisons qui le portent à croire qu'il s'agit bien là du crâne de Dossman qu'il manipule devant le jury : la dentition ressemble fort à celle de son client, il reconnaît des traitements notés dans son dossier.

Mme Harvey, 72 ans, de l'île aux Coudres, a passé cinquante-deux années de sa vie devant une machine à tisser, ça ne l'a pas rendue commode. Elle fait des couvertures de catalogne depuis dix-huit ans, elle a sa manière bien à elle : celle qui a servi de linceul au noyé est bien de sa main. « Ça ne trompe pas ! » lance-t-elle d'un ton qui ne souffre aucune réplique. Le procureur de l'accusé, Claude Guérin, mandaté par l'assistance judiciaire, tente évidemment de soulever quelques doutes, il se fait aussitôt rabrouer.

Avec la déposition suivante, qu'une commission rogatoire est allée recueillir aux États-Unis, on comprend où le ministère public veut en venir. Guy Marcenay a déménagé au Colorado depuis l'enquête du coroner. Il n'a pas eu à revenir sur l'affaire de la DST. On lui fait plutôt raconter que, le 26 juin 1968, son copain Ginoux lui a demandé de lui prêter sa résidence des Laurentides afin d'y tenir une réunion d'affaires. Il l'a prié également de faire disparaître toute trace qui pourrait permettre d'en identifier le propriétaire.

Le lendemain, il retourne chez lui, il ne remarque à peu près rien, si ce n'est des taches de sang non encore séché sur le balcon. Il n'y fait pas trop attention, en se disant qu'il pourrait bien provenir de la blessure d'une bête quelconque. Sa femme, pour sa part, constate le jour même qu'il manque une des deux couvertures de catalogne qu'elle a achetées chez une Mme Harvey, de l'île aux Coudres...

Des policiers viennent ensuite raconter qu'ils ont arrêté l'accusé à ses bureaux du Centre national de l'art, rue Saint-Denis, et qu'une perquisition leur a permis de mettre la main sur un revolver Unis de calibre 7,65, l'équivalent français du .32 nord-américain, qu'un expert affirmera plus tard être l'arme du crime. Bien plus, ils ont trouvé trois cartes de crédit émises au nom de Dossman et son carnet de chèques. De plus, on a relevé des taches d'un sang du même type que celui de Dossman dans le coffre de la Thunderbird de l'accusé.

Les affaires de Ginoux, selon la Couronne, étaient au plus mal. Il n'arrivait plus à payer son loyer ni les mensualités de son prêt automobile. Il aurait alors ourdi une machination diabolique aux dépens de son ami. Il l'informe un jour qu'il a l'occasion de faire un joli paquet en spéculant sur des terrains dans les Laurentides. L'affaire est limpide : il lui faut acheter des lots qu'il peut revendre à gros profit, dans les jours qui suivent, au gouvernement français qui s'y intéresse.

Le hic, c'est qu'il doit les payer comptant. Il y en a pour 87 000 dollars. Il dispose des premiers 50 000, il lui manque donc 37 000 dollars. À Dossman de les trouver et ils partagent les bénéfices. Marché conclu : un jeune antiquaire vient témoigner qu'il a prêté la somme à ce dernier. C'était à l'époque où l'on faisait dans les vieilleries, les antiquaires étaient plus prospères qu'aujourd'hui...

Le 26 juin, après bien des péripéties, des reports, des rendez-vous manqués avec un soi-disant intermédiaire, le jour est venu, la transaction va enfin se faire. L'amie et secrétaire de Dossman témoigne : « Ginoux est passé prendre André vers 13 h. Il avait sous le bras sa petite serviette brune qui contenait les 37 000 dollars... » Elle ne l'a jamais revu. Elle reconnaît ce qui reste des vêtements du noyé, c'est bien ceux qu'André portait ce jour-là.

Pourquoi n'a-t-elle pas rapporté sa disparition à la police ? Le soir même, Ginoux l'a fait venir chez lui et lui a raconté tout un bobard. Il l'a déroutée en lui racontant que Dossman était allé fêter la transaction avec des copains et qu'il l'avait chargé d'une mission fort ingrate. À savoir qu'elle ne le reverrait plus, il retournait auprès de la femme avec laquelle il avait vécu pendant douze ans avant de la fréquenter. L'accusé est un homme convaincant, il lui a fait avaler ça.

Le procès dure depuis huit jours, la situation est tendue. À la reprise des audiences survient un coup de théâtre. L'accusé annonce à la surprise générale qu'il veut assurer seul sa défense, même s'il est très satisfait des services de son procureur. Le président du tribunal tente de l'en dissuader : « Je dois vous avertir, vous courez un très grand risque... » L'autre, qui ne manque pas d'assurance, s'entête : « C'est possible, mais ayant vécu une partie de cette affaire, c'est moi seul qui peux savoir le genre de questions que je dois poser aux témoins... » Son avocat déclare se trouver dans une situation délicate et devoir demander au tribunal de le relever de son mandat.

On poursuit les débats, Pierre Ginoux contre-interroge, le juge le rappelle vite à l'ordre : il ne peut adopter des méthodes à la Perry Mason, toutes les questions ne sont pas permises, toutes les allusions non plus. Dès le lendemain, l'accusé a compris, il rappelle son avocat auprès de lui.

Le procès entre dans sa troisième semaine, l'accusation fait entendre quelques témoins encore, la parole sera bientôt à la défense. Pierre Ginoux veut se justifier. Son témoignage dure une journée complète, il a des explications sur tout.

C'est vrai qu'il est allé chercher Dossman à son bureau, mais il ne l'a pas accompagné dans les Laurentides où l'autre avait rendez-vous avec des hommes d'affaires inconnus de lui-même. Il n'a fait que lui prêter son auto, le tacot de Dossman n'aurait jamais tenu la route jusque-là et celui-ci voulait faire bonne impression avec une Thunderbird. Ginoux l'a laisssé chez lui et est venu lui porter l'auto vers 10 h, le même soir.

Pourquoi a-t-il réquisitionné le chalet de son ami Marcenay et lui a-t-il demandé de faire disparaître toute trace indiquant que c'était sa propriété ? Dossman et celui-ci s'entendaient comme chien et chat. Le premier lui avait demandé de trouver un chalet dans les Laurentides, l'accusé ne voulait pas lui dire qu'il s'agissait de celui de Marcenay.

Et l'affaire des terrains ? Et les 37 000 dollars ? Ginoux n'avait rien à y voir, c'est à la demande de Dossman, soucieux de masquer l'opération, qu'il a feint d'en être partie. Et l'arme du crime ? Il la gardait dans son bureau au vu et au su de tout le monde. Il y avait beaucoup de va-et-vient, n'importe qui aurait pu s'en servir puis la remettre à sa place. De plus, un expert en balistique, venu témoigner pour le compte de la défense, n'a-t-il pas affirmé que les deux balles trouvées dans le crâne de la victime avaient été tirées par deux armes différentes?

Enfin, conclut-il, des témoins sont venus l'affirmer, il savait quelques semaines avant d'être arrêté que les policiers étaient sur sa trace. S'il avait eu quelque chose à se reprocher, il aurait brouillé les pistes et fait disparaître certaines pièces à conviction dont, notamment, son revolver et les effets de Dossman trouvés dans ses bureaux. Comment expliquer justement que les cartes de crédit et le reste aient été là? Devant l'absence prolongée de Dossman, on a vidé son bureau et déplacé des choses, on a très bien pu en mettre par mégarde dans le bureau de Ginoux.

Pierre Ginoux est-il superstitieux? Le vendredi 13 février 1970, le jury se retire pour statuer sur son sort. Après un long moment de délibérations, les douze pairs de l'accusé reviennent en cour demander au juge de nouvelles explications sur la notion de doute raisonnable. Pour tous ceux qui sont en cour à ce moment-là, le verdict semble maintenant sûr. L'accusé esquisse un sourire, son avocat affiche une mine réjouie, l'acquittement est plus que probable. Le jury retourne à ses quartiers, le juge à ses bureaux. Deux minutes à peine ont passé, les jurés font savoir qu'ils sont prêts à rendre leur verdict. C'est gagné, estime-t-on de toute part.

Le verdict fait l'effet d'une bombe : « Coupable! » déclare sans hésiter le président du jury. Ginoux sent ses jambes fléchir, il se retient à la barre. Invité à prendre la parole, il remercie son avocat, tous ceux qui l'ont aidé et les jurés qui « sans doute, ont agi en leur âme et conscience... » Là-dessus, le juge le condamne à l'emprisonnement à vie.

Ginoux porte sa cause en appel. Le 21 avril 1971, plus d'un an plus tard, le plus haut tribunal de la province ordonne un nouveau procès pour une raison d'ordre technique. En attendant de revenir en cour, il demande à marier celle qui fut sa compagne près de trois ans durant et qui avait dû témoigner à sa charge. La permission lui est accordée puis retirée au dernier moment : on a découvert qu'il était déjà marié en France et qu'il n'y avait aucune trace de divorce.

Son deuxième procès s'instruit en avril 1972, il est à nouveau reconnu coupable et retourne au bagne. Prisonnier à la conduite exemplaire, il est libéré sous condition quelques années plus tard. À sa libération définitive, il regagne la France, là où on ne sait rien de son passé et où il pourra refaire sa vie. Pierre Ginoux aura une deuxième chance.

L'affaire Mesrine

Une chambre à Percé

Le procès de Jacques Mesrine et de sa compagne du moment, Jeanne Schneider, s'ouvre au Palais de justice de Montmagny le 18 janvier 1971. Le couple est accusé d'avoir assassiné une aubergiste de Percé, Evelyne Le Bouthillier, le 29 juin 1969. La police a tissé autour des accusés une toile serrée, leur situation paraît somme toute désespérée.

Le drame va devoir son ampleur à l'extraordinaire calibre de ses acteurs. Au premier plan, bien sûr, Jacques Mesrine, qui deviendra le plus célèbre gangster français du siècle. Il n'est encore qu'un truand de seconde zone qui aura fait au Québec l'honneur d'un bref mais spectaculaire séjour. Grand, vigoureux, éloquent, ce fils de bonne famille parisienne, éduqué, doté d'une intelligence supérieure, donnait une impression de force, de violence contenue, de danger.

Le magistrat qui préside le procès ne manque pas non plus d'envergure. Avant d'être élevé à la dignité de juge, Paul Miquelon a fait une remarquable carrière de procureur de la Couronne. Il a notamment occupé pour la poursuite dans le célèbre procès Coffin. Ce redoutable homme de loi est cultivé, intelligent, spirituel et caustique.

Mais la pièce maîtresse du jeu, c'est l'avocat des inculpés, Raymond Daoust. Quand débute cette affaire, ce criminaliste de 48 ans est sans conteste le grand criminaliste de sa génération. Il a plaidé près d'une centaine de causes de meurtres, ses hagiographes prétendent qu'il n'en a pas perdu une seule.

Chacune de ses performances est un événement. C'est une star, on se presse dans les prétoires pour l'entendre plaider de ces causes dites perdues. De taille moyenne, grisonnant, d'un physique agréable, il a des yeux bleus particulièrement perçants. Le verbe riche, flamboyant, c'est un homme «public» dont la vie privée défraie souvent la chronique. En cours de procès, il s'adjoindra un criminaliste astucieux et coloré qui a pignon sur rue à Montmagny même, Yvon Mercier.

La Couronne est représentée par Maurice Lagacé, un éminent procureur de Québec âgé d'une cinquantaine d'années, à l'allure patricienne, à la parole facile. Cet intelligent bagarreur est assisté de Bertrand Laforest, un jeune procureur promis à un brillant avenir.

Rappelons les faits. Jacques Mesrine et Jeanne Schneider, qui ont fait quelques bêtises en France, débarquent au Canada à l'été 1968, désireux de se faire une nouvelle vie.

Ils font de petits boulots divers puis aboutissent au service du millionnaire maskoutain Georges Deslauriers. Ils se lient d'amitié avec lui mais les choses se gâtent et ils sont congédiés. Mesrine décide alors de le kidnapper. Leur victime parvient toutefois à échapper à leur surveillance et à alerter la police.

Le couple de ravisseurs s'enfuit en Gaspésie et s'établit à Percé, du 21 au 25 juin 1969, où ils louent un chalet au motel Les Trois Soeurs, tenu par Mlle Evelyne Le Bouthillier.

Le 26 juin, les fugitifs sont en route pour Windsor où ils laissent des traces, volontairement, pour faire croire qu'ils veulent y passer la frontière canado-américaine. Le plan de Mesrine est tout autre : il veut remettre la main sur Deslauriers ! Il est à Montréal le 28 juin, mais il doit renoncer à son projet.

Leur décision est alors prise de regagner la France par mer, de Gaspé, où ils comptent monter sur un cargo. Mesrine et sa compagne passent la nuit du 28 au 29 juin à Mont-Joli et ils sont à Gaspé le 29 juin, selon leurs dires. La police prétend qu'ils sont plutôt à Percé ce même jour et que, dans la nuit, ils ont assassiné puis volé Evelyne Le Bouthillier.

Ne trouvant pas de bateau en partance pour l'Europe, ils fuient aux États-Unis, en direction de Dallas, où des amis leur procureront les moyens de s'envoler vers la France. La police américaine leur met la main au collet le 16 juillet 1969. Quelques jours plus tard, ils sont extradés au Canada où ils ont d'abord à répondre d'une accusation d'enlèvement. Mesrine est condamné à dix ans de prison, Jeanne Schneider à cinq ans.

L'enquête préliminaire sur le meurtre d'Evelyne Le Bouthillier a lieu à Percé en septembre 1969. Ils sont amenés à la prison d'un endroit où ils feront un séjour pour le moins remarqué...

Tenu criminellement responsable de la mort de l'aubergiste, Mesrine s'estime perdu. Il s'évade en compagnie de Jeanne Schneider. Ils sont repris douze heures plus tard : les policiers ont aperçu la fumée du feu que les évadés avaient allumé pour se réchauffer. Ils sont ramenés à Montréal, leur procès étant fixé au 21 septembre 1970.

Schneider et Mesrine sont de nouveau à Percé le 20 août 1970, pour y apprendre que le procureur de la Couronne est gravement malade. Le procès se tiendra à Montmagny en janvier 1971 : les conditions routières peu sûres en ce temps de l'année pourraient rendre difficile la venue à Percé de certains témoins.

La preuve de la poursuite repose sur les principaux points suivants :

— la police a retrouvé sur la scène du crime un verre et un cendrier portant les empreintes toutes fraîches des accusés ;

— on a retrouvé dans leurs valises plusieurs bijoux appartenant, selon trois témoins de la famille, à la victime ;

— trois employés d'une discothèque de Percé affirment y avoir vu les accusés le 29 juin, soir du crime ;

— la nièce de la victime affirme avoir reçu à l'auberge, ce même 29 juin, un téléphone d'un monsieur à l'accent français qui annonçait sa visite pour le soir même.

La défense va s'employer comme suit à réfuter les arguments de la Couronne :

— un expert qu'elle a assigné prétend que les empreintes n'étaient pas nécessairement fraîches et qu'elles pouvaient dater du séjour des accusés au motel une semaine auparavant ;

— les bijoux retrouvés dans les valises étaient bien la propriété des accusés. Pour certains d'entre eux, de modèles très courants, ce n'est que pure coïncidence si les accusés et la victime en avaient de semblables. Pour les autres, les témoins, voulant trop charger les accusés, mentent effrontément ;

— les trois employés de la discothèque confondent les dates où ils ont vu les accusés ;

— enfin, Jacques Mesrine n'est pas le seul Français qui pourrait avoir téléphoné au motel un soir de juin, au début de la saison touristique.

Ceci pour les faits. Mais au cours des trois longues semaines que vont durer les procédures, les échanges entre la défense, d'une part et, d'autre part, le juge et les avocats de la Couronne sont souvent épiques. Le juge Miquelon perd vite patience devant les tactiques de la défense qui cherche à ébranler la crédibilité des témoins de la poursuite et y parvient avec une habileté parfois machiavélique.

Le point tournant du procès, son moment fort, ce sont les deux jours que durera le témoignage de Mesrine. On apprend d'abord qu'il est, de profession, maquettiste en architecture, et qu'il avait réalisé la maquette du pavillon de la France de l'Expo 67 de Montréal pour le compte d'un architecte parisien.

Son avocat le questionne ensuite sur son service militaire en Algérie, de 1957 à 1959, où il a reçu plusieurs décorations militaires pour bravoure au feu. Tout le reste de l'interrogatoire portera sur la propriété des bijoux, puis sur l'itinéraire de l'accusé qui prétend ne pas avoir été à Percé la journée puis le soir du 29 juin. Le témoin avance également une explication sur la présence des empreintes digitales du couple sur le verre et le cendrier trouvés dans le salon de la victime.

La fin de l'interrogatoire est typique du ton sur lequel se sont souvent déroulés les débats. Raymond Daoust tient une photo à la main... Les propos qui suivent sont rigoureusement authentiques :

Me Daoust : Je vous montre, monsieur Mesrine, la photo du cadavre de Mlle Le Bouthillier. Voulez-vous regarder cette femme et dire si, oui ou non, vous l'avez tuée?

J. Mesrine: Absolument pas, monsieur. (On entend un rire...)

J. Mesrine (aux procureurs de la Couronne): Je me passerais de vos réflexions, si ça ne vous gêne pas. Si ça ne vous touche pas, cette chose-là, monsieur...

Juge Miquelon: Voyons, voyons...

J. Mesrine: Votre Honneur, écoutez, je ne veux pas qu'on rie. Si la Couronne trouve amusant qu'une femme de 60 ans soit morte, moi, ça ne m'amuse pas.

Juge Miquelon: Taisez-vous!

J. Mesrine: Vous êtes écœurants, tous les deux!

Me Daoust: Monsieur Mesrine... S'il vous plaît...

J. Mesrine: C'est dégueulasse de voir ça.

Juge Miquelon: Taisez-vous!

J. Mesrine: Vous êtes écœurants. Ça vous fait rire, vous?

Me Lagacé: Me faire traiter d'écœurant par vous, monsieur, c'est un honneur.

J. Mesrine: C'est un honneur de vous le dire, que vous êtes un écœurant.

Me Daoust: Monsieur Mesrine, s'il y a des remarques à faire, je vais les faire. Je dois dire à la Cour que je trouve absolument ridicule que les avocats de la Couronne s'amusent...

Juge Miquelon: Pas de théâtre, monsieur. Si on a souri on a eu tort. Mais pas de théâtre, par exemple.

Me Daoust: Je n'en ferai pas, mais que la Couronne n'en fasse pas! Jacques Mesrine, sur votre honneur, sur votre conscience, avez-vous tué Evelyne Le Bouthillier, le 29 juin 1969?

J. Mesrine: Je n'ai pas tué cette femme. Je n'aurais pas tué une femme qui avait l'âge de ma mère, une femme que je connaissais quand même un petit peu.

Juge Miquelon: Vous avez dit non, c'est correct, monsieur Mesrine.

J. Mesrine: J'ai dit non et j'en ajoute.

Me Daoust: Monsieur Mesrine, gardez votre sang-froid! Écoutez, Votre Seigneurie, le prévenu est accusé de meurtre!

J. Mesrine: Vous m'accusez quand même d'un meurtre!

Juge Miquelon : Bah !...

J. Mesrine : Comment, bah ! Il n'y a pas de bah ! Votre Honneur.

Juge Miquelon : Vous allez avoir un procès comme n'importe lequel citoyen canadien et pas plus !

J. Mesrine : Peut-être pas plus mais je voudrais que ça soit autant.

Juge Miquelon : Taisez-vous ! Vous allez avoir un procès juste.

J. Mesrine : Et je voudrais que vous ne dormiez pas quand je témoigne.

Juge Miquelon : Taisez-vous !

J. Mesrine : Dormez la nuit !

Juge Miquelon : Il a l'air de penser qu'il faut une loi spéciale, parce qu'il est français... On va ajourner...

Le dernier acte, c'est bien sûr celui des plaidoiries. La parole est d'abord à la défense. Ce jour-là, la salle est pleine à craquer. On a même permis à des curieux de rester debout. Tout Montmagny est là, riches et gueux, pour entendre le plus réputé plaideur du Québec.

Raymond Daoust a les traits tirés, la fatigue se lit sur son visage, la détermination aussi. On le sent d'attaque pour cette ultime manche : il est en quelque sorte au service, il veut croire le match à peu près égal à ce stade-ci. S'il sert à la mesure de son talent, croit-il encore, c'est jeu, set et match. Il va parler pendant près de cinq heures. Sa démonstration est brillante, à la hauteur de sa réputation.

Après le plaidoyer du procureur de la Couronne, puis l'adresse du juge au jury, celui-ci va délibérer presque deux jours durant.

Vient enfin le moment de vérité. À la surprise générale, le verdict en est un d'acquittement. Le juge Miquelon fait alors une sortie qui est restée dans les annales : « La Cour est obligée d'accepter le verdict. Je dis "obligée" parce que ce n'est pas le verdict que j'aurais rendu... Et je vous suggérerais de prier et de demander à Mlle Le Bouthillier de vous pardonner. Dehors ! »

À ces mots, tout en criant son innocence, Mesrine bondit du box pour s'en prendre au juge. Les deux policiers à ses côtés ne parviennent pas à le retenir, il en faudra deux autres pour le maîtriser. Les accusés sont sortis de la cour *manu militari...*

La Couronne portera l'affaire en appel mais sans résultat. Jeanne Schneider, après avoir purgé sa peine pour le kidnapping de son ancien employeur, regagnera la France et disparaîtra dans l'anonymat.

Jacques Mesrine réussira une retentissante évasion du pénitencier de Saint-Vincent-de-Paul, dix-huit mois après le procès de Montmagny.

Il tue deux gardes-chasse gaspésiens dans sa cavale qui le ramène en France où il devient vite l'ennemi public numéro un. Règlements de comptes, hold-up, kidnappings, évasions, il se joue de toutes les polices de France. Le personnage devient mythique. Il passe définitivement à l'histoire le 2 novembre 1979, Porte de Clignancourt, à Paris. Jacques Mesrine tombe, criblé d'une vingtaine de balles de la police...

On trouvera dans ses affaires un manuscrit, presque achevé, entièrement consacré au drame de Percé. Il tente de démontrer son innocence par une argumentation serrée : ce meurtre crapuleux ne convient pas à l'image qu'il a toujours voulu se donner d'un Robin des Bois mâtiné d'un Arsène Lupin.

Sachant ce que l'homme est devenu, il n'est pas facile de le croire. Cependant, la lecture des trois mille pages que compte la transcription du procès aide à comprendre que les jurés aient pu l'acquitter. Prononceraient-ils aujourd'hui le même verdict ? La règle du bénéfice du doute jouerait-elle encore en sa faveur ?

Accusé Mesrine, vous êtes cité à comparaître devant le tribunal de l'histoire...

L'affaire du *Casa Loma*

Trois morts en quête d'assassins

Le 12 mars 1971, vers les 5 h 20 du matin, l'agent Caron patrouille en auto dans le quartier le plus « chaud » de Montréal, celui de la « Main ». Il roule lentement rue Sainte-Catherine, passe le boulevard Saint-Laurent, le voilà devant le fameux *Casa Loma*, la boîte de nuit la plus connue et la plus fréquentée de Montréal.

Il jette un coup d'œil de routine et, à sa grande surprise, il constate que la porte d'entrée de l'établissement est fracassée et que des débris de vitre jonchent le sol. Il entre aussitôt en communication avec deux confrères qui se trouvent dans les parages et les prie de s'amener. Les trois policiers, revolver et lampe de poche à la main, se fraient un chemin par la porte mise en pièces et pénètrent à l'intérieur.

L'endroit compte trois salles : une discothèque, à l'étage, la grande salle de spectacles et un bar appelé « Le Jacques-Antonin », situé tout près de l'entrée principale. Les policiers y passent donc d'abord, ils n'iront pas plus loin. Ils y trouvent les cadavres de trois hommes : deux d'entre eux ont été abattus de balles à la tête, le troisième a eu la gorge tranchée...

La nouvelle est bientôt sur toutes les radios et « Le massacre du *Casa Loma* » à la une de tous les quotidiens montréalais. La police divulgue l'identité des trois hommes qui ont tous un casier judiciaire. Il s'agit tout d'abord d'André Vaillancourt, le gérant et barman du « Jacques-Antonin », dont on a retrouvé le cadavre derrière le bar, de son ami Jacques Verrier, qui s'est écroulé au pied de son tabouret, et de Jean-Claude « Ti-caille » Rioux, celui qu'on a égorgé. D'autre part, elle détient le concierge de l'établissement, un certain Gordon « Tiny » Bull.

Il faudra attendre l'enquête du coroner, une dizaine de jours plus tard, pour connaître la version officielle de l'affaire. Ce qu'on croyait au premier abord être un de ces règlements de comptes typiques est à la fois plus banal, plus bête et plus mystérieux. C'est la déposition d'une « danseuse à gogo » du *Casa Loma*, Paulette Gingras, qui n'a que 19 ans, qui va jeter une certaine lumière sur les événements de cette nuit sanglante.

Grande, élancée, jolie, la jeune femme raconte qu'après avoir dansé jusqu'à 3 h dans la grande salle de l'établissement, elle rejoint son amant, Jean-Claude Rioux, au bar « Jacques-Antonin ». Il y est attablé en compagnie d'une connaissance, un certain Jean-Marc Morin.

Derrière le bar, André Vaillancourt fait le service, assisté d'un aide-serveur, Yvon Métras. Jacques Verrier, un ami de Vaillancourt, y est accoudé, de même qu'un autre client dont elle ne connaît que le surnom, « Le zoo ».

Non loin d'eux, à une table, se trouvent quatre buveurs attardés qu'elle ne connaît ni d'Ève ni d'Adam. À une autre, trois hommes qu'elle a déjà rencontrés. Il s'agit de Jos Di Maulo, le gérant de la discothèque de l'endroit, de Jos Tozzi, l'administrateur de tout le complexe du *Casa Loma* et de Julio Ciamarro, un ami des deux autres, lui-même administrateur du restaurant Caesar's Palace de la rue Hutchison.

Selon le témoin, son ami Rioux et le dénommé Morin, passablement éméchés, l'auraient quittée pour aller prendre un dernier verre au bar. Quelques minutes plus tard, Morin, une armoire à glace, discute ferme avec Jacques Verrier, à propos d'un ami de ce dernier qui lui doit 500 dollars. Morin est pour le moins agressif.

Paulette Gingras se joint à eux, le ton monte entre Verrier et Morin. André Vaillancourt, le barman, prie Morin de baisser la voix. Celui-ci ne fait ni une ni deux, il dégaine son revolver et l'abat d'une balle à la tête. Verrier pousse un cri : « Qu'est-ce que tu fais là ? » Pour toute réponse, Morin le tire à son tour.

La confusion s'ensuit. Morin prend la poudre d'escampette, suivi des autres clients. Il ne reste bientôt plus que Jean-Claude Rioux, son amie Paulette, le *bus-boy* Yvon Métras et « Le zoo » ainsi que Di Maulo, Tozzi et Ciamarro.

Les trois derniers sont accourus au bar. L'un d'eux demande à Rioux : « C'est ton *chum* qui vient de faire ça ? » L'autre répond qu'il le connaît à peine. D'un ton qui ne souffre pas la réplique, ils ordonnent alors aux autres de déguerpir.

Paulette s'y refuse : « Je ne pars pas sans Jean-Claude. » Ciamarro se fait menaçant, il la prend par le bras : « *Flye!* Lui, il reste ». Apeurée, elle s'exécute, il est à peu près 5 h 05 ; elle entend, en franchissant la porte fracassée du club, l'appel angoissé de son Jean-Claude : « Paulette ! Paulette !... »

Un autre témoin, le gardien de nuit « Tiny » Bull, confirme, à quelques détails près, la version de Paulette Gingras. Les témoignages de deux des principaux intéressés, Tozzi et Ciamarro, ne concordent pas du tout avec ceux des deux premiers témoins ; ils affirment avoir quitté les lieux alors que Rioux était encore vivant. Le coroner suspend alors les procédures, il voudrait entendre la version de Jos Di Maulo, recherché par la police, qui serait en vacances quelque part en Floride.

Dans le mois qui suit, les événements se précipitent. Jean-Marc Morin, à qui la police impute la responsabilité des meurtres de Verrier et Vaillancourt, est arrêté chez lui. Il a tenté de fuir, il a fallu l'abattre d'une balle à la jambe.

Pendant ce temps, Jos Di Maulo s'est rendu aux autorités policières. Lui et ses deux amis, à la suite du verdict du coroner, doivent subir leur enquête préliminaire devant le juge Irénée Lagarde.

Le 26 avril 1971, les trois prévenus comparaissent cependant devant le juge Roger Ouimet pour y apprendre que le procureur général du Québec, Jérôme Choquette, a signé un acte d'accusation privilégiée afin qu'ils soient traduits devant les Assises, sans passer par les formalités de l'enquête préliminaire.

Le procès de Jos Di Maulo, Jos Tozzi et Julio Ciamarro, accusés du meurtre de Jean-Claude Rioux, s'ouvre le 13 septembre 1971. Jean-Marc Morin fera face à ses pairs pour les meurtres des deux autres victimes dès que le trio en aura fini avec la justice.

Le juge Maurice Cousineau préside le tribunal, la Couronne est représentée par Fernand Côté. Trois grands ténors des prétoires montréalais assurent la défense des accusés : Raymond Daoust, Sidney Leithman et Léo-René Maranda.

La réunion de ces trois poids lourds dans une même cause suffirait à elle seule à remplir la salle du tribunal. L'énorme publicité donnée à l'affaire depuis six mois fait que l'on doit refuser du monde.

Les curieux repartis bredouilles et des centaines de badauds, massés autour du *Casa Loma*, peuvent cependant apercevoir les protagonistes du drame quand juge, jurés, avocats, policiers et accusés, dès le lendemain, se déplacent pour procéder à une visite en règle du théâtre du crime. On pourra ainsi se familiariser avec des lieux dont il sera évidemment beaucoup question dans les jours à venir...

La première phase de l'instruction consiste, pour la Couronne, à exposer la preuve dite « technique » de l'assassinat de Rioux, c'est-à-dire les témoignages de médecins légistes, chimistes, et autres policiers de l'Identité judiciaire, spécialisés dans la prise d'empreintes digitales. Elle durera à elle seule plus de deux semaines.

Les habitués du Palais de justice prennent leur mal en patience, ils savent que cette première étape franchie, le procès prendra une autre tournure, beaucoup plus spectaculaire.

Déjà, quand même, les accrochages se font nombreux entre les parties, certains témoins sont déjà bousculés par la défense qui, par exemple, met en doute la compétence des policiers versés en matière d'empreintes.

Le moment que tous attendent, c'est celui de la déposition du témoin clé de toute la cause, la jeune Paulette Gingras. La question est sur toutes les lèvres : tiendra-t-elle devant les formidables coups de boutoir que ne manqueront pas de lui asséner les redoutables procureurs des accusés ?

Presque trois semaines se sont écoulées depuis le début du procès quand elle se présente à la barre des témoins. Interrogée pendant près d'une journée par la Couronne, elle répète en gros ce qu'elle avait déjà déclaré devant le coroner.

Le moment tant attendu arrive enfin. Le premier à la contre-interroger sera maître Daoust. Paulette Gingras est manifestement nerveuse, elle est pâle comme un linge. Le procureur, un galant homme s'il en est, lui sert d'abord un verre d'eau.

Puis, pendant plus d'une journée, il la pilonne de questions, non sans être rappelé à l'ordre à quelques reprises par le président du tribunal. Tout y passe, de son passé de danseuse et d'effeuilleuse à ses relations avec Jean-Claude Rioux. Puis, un point sur lequel le procureur revient sans cesse : pourquoi, dans les heures et les jours qui ont suivi le drame, n'a-t-elle pas communiqué avec la police ? Pourquoi a-t-elle attendu d'être mandée par les enquêteurs pour faire ses révélations ?

L'avocat a beau s'acharner, le témoin reste cependant inébranlable : « J'étais sous un choc nerveux... » Quand, enfin, il relève certaines contradictions, certaines différences entre ses témoignages à l'enquête du coroner et au procès, elle explique, souvent en sanglotant, qu'elle a pu se tromper ou oublier certains détails de moments aussi tragiques.

Le contre-interrogatoire de Sidney Leithman est tout aussi implacable. Les jurés, selon les avocats de la défense, doivent avoir « un portrait complet du témoin ». Leur stratégie est claire, le juge le souligne lui-même, ils veulent « discréditer le témoin, mais il appartiendra finalement aux seuls jurés de juger de sa valeur... »

Quand vient le tour de Léo-René Maranda, qui est passé maître dans l'art du contre-interrogatoire, on a déjà dû ajourner le procès de vingt-quatre heures, le témoin étant trop mal en point. Le surlendemain, quand Paulette Gingras se présente en cour, elle le fait contre l'avis de son médecin.

L'avocat se montre à la hauteur de sa réputation, il mine la résistance du témoin, le provoque, sème la confusion chez lui, se plaint de ses « continuels réajustements de tir », mais les procureurs du ministère public reprochent à Maranda de « confondre le témoin et de le mêler ».

Mais, tout compte fait, les efforts déployés par les procureurs de la défense pour relever des contradictions majeures dans les différents témoignages de la jeune femme ne donnent pas de résultats impressionnants. Et elle ne craint pas de braver son interrogateur : « Précisez vos questions ! Qu'est-ce que vous voulez que je vous réponde ? Oui ! Je me suis trompée. Ça arrive à tout le monde de se tromper. Vous ne vous trompez jamais, vous, maître Maranda ? »

Jour après jour, les différents témoignages de la jeune femme passionnent une salle comble où, selon le reporter de *La Presse*, « les jeunes étudiants en droit sont, semble-t-il en majorité... »

Quand Paulette Gingras est libérée, c'est le *bus-boy* Yvon Métras qui la suit dans le box. Le témoin louvoie, hésite, ne se rappelle plus très bien, bref, il est déclaré témoin hostile par la Cour.

C'est ensuite le tour du gardien de nuit, qui n'a pas, selon les dires de son compagnon de travail qui l'a précédé à la barre, « la tête à Papineau ». Le procès dure maintenant depuis un mois, « Tiny » Bull, pas plus qu'Yvon Métras, malgré les coups portés par la défense, malgré quelques zones d'ombre, malgré certaines contradictions, ne diminue pas substantiellement le témoignage de Paulette Gingras.

D'autres témoins sont cités, la Couronne dépose les déclarations que les trois accusés ont faites à la police, bref, le procès dure depuis dix semaines quand les avocats des accusés déclarent ne vouloir offrir aucune défense. Le procureur de la Couronne plaidera donc le premier.

« C'est l'histoire du *Casa Loma* que cette jeune femme vous a racontée. Et quand Rioux cria "Paulette, Paulette" alors qu'elle quittait les lieux, son sort en était jeté, il était fini ! »

Les procureurs des accusés, trois plaideurs de haut vol, ne ménageront aucun effet pour rallier le jury à leur cause. Raymond Daoust défend la sienne avec passion, il parle six heures non-stop. Sidney Leithman, s'il est plus bref, ne s'exprime pas dans un style moins coloré. Léo-René

Maranda, enfin, use de la logique; il s'emploie, des heures durant, à démolir pièce par pièce l'argumentation serrée de la poursuite. Tous trois ne manquent pas de tenter de faire porter les soupçons sur d'autres éventuels coupables.

Après deux journées et demie de délibérations du jury et près de douze semaines d'instruction, le 26 novembre 1971, les accusés sont reconnus coupables de meurtre et condamnés à la détention à vie.

Mais l'histoire ne finit pas là.

Deux mois plus tard, au procès de Jean-Marc Morin, accusé d'abord du meurtre d'André Vaillancourt, Paulette Gingras, encore appelée à témoigner, fait volte-face et déclare à la Cour que ce n'est pas Morin qui les a tués, mais bien Jean-Claude Rioux!

La thèse de la poursuite s'écroule, le témoin explique qu'aussitôt rentrée chez elle après la tuerie, elle avait reçu l'appel d'un inconnu qui lui a ordonné d'incriminer Morin si elle tenait à la vie...

Le 10 février 1972, Jean-Marc Morin est acquitté. Il le sera également six mois plus tard de l'accusation d'avoir tué Jacques Verrier, bien que cette fois, Paulette Gingras soit revenue à sa première version de l'affaire et avoue avoir été soudoyée par l'accusé!

En octobre 1972, la Cour d'appel ordonne qu'on instruise un nouveau procès à Di Maulo, Ciamarro et Tozzi. Les pirouettes du témoin clé de la poursuite ne sont pas étrangères à cette décision...

Deux mois plus tard, à ce second procès, le jury compte trois femmes pour la première fois au Québec dans une affaire de meurtre. Le 1er février suivant, les accusés sont disculpés. Paulette Gingras s'en est tenue à sa version originale, mais le juge ne l'a pas crue. Aussi a-t-il demandé aux jurés, dans ce qu'on appelle un verdict dirigé, d'acquitter les trois accusés.

Un quart de siècle plus tard, on ne sait toujours pas ce qui s'est passé au cours de cette nuit du 12 mars 1971, la dernière du plus célèbre night-club de la légende montréalaise du crime.

L'affaire Dunn

Piège pour un homme seul

Le juge Toussaint McNicoll qui, à l'occasion, siège dans la Vieille Capitale, est encore vert à 72 ans. En ce dimanche du début de septembre 1978, à midi, il fend du bois à son chalet de Saint-Gédéon, sur les bords du lac Saint-Jean, quand s'amène son fils Serge, un avocat de 35 ans, accompagné de sa femme, de leurs deux enfants et de son ami et associé Michel Dunn, qui n'a que 26 ans.

Les visiteurs avalent une pizza puis les deux amis se préparent à aller sur les rives du lac s'exercer au tir au pigeon d'argile. On sort les fusils du coffre de la voiture puis tout le bataclan. À la blague, Gisèle, l'épouse de Serge, leur lance : « Vous partez deux, revenez deux ! »

Un peu plus d'une heure plus tard, le juge fait une sieste quand il est tiré de son sommeil par les cris de Dunn qui revient en courant de la plage : « C'est épouvantable ! C'est épouvantable ! » Il a de la peine à reprendre son souffle : « Un terrible accident est arrivé à Serge ! Vite, une ambulance ! Vite ! » Gisèle court à la plage, le plus vieux de ses fils, qui a six ans, éclate en sanglots : « Je ne veux pas que mon père meure ! Je ne veux pas qu'il meure ! »

Le soir même, le docteur Richard Authier fait l'autopsie du cadavre du jeune avocat puis émet le permis d'inhumation.

Cette tragédie s'estompe déjà dans les esprits quand, le 12 octobre suivant, on apprend que le corps a été exhumé pour que les pathologistes l'autopsient à nouveau. Des bruits courent puis, moins de deux semaines plus tard, coup de théâtre : une accusation de meurtre sera portée contre l'avocat Dunn !

La presse s'empare de l'affaire et quand on apprend que l'accusé, représenté jusque-là par un éminent criminaliste de la région, a décidé d'assurer seul sa défense à son procès, tout le Québec tourne les yeux vers le Palais de justice de Roberval.

À la mi-mars 1979 s'ouvre dans une salle étroite, surchauffée et bondée, ce procès qui constitue un précédent dans les annales judiciaires québécoises, voire canadiennes. Pour présider le débat, on a désigné le juge Noël Barbès, un éminent juriste qui siège habituellement en Abitibi. De son côté, le ministère public a dépêché le redoutable procureur montréalais René Domingue.

Le pittoresque juge McNicoll, qui a l'esprit caustique et le verbe haut, témoigne le premier. Il relate les circonstances qui ont entouré le drame puis rappelle que plus tard, au cours de cette journée fatidique, il a cherché à savoir ce qui s'était passé : « L'accusé m'a dit que le fusil de Serge s'était enrayé puis qu'il a ensuite tiré. Je trouvais l'histoire confuse, je lui ai demandé si la balle provenait de son fusil ou de celui de Serge. Il m'a dit que c'était impossible que la balle provienne du sien [...]. Il m'a ensuite dit qu'il avait vu Serge étendu sur la grève, le visage plein de sang. [...] Je trouvais ça curieux puisque je n'ai vu qu'un léger filet de sang à la commissure des lèvres de mon fils... »

Le même jour, il assiste à l'interrogatoire de Dunn qui déclare aux policiers accourus sur les lieux : « Nous avions tiré près d'une trentaine de coups de feu lorsque l'arme de mon associé s'est coincée. Il nous a fallu un bon moment avant de la réparer et immédiatement après, Serge a tenté de viser le pigeon que je venais de lancer. Après avoir entendu le coup de feu, j'ai regardé la trajectoire du pigeon et juste comme je me retournais pour lui dire qu'il l'avait raté, je l'ai vu étendu sur le sable, la tête ensanglantée... »

Le témoin reviendra sur le sujet avec Dunn en quelques autres occasions, notamment au salon funéraire, sans que les choses ne lui paraissent plus claires. Il prend tout en note, compare une déclaration avec l'autre, puis en tire une terrible conclusion. Certains observateurs supposeront que l'affaire était bel et bien classée lorsque le juge McNicoll, fort de ses doutes, usera de son influence pour faire rouvrir l'enquête.

Aussi attend-on avec impatience le moment du contre-interrogatoire. Il n'en ressort rien d'extraordinaire. Le témoin répond avec un soupçon d'impatience aux questions de l'impétueux Michel Dunn, qui n'est pas sans savoir que l'autre y est pour beaucoup dans le sort qui lui est fait.

Le ministère public fait ensuite comparaître les directeurs de succursales bancaires où l'accusé a des comptes... et quatre prêts personnels qui s'élèvent à quelque 30 000 dollars. La dette est impressionnante mais Dunn fera cependant préciser à chacun qu'il en rencontre fidèlement les échéances. Ensuite, on tente de prouver qu'il a des intérêts dans des affaires qui ne marchent pas très bien...

Enfin, la Couronne fait témoigner un agent d'assurances qui a fait souscrire à Serge McNicoll et à Michel Dunn, en janvier 1977, une police où la vie des deux associés était assurée, au bénéfice de l'autre, pour la somme de 100 000 dollars. L'accusé fera cependant reconnaître au témoin qu'il s'agissait là d'une initiative de la victime.

Voilà pour le mobile, on passe ensuite à l'arme présumée du crime. Trois témoins défilent à la barre et apprennent au jury qu'au moins un mois avant le drame, l'accusé avait en sa possession un pistolet de calibre 9 mm avec lequel il s'est exercé au tir à quelques reprises.

Viennent ensuite les experts en médecine légale. Auteur du premier rapport d'autopsie, le docteur Authier reconnaît avoir fait «une erreur d'interprétation»: «Je me suis basé sur l'histoire qu'on m'avait racontée...» Il a donc émis le permis d'inhumer.

Six semaines plus tard, l'enquête est rouverte: on exhume le corps et on recherche en vain les viscères inhumés ailleurs. Le médecin légiste procède à une seconde autopsie, en compagnie cette fois de deux confrères. Le trio d'experts est formel: la victime a été tuée par la décharge d'une arme à feu autre qu'un fusil de chasse, «à bout portant». La balle a pénétré par la nuque et est ressortie par la bouche, les enquêteurs ne l'ont jamais retrouvée...

Avec les témoignages des experts en balistique, la théorie du «bout portant» chancelle sous les coups de boutoir de l'accusé. La distance de tir aurait pu être d'une dizaine de pieds et la blessure aurait pu résulter de l'action d'un projectile dévié et tiré de loin par une arme de chasse puissante. Mais en aucun cas aurait-elle pu être causée par le projectile d'un fusil de calibre .12...

La Couronne a fait entendre plus d'une vingtaine de témoins, l'exposé de sa preuve est terminé. Le tour de la défense est venu. Pour l'essentiel, sa démonstration tient dans le témoignage de l'accusé dont la déposition tant attendue ne consiste finalement qu'en un très court monologue, précis et bien préparé, souvent empreint d'émotion.

Dunn réussit le tour de force d'être à la fois procureur et témoin. Le jury est tout ouïe, comme l'auditoire qui est aussi nombreux qu'au premier jour. Quand le témoin raconte la scène de la plage de Saint-Gédéon, il a des sanglots dans sa voix qui s'étrangle. Il répète simplement ce qu'il dit depuis le drame : «Je ne comprends absolument rien à ce qui a pu se passer. C'est un mystère pour moi...»

Sur les déclarations contradictoires qu'il a pu faire aux policiers : «J'ai émis des hypothèses pour tenter de comprendre. J'en ai émis plusieurs pour tenter d'approfondir ce qui s'est passé. Je n'y arrive toujours pas...»

Il n'apporte aucun élément nouveau. Il prétend avoir remis à son propriétaire, deux semaines avant le drame, le fameux revolver 9 mm qui aurait pu être l'arme du crime. De toute façon, ajoute-t-il, le jour du drame, sa tenue ne lui permettait pas de cacher une arme. La seule hypothèse qui lui semble plausible, c'est celle d'une balle égarée, venant du lac ou du bois. Quant à sa situation financière, c'est vrai qu'il avait des dettes, mais il avait des parts dans de nombreuses entreprises, ce qui lui permettait de faire face à ses obligations. Pas un mot, cependant, sur la police d'assurance de 100 000 dollars...

Suit le contre-interrogatoire, que l'on ne voudrait rater pour rien au monde. Au début, l'échange est anodin. Le procureur Domingue procède lentement, puis viennent les vraies questions: «Pourquoi n'avez-vous pas commencé, le jour même du drame, à chercher avec les policiers des hypothèses pouvant expliquer la mort de votre associé? Vous ne sembliez pas préoccupé du tout par l'affaire. Pourquoi avoir attendu votre arrestation pour vous interroger sur ce qui a pu se passer ce jour-là? Et aussi, n'avez-vous pas perçu une différence dans le son produit par le coup de feu mortel, qui n'était pas celui d'un fusil de calibre .12?»

Enfin, une dernière question: «Les lunettes de votre associé, selon vos dires, ont volé devant vous au moment du choc. Le coup de feu ne pouvait donc venir du bois, situé derrière lui, comme vous le prétendez...» La salle retient son souffle, l'accusé explique que la ligne du boisé se poursuit en courbe à l'extrémité de la plage, le coup de feu a pu provenir de là.

Le dernier acte va se jouer, c'est le moment des plaidoiries. L'accusé parle le premier, pendant près d'une heure. Il a les traits tirés, son ton est d'abord hésitant, mais il ne laisse transparaître aucune émotion. La seule explication valable, selon lui, est qu'une balle égarée, tirée par un inconnu et venant du bois, a tué son associé. «L'accusé n'a pu préméditer un semblable meurtre, ajoute-t-il, puisque, comme il a été démontré, il croyait que l'on serait trois à cet exercice de tir, le frère de la victime, qui devait les accompagner, s'étant désisté à la dernière minute. Il n'a pu apporter d'arme sur les lieux du crime pas plus qu'il n'aurait pu la rapporter.»

Il en vient finalement à la distance de tir. Pour lui, jamais on n'a pu vérifier scientifiquement la présence de poudre dans le cerveau de la victime, poudre qui n'aurait pu être laissée que par une arme tenue de très près. Il termine sur cette réflexion: «Comment un gars normal et intelligent aurait-il pu organiser une affaire aussi idiote? Et surtout ne pas s'arranger pour être lavé de tout soupçon?»

Le procureur de la Couronne, lui, va parler plus de deux heures durant. Le point culminant de son long réquisitoire: une démonstration qu'il effectue avec l'aide d'un policier afin d'éliminer l'hypothèse d'une balle égarée: «Compte tenu des angles, il aurait fallu se trouver au haut d'un sapin et même là, ce n'est pas assuré. De plus, une balle provenant d'aussi loin n'aurait pas produit un choc suffisamment violent pour sortir par la bouche de la victime et briser la crosse de son fusil. »

Il trace un portrait peu flatteur de l'accusé, « engagé dans la course à la fortune, doté d'un appétit effréné d'argent ». Il fait aussi allusion à un scénario de mauvais goût à propos des larmes de l'accusé lorsqu'il a pris place à la barre des témoins et conclut : « Si vous croyez les experts, Michel Dunn est coupable. Si vous ne les croyez pas, il est innocent... »

Le juge, dans son adresse aux jurés, insiste lui aussi : « Le nœud de toute cette affaire, c'est bel et bien la distance de tir. McNicoll a-t-il, oui ou non, été tué à bout portant ? »

La question n'est pas facile à trancher, les jurés, profondément divisés, fatigués et nerveux, doivent délibérer pendant quatre jours, revenant souvent en cour demander des précisions au président du tribunal.

Enfin, Michel Dunn entend, impassible, les jurés le déclarer coupable de meurtre sans préméditation. Il reste de glace quand le juge le condamne à une peine d'emprisonnement à perpétuité, avec une ordonnance interdisant sa libération conditionnelle avant treize ans.

Le verdict foudroie ses proches dans la salle d'audience. Sa mère, la tête entre les mains, sanglote en silence. Quelques minutes plus tard, Dunn déclare à sa compagne qui l'a assisté tout au long du procès : « Je suis plus fort que jamais... »

Et en effet, il ne démordra pas de sitôt. Il porte sa cause en appel avec succès et subit un deuxième procès en septembre 1981. Il a entre-temps publié un livre et n'a de cesse de clamer son innocence.

Il est cependant reconnu coupable une seconde fois, bien qu'il ait pris soin de se faire représenter par un éminent criminaliste de la région, Louis-Charles Fournier.

Il aura fallu cette fois cinq jours de délibérations au jury. « Ce verdict-là, c'est la mort. C'est fini... » déclare-t-il aux journalistes. Et il y perd au change : le juge Ducros le

condamne à purger un minimum de vingt ans d'emprisonnement avant de pouvoir espérer une libération conditionnelle. Sept ans de plus qu'à son premier procès! Le magistrat
ne ménage pas l'accusé: « Il s'agit du crime le plus crapuleux
qu'il m'ait été donné de voir en vingt ans de carrière... »

Michel Dunn n'a pas fini de faire parler de lui. Les
portes du pénitencier se sont à peine fermées derrière lui
qu'il entame une grève de la faim à laquelle il ne mettra fin
qu'un mois plus tard. Il écrit un deuxième livre et se marie
en juin 1982 devant une grappe de journalistes et de
photographes au Palais de justice de Saint-Jérôme.

Il s'engage aussi dans la défense de ses compagnons
d'infortune. À l'été 1982, à la suite de la fameuse émeute
sanglante du pénitencier Archambault, il rencontre les
journalistes à titre de vice-président du comité des détenus,
pour leur expliquer la situation à l'intérieur des murs: « Les
condamnations lourdes de vingt et vingt-cinq ans, sans
espoir de libération conditionnelle, détruisent l'être humain.
Elles sont pires que la peine de mort... » déclare-t-il en
connaissance de cause.

Puis, sept ans après son crime, dans une interview
accordée à la télévision de Radio-Canada, il avoue: « Mon
associé était devenu un fardeau. Il me fallait m'en débarrasser. Aujourd'hui, bien sûr, ce ne serait plus pareil. L'idée
de tuer faisait partie de mes fantasmes [...]. J'avais cru
comprendre que le bonheur, c'était d'être respecté, d'avoir
de l'argent, d'être puissant, de dominer les autres. J'ai
poussé cette ligne-là jusqu'à son maximum. J'étais pris par
une sorte de lâcheté. »

À une autre occasion, au cours d'une émission radio-
phonique, il s'explique encore: « J'ai tué pour le pouvoir et
pour l'argent, les dieux que je vénérais à cette époque. À un
moment donné, il y a un obstacle qui fait qu'on n'est pas
heureux et on perd la tête... »

Serge McNicoll et lui-même auront payé sa folie bien
cher.

Table des matières